UNION GÉNÉRALE D'ÉDITIONS
8, rue Garancière - PARIS

DU MÊME AUTEUR

dans la même collection

L'antéchrist, nº 360°°.

Le nihilisme européen, nº 1062°°°°°.

Le gai savoir, nº 813°°°°.

La généalogie de la morale, nº 886°°°°.

Par-delà le bien et le mal, nº 46°°°.

Nietzsche aujourd'hui ? (Cerisy),

t. I : intensités, nº 817°°°°.

t II : passion, nº 818°°°°.

Nietzsche et la scène philosophique, *par Sarah Kofman,* nº 1349°°°°°.

AINSI PARLAIT ZARATHOUSTRA

PAR

NIETZSCHE

Traduit par

Marthe ROBERT

10|18

ISBN 2-264-00841-5

PREMIÈRE PARTIE

LE PROLOGUE DE ZARATHOUSTRA

1.

Lorsque Zarathoustra eut atteint l'âge de trente ans, il quitta son pays natal et le lac de son pays natal et s'en alla dans la montagne. Là il jouit de son esprit et de sa solitude et durant dix ans ne s'en lassa pas. Mais enfin son cœur se transforma — et un matin il se leva avant l'aube, se plaça devant le soleil et lui parla ainsi :

« O grand astre! Que serait ton bonheur si tu n'avais pas *ceux* que tu éclaires!

« Pendant dix années, tu vins dans ma caverne : sans moi, mon aigle et mon serpent, tu serais dégoûté et de ta lumière et de ce chemin.

« Mais nous t'attendions chaque matin, nous te prenions ton superflu et nous te bénissions pour cela.

« Voici! Comme l'abeille qui a amassé trop de miel, je suis dégoûté de ma sagesse, j'ai besoin de mains qui se tendent.

« Je voudrais donner et distribuer jusqu'à ce que les sages parmi les hommes soient redevenus joyeux de leur folie, et les pauvres, contents de leur richesse.

« C'est pourquoi il me faut descendre dans les profondeurs : comme tu fais le soir quand tu passes derrière la mer, apportant encore ta lumière au monde d'en dessous, ô astre surabondant!

« Il me faut, comme toi, *me coucher*, ainsi que disent les hommes vers qui je veux descendre.

« Bénis-moi donc, œil calme, qui peux voir sans envie même un bonheur trop grand!

« Bénis la coupe qui veut déborder pour que son eau, coulant à flots dorés, porte partout le reflet de ta joie!

« Vois! Cette coupe veut se vider encore, et Zarathoustra veut redevenir homme. »

— Ainsi commença le déclin de Zarathoustra.

2.

Zarathoustra descendit seul des montagnes et personne ne croisa son chemin. Mais une fois entré dans les bois, soudain il vit devant lui un vieillard qui avait quitté sa sainte chaumière pour chercher des racines dans le bois. Et le vieillard dit à Zarathoustra :

« Ce voyageur ne m'est pas inconnu; il y a bien des années qu'il passa par ici. Il s'appelait Zarathoustra; mais il s'est transformé.

« Tu portais alors ta cendre à la montagne : vas-tu maintenant porter ton feu dans les vallées! Ne crains-tu pas le châtiment de l'incendiaire?

« Oui, je reconnais Zarathoustra. Son œil est pur et le dégoût ne se cache pas sur sa bouche. Ne s'en vient-il pas comme un danseur?

« Zarathoustra s'est transformé, Zarathoustra s'est fait enfant, Zarathoustra s'est éveillé : que vas-tu chercher auprès de ceux qui dorment?

« Tu vivais dans la solitude comme dans une mer, et la mer te portait. Malheur à toi, veux-tu descendre à terre? Malheur à toi, veux-tu de nouveau traîner toi-même ton corps? »

Zarathoustra répondit : « J'aime les hommes. »

« Pourquoi, dit le saint, suis-je allé dans les bois et dans la solitude. N'était-ce pas parce que j'aimais trop les hommes?

« Maintenant j'aime Dieu : je n'aime pas les hommes. L'homme est une chose trop imparfaite pour moi. L'amour de l'homme me tuerait. »

Zarathoustra répondit : « Qu'ai-je parlé d'amour! J'apporte un présent aux hommes. »

« Ne leur donne rien, dit le saint. Ote-leur plutôt quelque

chose et porte-le avec eux — c'est ce qui leur fera le plus de bien — à condition que cela t'en fasse aussi.

« Et si tu veux donner, ne leur donne pas plus qu'une aumône et laisse-les encore la mendier! »

« Non, répondit Zarathoustra, je ne fais pas l'aumône. je ne suis pas assez pauvre pour cela. »

Le saint se moqua de Zarathoustra et lui dit : « Tâche donc à leur faire accepter tes trésors! Ils se méfient des ermites et ne croient pas que nous venions pour donner.

« Ils trouvent le son de nos pas trop solitaire dans les rues. Et comme si, couchés dans leurs lits, ils entendaient marcher un homme la nuit longtemps avant que le soleil ne se lève, ils se demandant sans doute : où va-t-il, ce voleur?

« Ne va pas vers les hommes, reste dans la forêt! Mieux vaut encore aller auprès des bêtes! Pourquoi ne veux-tu pas être comme moi — ours parmi les ours, oiseau parmi les oiseaux? »

« Et que fait le saint dans la forêt? » demanda Zarathoustra.

Le saint répondit : « Je fais des chants et je les chante, et quand je fais des chants, je ris, je pleure et je gronde : ainsi je loue Dieu.

« Avec des chants, des pleurs, des grondements et des rires, je loue le Dieu qui est mon Dieu. Mais toi, quel cadeau nous fais-tu? »

Lorsque Zarathoustra eut entendu ces paroles, il salua le saint et dit : « Qu'aurais-je à vous donner? Mais vite, laissez-moi partir afin que je ne vous prenne rien! » Et c'est ainsi qu'ils se séparèrent, le vieillard et l'homme, riant comme deux enfants savent rire.

Mais quand Zarathoustra fut seul, il parla ainsi à son cœur : « Serait-ce donc possible! Ce vieux saint dans sa forêt n'a pas encore entendu dire que *Dieu est mort!* »

3.

Lorsque Zarathoustra arriva dans la ville voisine, à la lisière du bois, il trouva une grande foule rassemblée sur la place :

car un danseur de corde avait été annoncé. Et Zarathoustra parla ainsi au peuple et lui dit :

« *Je vous enseigne le Surhomme.* L'homme est quelque chose qui doit être surmonté. Qu'avez-vous fait pour le surmonter?

« Toutes les créatures jusqu'ici ont créé quelque chose qui les portait au-dessus d'elles-mêmes, et vous voulez être le reflux de cette grande marée et retourner plutôt à la bête que de surmonter l'homme?

« Qu'est le singe pour l'homme? Un objet de risée ou une honte douloureuse. C'est cela que doit être l'homme pour le Surhomme : un objet de risée ou une honte douloureuse.

« Vous avez fait le chemin du ver jusqu'à l'homme et il y a encore beaucoup du ver en vous. Jadis vous étiez singe et maintenant encore, l'homme est plus singe que le singe.

« Et même le plus sage d'entre vous, il n'est qu'une forme équivoque et hybride, un croisement de plante et de fantôme. Mais vous ai-je dit de devenir plantes ou fantômes?

« Voici, je vous enseigne le Surhomme!

« Le Surhomme est le sens de la terre : que votre volonté dise : puisse le Surhomme être le sens de la terre!

« Je vous en conjure, mes frères, *restez fidèles à la terre* et ne croyez pas ceux qui vous parlent d'espoirs supraterrestres! Ce sont des empoisonneurs, qu'ils le sachent ou non.

« Ce sont des contempteurs de la vie, des moribonds et eux-mêmes des empoisonnés dont la terre est fatiguée : qu'ils s'en aillent donc!

« Il fut un temps où le sacrilège était le plus grand des crimes, mais Dieu est mort, et avec lui ces criminels! Le plus terrible maintenant, c'est d'outrager la terre et d'estimer plus que le sens de la terre les entrailles de l'insondable!

« Il fut un temps où l'âme regardait le corps avec mépris : et ce mépris était alors ce qu'il y avait de plus haut : — elle le voulait maigre, hideux, affamé. Elle pensait ainsi lui échapper, à lui et à la terre.

« O cette âme était encore elle-même maigre, hideuse et affamée : et la volupté de cette âme était la cruauté!

« Mais vous aussi, mes frères, dites : qu'est-ce que votre corps révèle de votre âme? Votre âme n'est-elle pas pauvreté et souillure et pitoyable contentement?

« En vérité, l'homme est un fleuve sale. Il faut être une mer pour pouvoir recevoir un fleuve sale sans se souiller.

« Voici, je vous enseigne le Surhomme : il est cette mer où peut sombrer votre grand mépris.

« Quel est le plus sublime moment que vous puissiez vivre? C'est l'heure du grand mépris. L'heure où votre bonheur même se change en dégoût comme votre raison et votre vertu.

« L'heure où vous dites : « Que m'importe mon bonheur? Il est pauvreté et souillure et pitoyable contentement. Pourtant mon bonheur devrait justifier l'existence elle-même! »

« L'heure où vous dites : « Que m'importe ma raison? Est-elle avide de savoir comme l'est le lion de nourriture? Elle est pauvreté et souillure et pitoyable contentement! »

« L'heure où vous dites : « Que m'importe ma vertu? Elle ne m'a pas encore rendu fou. Comme je suis las de mon bien et de mon mal! Tout cela est pauvreté et souillure et pitoyable contentement! »

« L'heure où vous dites : « Que m'importe ma justice? Je ne vois pas que je sois brasier et braise. Mais le juste est brasier et braise! »

« L'heure où vous dites : « Que m'importe ma pitié! La pitié n'est-elle pas la croix où est cloué celui qui aime les hommes? Mais ma pitié n'est pas une crucifixion. »

« Avez-vous déjà parlé ainsi? Crié ainsi? Ah, que ne vous ai-je déjà entendu crier ainsi!

« Ce n'est pas votre péché — c'est votre satisfaction qui crie vengeance, c'est votre avarice même dans le péché qui crie vengeance!

« Où est l'éclair qui vous lécherait de sa langue! Où est la folie qu'il faudrait vous inoculer?

« Voici, je vous enseigne le Surhomme : il est cet éclair, il est cette folie! »

Quand Zarathoustra eut parlé ainsi, quelqu'un cria dans la foule : « Assez parlé du danseur de corde, qu'on nous le montre maintenant! » Et tout le monde se moqua de Zarathoustra. Mais le danseur de corde, qui croyait qu'il s'agissait de lui, se mit en devoir de faire son travail.

4.

Cependant, Zarathoustra regardait le peuple et s'étonnait. Puis il dit :

« L'homme est une corde tendue entre la bête et le Surhomme — une corde sur l'abîme.

« Il est dangereux de passer de l'autre côté, dangereux de rester en route, dangereux de regarder en arrière, dangereux de frissonner et de s'arrêter.

« Ce qu'il y a de grand dans l'homme, c'est qu'il est un pont et non un but : ce que l'on peut aimer en l'homme, c'est qu'il est un *passage* et une *chute*.

« J'aime ceux qui ne savent pas vivre à moins de se perdre, car ce sont ceux qui passent sur l'autre rive.

« J'aime ceux qui éprouvent le grand mépris, parce que ce sont les grands adorateurs et les flèches du désir vers l'autre rive.

« J'aime ceux qui ne vont pas chercher derrière les étoiles une raison de chute et de sacrifice : mais qui se sacrifient à la terre, afin que la terre devienne un jour celle du Surhomme.

« J'aime celui qui vit pour connaître et veut connaître afin qu'un jour vive le Surhomme. Et ainsi il veut sa perte.

« J'aime celui qui travaille et invente, pour bâtir la maison du Surhomme et préparer à sa venue la terre, les bêtes et les plantes : car ainsi il veut sa perte.

« J'aime celui qui aime sa vertu : car la vertu est volonté de se perdre et une flèche du désir.

« J'aime celui qui ne garde pas pour lui une seule goutte d'esprit, mais veut être entièrement l'esprit de sa vertu : c'est ainsi qu'il traverse le pont, en tant qu'esprit.

« J'aime celui qui fait de sa vertu son penchant et sa fatalité : ainsi au nom de sa vertu, il veut vivre encore et ne plus vivre.

« J'aime celui qui ne veut pas trop de vertus. Il y a plus de vertu dans une seule que dans deux, car elle est plus le nœud où s'accroche le destin.

« J'aime celui dont l'âme se gaspille, qui ne veut pas de merci et ne rend rien : car il donne toujours et ne veut pas se conserver.

« J'aime celui qui a honte quand le dé tombe en sa faveur et qui se demande : Suis-je donc un tricheur? — car il veut aller à sa perte.

« J'aime celui qui lance des paroles d'or au-devant de ses actes et qui toujours tient plus qu'il ne promet : car il veut sa perte.

« J'aime celui qui justifie ceux de l'avenir et délivre ceux du passé, car il veut que ceux d'aujourd'hui le perdent.

« J'aime celui qui châtie son Dieu parce qu'il aime son Dieu : car la colère de son Dieu est sa perte.

« J'aime celui dont l'âme est profonde, même dans la blessure, et qu'un petit incident peut faire périr : ainsi il traverse de bon gré le pont.

« J'aime celui dont l'âme déborde, de sorte qu'il s'oublie lui-même et que toutes les choses sont en lui : ainsi toutes les choses sont sa perte.

« J'aime celui qui est libre d'esprit et libre de cœur : ainsi sa tête n'est que l'intestin de son cœur, mais son cœur le mène à sa perte.

« J'aime tous ceux qui sont comme de lourdes gouttes tombant une à une du nuage sombre suspendu au-dessus de l'homme : ils annoncent l'éclair qui vient et périssent en annonciateurs.

« Voici : je suis l'annonciateur de la foudre, une goutte lourde tombant du nuage : mais cette foudre s'appelle *Surhomme.* »

5.

Quand Zarathoustra eut dit ces mots, il regarda encore le peuple et se tut. « Les voilà donc, dit-il à son cœur, ils rient : ils ne me comprennent pas, je ne suis pas la bouche qu'il faut à ces oreilles.

« Faut-il d'abord leur couper les oreilles pour qu'ils apprennent à entendre avec les yeux? Leur faut-il le fracas des cymbales et des prédicateurs de carême? Ou bien ne croient-ils que le bègue?

« Ils ont quelque chose dont ils sont fiers. Comment

nomment-ils donc ce dont ils sont fiers? Ils le nomment culture, c'est ce qui les distingue des chevriers.

« C'est pourquoi ils n'aiment pas qu'on leur applique le mot « mépris ». Je parlerai donc à leur fierté.

« Je vais donc leur parler de ce qu'il y a de plus méprisable : je veux dire *le dernier homme.* »

Et ainsi Zarathoustra parla au peuple :

« Il est temps que l'homme se fixe son but. Il est temps que l'homme plante le germe de son plus haut espoir.

« Son sol est assez riche pour cela. Mais un jour viendra où ce sol sera pauvre et stérile, et aucun grand arbre n'y pourra plus pousser.

« Malheur! Le temps viendra où l'homme ne lancera plus de flèche de son désir par-dessus l'homme et où la corde de son arc ne saura plus vibrer!

« Je vous le dis : il faut encore avoir du chaos en soi pour mettre au monde une étoile dansante. Je vous le dis : il y a encore du chaos en vous.

« Malheur! Le temps viendra où l'homme n'enfantera plus d'étoile. Malheur! Le temps viendra du plus misérable des hommes, de l'homme qui ne peut plus lui-même se mépriser.

« Voici! Je vous montre *le dernier homme!*

« Qu'est-ce que l'amour? Qu'est-ce que la création? Désir? Étoile? » demande le dernier homme en clignant les yeux.

« Puis la terre est devenue petite et dessus sautille le dernier homme, qui rapetisse tout. Sa race est indestructible comme celle du puceron; le dernier homme est celui qui vit le plus longtemps.

« Nous avons inventé le bonheur », disent les derniers hommes en clignant les yeux.

« Ils ont quitté les contrées où il était dur de vivre : car on a besoin de chaleur. On aime encore son prochain et l'on se frotte à lui : car on a besoin de chaleur.

« Tomber malade et être méfiant passent chez eux pour des péchés : on s'avance prudemment. Bien fou qui trébuche encore sur les pierres ou sur les hommes!

« Un peu de poison de temps en temps : cela donne des rêves agréables. Et beaucoup de poison pour finir, cela donne une mort agréable.

« On travaille encore, car le travail, est une distraction. Mais on veille à ce que la distraction ne soit pas fatigante.

« On ne devient plus ni pauvre, ni riche : l'un et l'autre sont trop pénibles. Qui voudrait encore gouverner? Qui obéir? L'un et l'autre sont trop pénibles.

« Point de pasteur et un seul troupeau! Tous veulent la même chose. Tous sont égaux : qui pense autrement va de son plein gré à l'asile de fous.

« Autrefois tout le monde était fou », disent les plus raffinés en clignant les yeux.

« On a de l'esprit et l'on sait tout ce qui est arrivé : aussi peut-on railler sans fin. On se dispute encore, mais on ne tarde pas à se réconcilier — sinon on se gâterait l'estomac.

« On a son petit plaisir pour le jour et son petit plaisir pour la nuit : mais on respecte la santé.

« Nous avons inventé le bonheur », disent les derniers hommes en clignant les yeux. »

Et ici s'achève le premier discours de Zarathoustra, celui qu'on appelle « Prologue » : car en cet endroit il fut interrompu par les cris et les transports de joie de la foule : « Donne-nous ce dernier homme, ô Zarathoustra, criaient-ils, rend-nous semblables à ces derniers hommes! Nous te ferons cadeau du Surhomme! » Et tout le peuple jubilait et claquait de la langue. Mais Zarathoustra fut attristé et il dit à son cœur :

« Ils ne me comprennent pas : je ne suis pas la bouche qu'il faut à ces oreilles.

« Sans doute ai-je vécu trop longtemps dans la montagne, j'ai trop écouté les ruisseaux et les arbres : je leur parle maintenant comme à des chevriers.

« Placide est mon âme, et claire comme la montagne au matin. Mais ils me tiennent pour un homme froid, pour un railleur aux farces terribles.

« Et maintenant ils me regardent et rient : Il y a de la glace dans leur rire. »

6.

Mais alors il advint quelque chose qui ferma toutes les bouches et rendit tous les yeux hagards. Car entre-temps le danseur de corde s'était mis à l'ouvrage : il était sorti par une petite porte et marchait sur la corde tendue entre les deux tours, au-dessus de la place et de la foule. Comme il avait fait la moitié du chemin, la petite porte se rouvrit et livra passage à un compère au costume bariolé, tel un bouffon, qui bondit et suivit à grands pas le premier : « En avant, éclopé, criait-il d'une voix terrible, en avant, paresseux, voleur, face de carême! Que je ne te chatouille pas de mon talon! Que fais-tu entre ces tours? C'est dans la tour qu'est ta place, on devrait t'enfermer, tu barres le chemin à un meilleur que toi. » Et à chaque mot il se rapprochait de lui : mais quand il ne fut plus qu'à un pas, il advint cette chose terrible qui ferma toutes les bouches et rendit tous les yeux hagards — il poussa un cri de démon et sauta par-dessus celui qui lui barrait le passage. Mais en voyant la victoire de son rival, le danseur perdit la tête et lâcha la corde, il jeta son balancier et, plus vite que lui, tomba dans l'abîme comme un tourbillon de bras et de jambes. La place et la foule étaient comme la mer quand la tempête s'y déchaîne : tous s'enfuyaient pêle-mêle et surtout de l'endroit où le corps allait s'écraser.

Mais Zarathoustra ne bougea pas et ce fut juste à côté de lui que tomba le corps, déchiré et brisé, mais vivant encore. Au bout d'un moment le blessé reprit conscience et vit Zarathoustra agenouillé auprès de lui : « Que fais-tu là? dit-il enfin? je savais depuis longtemps que le diable me ferait un croc-en-jambe. Voilà maintenant qu'il me traîne en enfer, veux-tu l'en empêcher? »

« Sur mon honneur, ami, tout ce dont tu parles n'existe pas : il n'y a ni diable, ni enfer. Ton âme sera morte plus vite que ton corps lui-même : ne crains donc plus rien! »

L'homme leva les yeux d'un air méfiant : « Si tu dis la vérité, dit-il ensuite, je ne perdrai rien à perdre la vie. Je ne suis pas beaucoup plus qu'un animal à qui on a appris à danser en lui donnant des coups et de maigres bouchées. »

« Non pas, dit Zarathoustra, tu as fait du danger ton métier, il n'y a là rien de méprisable. Voici maintenant que ton métier te tue : pour cela, je t'enterrerai de mes propres mains. »

Quand Zarathoustra eut parlé, le moribond ne répondit plus rien; mais il remua la main, comme s'il cherchait la main de Zarathoustra pour le remercier.

7.

Cependant le soir tombait et la place se cachait dans l'ombre ; alors la foule se dispersa, car même la curiosité et la frayeur se fatiguent. Mais Zarathoustra était assis par terre à côté du mort, perdu dans ses pensées : ainsi oubliait-il le temps. Mais enfin la nuit vint et un vent froid passa sur le solitaire. Alors Zarathoustra a fait aujourd'hui une belle pêche! Ce n'est pas un homme qu'il a pris, mais un cadavre!

« Inquiétante est l'existence humaine, et toujours aussi dénuée de sens : un bouffon peut sceller son destin.

« Je veux enseigner aux hommes le sens de leur existence : qui est le Surhomme, l'éclair jailli du sombre nuage qu'est l'homme.

« Mais je suis encore loin d'eux et mon esprit ne parle pas à leurs sens. Pour eux, je tiens encore le milieu entre un fou et un cadavre.

« Sombre est la nuit, sombres les voies de Zarathoustra. Viens, compagnon raide et glacé! Je te porte là où je t'enterrerai de mes propres mains! »

8.

Quand Zarathoustra eut dit cela à son cœur, il chargea le cadavre sur son dos et se mit en route. A peine avait-il fait cent pas qu'un homme se glissait auprès de lui et lui chuchotait quelque chose à l'oreille — et voici! Celui qui parlait était le bouffon de la tour. « Va-t'en de cette ville, ô Zarathoustra, dit-il, il y a ici trop de gens qui te haïssent. Les bons et les justes te haïssent, ils t'appellent leur ennemi et leur contempteur ; les fidèles de la vraie foi te haïssent et ils t'appellent le danger de la foule. Ta chance a été de faire rire de toi, et, en vérité, tu as parlé comme un boufron. Ta chance a été de t'associer à ce chien mort : ainsi tu t'es abaissé et c'est ce qui t'a sauvé pour aujourd'hui. Mais va-t'en de cette ville, sinon demain je sauterai par-dessus toi, vivant par-dessus un mort. » Et quand il eut dit cela, l'homme disparut ; et Zarathoustra poursuivit son chemin dans les rues obscures.

A la porte de la ville, il rencontra les fossoyeurs : ils mirent leur flambeau devant son visage, reconnurent Zarathoustra et se moquèrent de lui : « Zarathoustra emporte le chien mort : c'est gentil de sa part de s'être fait fossoyeur! Car nos mains sont trop propres pour un pareil morceau. Zarathoustra veut-il voler sa part au diable? Courage! Et bon appétit! Pourvu que le diable ne vole pas mieux que Zarathoustra! — il les volera tous les deux, il les dévorera tous les deux! » Et ils rapprochaient leurs têtes en riant entre eux.

Zarathoustra ne répondit pas et continua son chemin. Après deux heures de marche le long des bois et des marécages, il avait tellement entendu hurler les loups affamés que la faim se saisit de lui. Aussi s'arrêta-t-il devant une maison isolée où il y avait de la lumière.

« La faim m'assaille comme un brigand dans les bois et les marécages, et en pleine nuit.

« Ma faim a d'étranges caprices. Souvent je ne la sens qu'après le repas, et aujourd'hui elle n'est pas venue de toute la journée : où s'est-elle donc attardée? »

Disant ces mots, Zarathoustra frappa à la porte de la maison. Un vieillard apparut; il portait la lumière et demanda : « Qui vient vers moi et mon mauvais sommeil? »

« Un vivant et un mort, dit Zarathoustra. Donnez-moi à boire et à manger. J'ai oublié de le faire pendant le jour. Celui qui nourrit l'affamé réconforte sa propre âme : ainsi parle la sagesse. »

Le vieillard partit, mais revint aussitôt et offrit à Zarathoustra du pain et du vin. « Le pays est mauvais pour ceux qui ont faim, dit-il; c'est pourquoi j'y demeure. Hommes et bêtes viennent à moi, le solitaire. Mais dis à ton compagnon de boire et de manger aussi, il est plus las que toi. » Zarathoustra répondit : « Mon compagnon est mort, je l'y déciderais difficilement. » « Cela ne me regarde pas, dit le vieillard en grognant, quiconque frappe à ma porte doit accepter ce que je lui offre. Mangez et portez-vous bien! »

Ensuite Zarathoustra marcha encore pendant deux heures, se fiant au chemin et à la lueur des étoiles : car il avait coutume de marcher la nuit et aimait à regarder en face tout ce qui dort. Mais quand l'aube vint, Zarathoustra se trouva dans une forêt profonde et il ne vit plus aucun chemin. Alors il posa le cadavre dans le creux d'un arbre, à sa tête — car il voulait le protéger des loups — et lui-même s'étendit par terre, sur la mousse. Et bientôt il s'endormit, le corps las, mais l'âme sereine.

9.

Zarathoustra dormit longtemps, et non seulement l'aube, mais le matin passa sur son visage. Enfin il ouvrit les yeux : étonné, Zarathoustra regarda la forêt et le silence, étonné, il regarda en lui-même. Puis il se leva rapidement, comme un marin qui voit soudain la terre, et il poussa un cri d'allégresse : car il voyait une vérité nouvelle. Puis il parla ainsi à son cœur :

« Mes yeux se sont ouverts : j'ai besoin de compagnons, de compagnons vivants, non de morts et de cadavres que je porte avec moi où je veux.

« Il me faut des compagnons vivants qui me suivent parce qu'ils veulent se suivre eux-mêmes — et là où je veux.

« Mes yeux se sont ouverts : ce n'est pas à la foule que parlera Zarathoustra, mais à des compagnons! Zarathoustra ne sera pas le berger et le chien d'un troupeau!

« Attirer les brebis loin du troupeau — c'est pour cela que je suis venu. Le peuple et le troupeau se fâcheront contre moi : les bergers traiteront Zarathoustra de brigand.

« Je dis bergers, mais ils se nomment les bons et les justes. Je dis bergers, mais ils se nomment les croyants de la vraie foi.

« Voyez les bons et les justes! Qui haïssent-ils le plus? Celui qui brise leurs tables de valeurs, le destructeur, le criminel — mais c'est celui-là qui crée.

« Voyez les fidèles de toutes croyances! Qui haïssent-ils le plus? Celui qui brise leurs tables de valeurs, le destructeur, le criminel — mais c'est celui-là qui crée.

« Celui qui crée cherche des compagnons, non des cadavres, non des troupeaux et des croyants. Celui qui crée cherche ceux qui créeront avec lui, ceux qui inscriront de nouvelles valeurs sur de nouvelles tables.

« Celui qui crée cherche des compagnons et des aides pour sa moisson : car tout est mûr chez lui pour la moisson. Mais il lui manque les cent faucilles. Ainsi il arrache les épis et s'en irrite.

« Celui qui crée cherche des compagnons, de ceux qui savent aiguiser leurs faucilles. On les traitera de destructeurs et de contempteurs du bien et du mal. Mais ce seront eux qui moissonneront et qui célébreront leur fête.

« Des hommes qui créent, récoltent et célèbrent avec lui leur fête, voilà ce que cherche Zarathoustra : qu'a-t-il à faire de troupeaux, de bergers et de cadavres!

« Et toi, mon premier compagnon, adieu! Je t'ai bien enterré dans ton arbre creux, bien protégé contre les loups!

« Mais je te quitte, le temps est révolu. Entre l'aube et l'aube une vérité nouvelle m'est apparue.

« Je ne serai pas berger, ni fossoyeur. Je ne veux même pas parler à la foule : pour la dernière fois j'ai parlé à un mort.

« Je veux me joindre à ceux qui créent, récoltent et célèbrent leur fête : je leur montrerai l'arc-en-ciel et tous les escaliers qui montent vers le Surhomme.

« Je chanterai mon chant aux ermites et à ceux qui sont seuls à deux ; et quiconque a encore des oreilles pour les choses inouïes, je lui serrerai le cœur avec mon bonheur.

« Je vais vers mon but, je suis mon chemin; je sauterai par-dessus les hésitants et les retardataires! Que ma marche soit donc leur perte! »

10.

Zarathoustra avait dit cela a son cœur quand le soleil était encore au zénith : alors il leva les yeux et interrogea le ciel, car il avait entendu le cri perçant d'un oiseau. Et voici! Un aigle décrivait dans les airs de larges cercles et un serpent était attaché à lui, non comme une proie, mais comme un ami : car il s'enroulait autour de son cou.

« Ce sont mes animaux », dit Zarathoustra, et il se réjouit de tout son cœur.

« Le plus fier des animaux sous le soleil et le plus intelligent des animaux sous le soleil, — voici qu'ils sont partis en reconnaissance.

« Ils ont voulu savoir si Zarathoustra vit encore. En vérité, suis-je encore en vie?

« J'ai trouvé plus de dangers parmi les hommes que parmi les bêtes, dangereux sont les chemins de Zarathoustra. Que mes animaux me conduisent! »

Quand Zarathoustra eut dit cela, il se souvint des paroles du saint dans la forêt, il soupira et parla à son cœur :

« Je souhaiterais être plus rusé! Je souhaiterais être foncièrement rusé, comme mon serpent!

« Mais je demande l'impossible : je prie donc ma fierté d'aller toujours de pair avec ma sagesse.

« Et si ma sagesse m'abandonne un jour — hélas! elle aime s'envoler! — que ma fierté vole encore avec ma folie! »

— Ainsi commença le déclin de Zarathoustra.

LES DISCOURS DE ZARATHOUSTRA

Des trois métamorphoses.

Je vous nomme trois métamorphoses de l'esprit : comment l'esprit se change en chameau, le chameau en lion et finalement le lion en enfant.

Il y a beaucoup de choses lourdes pour l'esprit, l'esprit fort et patient que le respect habite : sa force réclame un poids, et le plus lourd.

Qu'est-ce qui est lourd? demande l'esprit robuste, et tel le chameau, il s'agenouille et demande à être bien chargé.

Qu'y a-t-il de plus lourd? demande l'esprit robuste. Dites-le, ô héros, afin que je le prenne sur moi et que ma force se réjouisse.

N'est-ce pas ceci : s'humilier pour faire souffrir son orgueil? Faire luire sa folie pour railler sa sagesse?

Ou est-ce ceci : fuir notre propre cause quand elle célèbre sa victoire? Monter sur des montagnes hautes pour tenter le tentateur?

Ou est-ce ceci : se nourrir des glands et de l'herbe de la connaissance, affamer son âme pour l'amour de la vérité?

Ou est-ce ceci : être malade et renvoyer ceux qui te consolent, se lier avec des sourds qui n'entendent jamais ce que tu veux?

Ou est-ce ceci : descendre dans l'eau sale si c'est l'eau de la vérité, ne repousser ni les grenouilles froides, ni les crapauds brûlants?

Ou est-ce ceci : aimer ceux qui nous méprisent et tendre la main au spectre au moment même où il veut nous faire peur?

Toutes ces choses, qui sont les plus lourdes, l'esprit patient les prend sur lui : tel le chameau qui court au désert avec sa charge, c'est ainsi qu'il se hâte vers son désert.

Mais dans le désert le plus solitaire, la seconde métamorphose a lieu : ici l'esprit se change en lion, il veut gagner la liberté de force et être maître dans son propre désert.

Il cherche ici son dernier maître : il veut être l'ennemi de son maître et l'ennemi de son dernier dieu, il veut se mesurer avec le grand dragon et remporter la victoire.

Quel est le grand dragon que l'esprit ne consent plus à appeler maître et dieu? « Tu dois », tel est le nom du grand dragon. Mais l'esprit du lion dit : « Je veux. »

« Tu dois » lui barre le chemin, étincelant d'or, c'est une bête à écailles, et sur chaque écaille brille en lettres d'or : « Tu dois! »

Des valeurs millénaires brillent sur ces écailles et le plus puissant de tous les dragons parle ainsi : « Elle brille sur moi — la valeur de toutes choses. »

« Toute valeur est déjà créée — et toute valeur déjà créée est en moi. En vérité, il n'y aura plus de « Je veux ». Ainsi parle le dragon.

Mes frères, pourquoi faut-il le lion dans l'esprit? Ne suffit-elle pas, la bête de somme qui renonce et montre son respect?

Créer des valeurs neuves — même le lion ne le peut pas encore : mais se rendre libre pour une création nouvelle — voilà ce que peut la puissance du lion.

Gagner le droit de créer des valeurs neuves, c'est la conquête la plus terrible pour un esprit patient et respectueux. En vérité, il y voit une rapine et l'affaire de la bête de proie.

Jadis, il aimait le « Tu dois » comme son bien le plus sacré et maintenant c'est dans ce bien lui-même qu'il doit trouver folie et arbitraire, afin de gagner sa liberté aux dépens de son amour : il a besoin du lion pour une pareille rapine.

Mais dites, mes frères, que peut l'enfant que le lion n'ait pu faire? Pourquoi le lion féroce doit-il encore se changer en enfant?

L'enfant est innocence et oubli, un recommencement, un

jeu, une roue qui se meut d'elle-même, un premier mouvement, un « oui » sacré.

Oui, au jeu de la création, mes frères, il faut un « oui » sacré : alors l'esprit veut *sa* volonté, celui qui est perdu au monde gagne *son* monde.

Je vous ai nommé trois métamorphoses de l'esprit : comment l'esprit s'est changé en chameau, le chameau en lion et le lion en enfant.

Ainsi parlait Zarathoustra. Et en ce temps il demeurait en la ville qu'on appelle : la Vache bigarrée.

Des chaires de la vertu.

On vantait à Zarathoustra un sage qui s'entendait à parler du sommeil et de la vertu : on disait qu'à cause de cela il était comblé d'honneurs et de récompenses et que tous les jeunes gens se pressaient autour de sa chaire. Zarathostra alla le voir et s'assit devant sa chaire en compagnie de tous les jeunes gens. Et le sage parla ainsi :

« Honneur et respect au sommeil! C'est la première des choses! Et évitez tous ceux qui dorment mal et veillent la nuit!

« Pour le sommeil, le voleur lui-même a des égards : il se glisse toujours furtivement dans la nuit. Mais le veilleur de nuit est sans égards, c'est sans égards qu'il porte sa corne.

« Dormir n'est pas un art facile : il faut s'y préparer en veillant tout le jour.

« Dix fois dans la journée tu dois te surmonter toi-même : voilà qui donne une bonne fatigue et c'est du pavot pour l'âme.

« Dix fois par jour tu dois te reconcilier avec toi-même : car la lutte est amère et qui n'est pas réconcilié dort mal.

« Il faut que tu trouves dix vérités par jour, sinon tu chercherais la vérité la nuit et ton âme resterait affamée.

« Dix dois par jour il te faut rire et être gai, sinon ta nuit serait troublée par ton estomac, ce père du chagrin.

« Peu de gens le savent : mais il faut posséder toutes les vertus pour bien dormir. Porterai-je un faux témoignage? Serai-je adultère?

« Convoiterai-je la servante de mon prochain? Tout cela s'accorderait mal avec un bon sommeil.

« Et même si l'on a toutes les vertus, il faut encore s'entendre à une chose : envoyer à temps les vertus elles-mêmes dormir.

« Qu'elles ne se querellent pas entre elles, les gentilles petites femmes! Et sur ton dos, malheureux!

« Paix avec Dieu et avec ton prochain : c'est cela que veut le bon sommeil. Et paix même avec le diable de ton prochain. Sinon il te hanterait la nuit.

« Respect et obéissance à l'autorité, même à l'autorité bancale! Ainsi le veut le bon sommeil. Est-ce ma faute si le pouvoir est volontiers bancal?

« Le meilleur berger à mes yeux sera toujours celui qui mène son troupeau dans les plus verts pâturages : c'est ainsi qu'on s'entend avec le bon sommeil.

« Je ne veux ni beaucoup d'honneurs ni de grands trésors : cela échauffe la bile. Mais on dort mal sans une bonne renommée et sans un petit trésor.

« J'aime mieux recevoir une petite société qu'une société méchante : mais il faut qu'elle vienne et s'en aille au bon moment. Ainsi l'exige le bon sommeil.

« J'aime aussi beaucoup les pauvres d'esprit : ils favorisent le sommeil, surtout si on leur donne toujours raison.

« Ainsi s'écoule le jour pour l'homme vertueux. Mais quand vient la nuit, je me garde bien d'appeler le sommeil! Il ne veut pas être appelé, celui qui est le maître des vertus.

« Je songe au contraire à ce que j'ai fait et pensé dans la journée. Ruminant avec la patience d'une vache, je me demande : quelles étaient donc tes dix victoires sur toi-même?

« Et quels étaient les dix réconciliations et les dix vérités et les dix éclats de rire qui ont mis mon cœur en joie?

« Pesant ces choses et bercé par quarante pensées, je suis saisi par le sommeil, le non-appelé, le maître des vertus.

« Le sommeil frappe à mon œil : aussitôt il s'alourdit. Le sommeil me touche la bouche : et voici qu'elle reste ouverte.

« En vérité, il vient à moi sur de douces semelles, le plus cher des voleurs, et il me vole mes pensées : je reste debout, stupide comme ce pupitre.

« Mais je ne reste pas longtemps debout : me voilà bientôt couché. »

Quand Zarathoustra eut entendu parler le sage, il se mit à rire dans son cœur : car l'en écoutant, il avait été éclairé. Et il parla ainsi à son cœur :

« Quel fou que ce sage avec ses quarante pensées : mais je crois sans peine qu'il s'entend à dormir.

« Heureux celui qui vit dans son voisinage! Pareil sommeil est contagieux, même à travers un mur épais il se propage.

« Sa chaire elle-même est enchantée. Ce n'est pas en vain que les jeunes gens se sont assis autour de ce prédicateur de la vertu.

« Sa sagesse dit : veiller pour bien dormir. Et en vérité, si la vie n'avait pas de sens et que je dusse choisir une absurdité, celle-ci me paraîtrait la plus digne d'être choisie.

« Maintenant je vois clairement ce quon cherchait surtout jadis auprès des maîtres de vertu. On cherchait un bon sommeil et des vertus couronnées de fleurs de pavot!

« Pour tous ces sages tant vantés qui prêchaient du haut de leur chaire, la sagesse était le sommeil sans rêves : ils ne voyaient pas de meilleur sens à la vie.

« Aujourd'hui encore il y en a quelques-uns comme ce prédicateur de la vertu, et tous ne sont pas aussi honnêtes : mais leur tem ps est révolu. Et ils ne seront pas debout longtemps : déjà les voici qui se couchent.

« Bienheureux ces somnolents, car ils s'assoupiront bientôt. »

Ainsi parlait Zarathoustra.

Des visionnaires de l'Au-Delà.

Jadis, Zarathoustra avait lui aussi projeté son délire au-delà de l'homme, comme tous les visionnaires de l'Au-Delà. Le monde me semblait être l'œuvre d'un dieu souffrant et torturé.

Le monde me semblait être un rêve et l'invention d'un dieu ; une fumée coloriée devant les yeux d'un divin mécontent.

Bien et mal, et joie et peine, et Moi et Toi — j'y voyais une fumée coloriée devant les yeux d'un créateur. Le créateur voulait détourner les yeux de lui-même — alors il a créé le monde.

Celui qui souffre trouve une joie enivrante à détourner les

yeux de sa souffrance et à se perdre. Le monde me parut être un jour une joie enivrante et un moyen de se perdre.

Ce monde, cet éternel imparfait, image d'une éternelle contradiction et image imparfaite — une joie enivrante pour son créateur imparfait : — tel m'apparut un jour le monde.

Ainsi, je projetai moi aussi mon délire au-delà de l'homme, comme tous les visionnaires de l'Au-Delà. Au-delà de l'homme en vérité.

Hélas, mes frères, ce dieu que je créai était œuvre et folie humaines, comme tous les autres!

Il était homme, pauvre morceau d'homme et de Moi : il venait de mon propre brasier et de mes propres cendres, ce spectre, et réellement! Il ne venait pas de l'Au-Delà!

Qu'arriva-t-il, mes frères? Je me vainquis, moi qui souffrais, je portai mes propres cendres sur la montagne, j'inventai pour moi une flamme plus claire. Et voici! Le spectre me quitta!

Pour moi qui suis guéri, ce serait maintenant une souffrance et une humiliation que de croire encore à de pareils spectres : une souffrance et une humiliation. C'est ainsi que je parle aux visionnaires de l'Au-Delà.

Souffrance et impuissance — voilà ce qui a créé tous les Au-Delà, et ce bref délire du bonheur que seul connaît celui qui souffre le plus.

La fatigue qui veut aller d'un bond jusqu'aux choses dernières, d'un bond mortel, une pauvre fatigue ignorante qui ne veut même plus vouloir : c'est elle qui créa tous les dieux et tous les Au-Delà.

Croyez-moi, mes frères! C'est le corps qui a désespéré du corps, qui, des doigts de l'esprit ébloui, a tâtonné le long des derniers murs.

Croyez-moi, mes frères! C'est le corps qui a désespéré de la terre — il entendait parler le ventre de l'être.

Alors il voulut percer les derniers murs avec sa tête, et pas seulement avec sa tête — pour aller de l'autre côté, dans « l'autre monde ».

Mais « l'autre monde » est bien protégé contre l'homme, ce monde inhumain et dénaturé qui est un céleste néant ; et le ventre de l'être ne parle pas à l'homme, si ce n'est comme l'homme.

En vérité, tout Être est difficile à prouver, et il est difficile de le forcer à parler. Dites-moi, mes frères, la chose la plus étrange parmi les choses n'est-elle pas encore la mieux prouvée?

Oui, ce Moi et cette contradiction et cette confusion du Moi, c'est encore de son Être qu'il parle le plus loyalement, ce Moi qui crée, veut, estime et donne leur mesure et leur valeur aux choses.

Et cet Être loyal, ce Moi — il parle du corps, et c'est encore le corps qu'il veut, même lorsqu'il invente et s'exalte et voltige avec des ailes brisées.

Il apprend à parler de plus en plus loyalement, ce Moi : et plus il apprend, plus il trouve de paroles et de louanges à l'égard du corps et de la terre.

Mon Moi m'enseigna une nouvelle fierté que j'enseigne aux hommes : ne plus se cacher la tête dans le sable des choses célestes, mais la porter fièrement, en-tête terrestre qui crée le sens de la terre.

J'enseigne aux hommes une nouvelle volonté : vouloir ce chemin que l'homme a suivi en aveugle, le juger bon et ne plus s'en écarter en rampant comme les malades et les moribonds!

Ce sont des malades et des moribonds qui ont méprisé le corps et la terre, qui ont inventé le ciel et les gouttes de sang qui rachètent; mais même ces poisons doux et sombres, c'est encore au corps et à la terre qu'ils les ont pris!

Ils voulaient fuir leur misère et les étoiles leur paraissaient trop loin. Alors ils soupirèrent : « Hélas! Puisse-t-il y avoir des chemins célestes qui nous permettent de nous glisser dans un autre Être et dans un autre bonheur! » — alors ils inventèrent leurs stratagèmes et leurs petits breuvages sanglants!

Ils s'imaginaient être délivrés de leur corps et de cette terre, ces ingrats! Mais à qui devaient-ils le spasme et la joie de leur délivrance? A leur corps et à cette terre.

Zarathoustra est indulgent aux malades. En vérité, ni leur manière de se consoler ni leur ingratitude ne le fâchent. Puissent-ils être convalescents et triompher d'eux-mêmes et se créer un corps d'une plus haute espèce!

Zarathoustra ne se fâche pas non plus quand le convalescent regarde tendrement vers son délire et rôde à minuit autour de la tombe de son dieu : mais ses larmes sont encore pour moi maladie et faiblesse du corps.

Il y eut toujours beaucoup de gens malades parmi ceux qui inventent et cherchent Dieu ; ils haïssent avec fureur celui qui cherche la connaissance, et la plus jeune de toutes les vertus, qui s'appelle : loyauté.

Toujours ils regardent en arrière, vers des temps obscurs : alors, il est vrai, délire et foi étaient autre chose ; la folie de la raison était à la ressemblance divine, et le doute était péché.

Je les connais trop bien ces hommes qui sont à la ressemblance de Dieu : ils veulent qu'on croie en eux et que le doute soit un péché. Je sais trop bien aussi à quoi ils croient eux-mêmes le plus.

En vérité, ce n'est pas à l'au-delà ni aux gouttes de sang qui rachètent : c'est encore au corps qu'ils croient le mieux, et leur propre corps est pour eux leur chose en soi.

Mais c'est une chose maladive : et volontiers ils sortiraient de leur peau. C'est pourquoi ils écoutent les prédicateurs de la mort, prêchent eux-mêmes les Au-Delà.

Écoutez plutôt, mes frères, la voix du corps en bonne santé : c'est une voix plus honnête et plus pure.

Le corps en bonne santé parle d'une voix plus pure et plus honnête : et il parle du sens de la terre.

Ainsi parlait Zarathoustra.

Des contempteurs du corps.

C'est aux contempteurs du corps que j'ai mon mot à dire. Ils ont non pas à oublier ce qu'ils savent ou à enseigner autrement, mais à dire adieu à leur corps — et ainsi à devenir muets.

« Je suis corps et âme », dit l'enfant. Et pourquoi ne parlerait-on pas comme les enfants?

Mais celui qui est éveillé, celui qui sait, dit : « Je suis corps absolument, et rien d'autre; et âme n'est qu'un mot pour désigner une qualité du corps. »

Le corps est une grande raison, une multiplicité douée d'un sens unique, une guerre et une paix, un troupeau et un berger.

Un outil de ton corps, voilà, mon frère, ce qu'est aussi ta petite raison que tu nommes « esprit », un petit outil et un petit jouet de ta grande raison.

« Moi », dis-tu, et tu es fier de ce mot. Mais ce qu'il y a de plus grand — et à quoi tu ne veux pas croire — c'est ton corps et sa grande raison : elle ne dit pas « Moi », mais fait le Moi.

Ce que les sens savent, ce que l'esprit connaît n'a jamais sa fin en soi. Mais sens et esprit veulent te convaincre qu'ils sont la fin de toute chose : telle est leur vanité.

Sens et esprit sont des outils et des jouets; derrière eux se tient encore le Soi. Le Soi cherche aussi avec les yeux des sens, il écoute aussi avec les oreilles de l'esprit.

Sans cesse le Soi écoute et cherche : il compare, force, conquiert, détruit. Il gouverne et est aussi le maître du Moi.

Derrière tes pensées et tes sentiments, frère, il y a un souverain puissant et un sage inconnu — qui a son nom « Soi ». Il demeure dans ton corps, il est ton corps.

Il y a plus de raison dans ton corps que dans ta meilleure sagesse. Et qui sait donc pourquoi ton corps a besoin justement de ta meilleure sagesse?

Ton « Soi » se moque de ton Moi et de ses bonds orgueilleux. « Que sont pour moi ces bonds et ces envols de la pensée? se dit-il. Un détour pour aller à mon but. Je suis la lisière du Moi et le souffleur de ses idées. »

Le Soi dit au Moi : « Souffre maintenant! » Alors le Moi souffre et cherche le moyen de ne plus souffrir — et c'est pour cela qu'il *doit* penser.

Le Soi dit au Moi : « Réjouis-toi maintenant! » Alors le Moi se réjouit et cherche un moyen de se réjouir souvent — et c'est pour cela qu'il *doit* penser.

Je veux dire un mot aux contempteurs du corps. Qu'ils méprisent, c'est ce qui fait leur estime. Qu'est-ce donc, ce qui a créé estime et mépris et valeur et volonté?

Le Soi créateur a créé pour lui-même l'estime et le mépris, il a créé la volupté et la douleur. Le corps créateur s'est donné l'esprit comme une main de sa volonté.

Vous servez votre Soi jusque dans votre folie et votre mépris, vous autres contempteurs du corps. Je vous le dis : votre Soi lui-même veut mourir et se détourne de la vie.

Il n'est plus capable de faire ce qu'il aimerait le mieux : — créer au-delà de lui-même. C'est ce qu'il aimerait le mieux, c'est là tout sa ferveur.

Mais maintenant il est trop tard : votre Soi veut périr, ô contempteurs du corps.

Votre Soi veut périr, et c'est pourquoi vous êtes devenus des contempteurs du corps! Car vous n'êtes plus capables de créer au-delà de vous.

Et c'est pourquoi vous vous fâchez contre la vie et la terre. Il y a une envie inconsciente dans le regard louche de votre mépris.

Je ne prends pas votre chemin, ô contempteurs du corps. Vous n'êtes pas pour moi des ponts vers le Surhomme!

Ainsi parlait Zarathoustra.

Des joies et des passions.

Mon frère, quand tu as une vertu et que cette vertu est à toi, tu ne l'as en commun avec personne.

Certes, tu veux l'appeler par son nom et la cajoler ; tu veux la tirer par l'oreille et te divertir avec elle.

Et voici! Tu partages son nom avec la foule et tu es devenu foule et troupeau avec ta vertu!

Tu ferais mieux de dire : « Inexprimable et sans nom est ce qui fait le tourment et le délice de mon âme et est encore la faim de mes entrailles. »

Que ta vertu soit trop haute pour la familiarité des noms : et si tu dois en parler, n'aie pas honte de bégayer devant elle.

Parle donc et bégaye : « Ceci est mon bien, je l'aime, c'est ainsi qu'il me plaît vraiment, ce n'est qu'ainsi que *je* veux le bien. »

Je ne le veux pas comme une loi de Dieu, je ne le veux pas comme un principe et une nécessité humaines : que je n'en fasse pas un indicateur sur le chemin des régions supraterrestres et des paradis.

C'est une vertu terrestre que j'aime : elle contient peu d'intelligence et moins encore de sens commun.

Mais cet oiseau a bâti son nid chez moi : c'est pourquoi je l'aime et le chéris : voici maintenant qu'il couve ses œufs dorés chez moi.

C'est ainsi que tu dois bégayer et louer ta vertu.

Jadis tu avais des passions et tu les appelais mauvaises.

Mais maintenant tu n'as plus que tes vertus : elles ont germé de tes passions.

Tu as placé au cœur de ces passions ton but suprême : elles sont devenues tes joies et tes vertus.

Et quand tu aurais été de la race des colériques ou des voluptueux, des sectaires ou des vindicatifs :

A la fin toutes tes passions se sont changées en vertus et tous tes démons en anges.

Jadis tu avais des chiens sauvages dans ta cave : mais à la fin ils se sont changés en oiseaux et en chanteurs délicieux.

C'est en triturant tes poisons que tu as composé ton baume ; tu as trait ta vache Tristesse — maintenant tu bois le doux lait de ses mamelles.

Et désormais plus rien de mal ne sort de toi, si ce n'est le mal qui naît du combat de tes vertus.

Mon frère, si tu as de la chance, tu as une vertu et pas plus : ainsi tu passes plus facilement sur le pont.

C'est une distinction que d'avoir beaucoup de vertus, mais c'est un sort bien lourd; et plus d'un alla dans le désert et se tua parce qu'il était las d'être la bataille et le champ de bataille de ses vertus.

La guerre et la bataille sont-elles mauvaises, mon frère? Mais c'est un mal nécessaire, l'envie et la méfiance et la calomnie sont nécessaires au milieu de tes vertus.

Vois comme chacune de tes vertus est avide du bien suprême : elle veut tout ton esprit afin que ton esprit soit son héraut, elle veut prendre toute ta force dans la colère, la haine et l'amour.

Chacune de tes vertus est jalouse de l'autre, et la jalousie est une chose terrible. Même les vertus peuvent mourir de jalousie.

Celui qu'enveloppe la flamme de la jalousie, il est comme le scorpion qui, finalement, tourne contre lui-même son dard empoisonné.

Ah, mon frère, vis-tu jamais une vertu qui ne se calomnie et ne se tue elle-même?

L'homme est quelque chose qui doit être surmonté; et c'est pourquoi tu dois aimer tes vertus : car ce sont elles qui causeront ta perte.

Ainsi parlait Zarathoustra.

Du criminel blême.

Vous ne voulez pas tuer, juges et sacrificateurs, avant que la bête ne penche la tête? Voyez, le criminel blême a penché la tête : dans ses yeux parle le grand mépris.

« Mon Moi est quelque chose qui doit être surmonté : mon Moi est mon grand mépris de l'homme » — c'est ce que disent ces yeux.

Son plus haut moment fut celui où il s'est jugé lui-même : ne laissez pas celui qui s'est élevé retomber dans ce qu'il a de plus bas!

Il n'y a pas de salut pour celui qui souffre ainsi de lui-même, si ce n'est la mort sans délai.

Votre homicide, ô juges, qu'il soit pitié et non vengeance. Et en tuant, ayez soin de justifier vous-mêmes la vie!

Ce n'est pas assez de vous réconcilier avec celui que vous tuez. Que votre tristesse soit l'amour du Surhomme : c'est ainsi que vous vous justifierez de survivre!

Dites « ennemi » et non « scélérat » ; dites « malade » et non « coquin »; dites « fou » et non « pécheur ».

Et toi, juge rouge, si tu disais tout haut tout ce que tu as déjà fait en pensée, chacun crierait : « Chassez cette ordure et ce serpent venimeux! »

Mais une chose est la pensée, autre chose l'acte, autre chose l'image de l'acte. Ils ne sont pas reliés par la roue de la causalité.

Cet homme blême, c'est une image qui le fait pâlir. Il était égal à son acte lorsqu'il l'accomplit : mais après l'avoir fait, il ne supporta plus son image.

Sans cesse il se voyait comme l'auteur d'un seul acte : j'appelle cela folie, car l'exception se changeait en règle de l'être.

Le trait fascine la poule; le coup qu'il a porté a fasciné sa pauvre raison — j'appelle cela folie *après* l'acte.

Écoutez, ô juges! Il y a encore une autre folie : et c'est celle qui *précède* l'acte. Ah, vous ne vous êtes pas assez profondément insinués dans cette âme!

Ainsi parle le juge rouge : « Pourquoi ce criminel a-t-il tué?

Il voulait voler. » Mais je vous dis : son âme voulait du sang, non le vol : il avait soif du bonheur du couteau!

Mais sa pauvre raison ne comprit pas cette folie et c'est elle qui le décida : « Qu'importe le sang, dit-elle ; ne veux-tu pas au moins en profiter pour voler? pour te venger? »

Et il écouta sa pauvre raison : ses propos pesaient comme du plomb sur lui — alors il vola en assassinant. Il ne voulait pas avoir honte de sa folie.

Et voici que le plomb de sa faute pèse de nouveau sur lui, et de nouveau sa pauvre raison est rigide, engourdie, lourde.

Si seulement il pouvait secouer la tête, son fardeau le quitterait, mais qui secouera cette tête?

Qu'est-ce que cet homme? Un amas de maladies qui se propagent dans le monde par l'esprit : c'est là qu'elles veulent butiner.

Qu'est-ce que cet homme? Un nœud de serpents sauvages qui sont rarement en paix ensemble — alors ils partent chacun de son côté et vont chercher une proie dans le monde.

Voyez ce pauvre corps! Ce qu'il souffrait et désirait, sa pauvre âme l'a interprété à sa manière — comme une envie de meurtre et le désir d'atteindre au bonheur du couteau.

Celui qui tombe malade maintenant est victime du mal qui est le mal aujourd'hui : il veut faire mal avec ce qui lui fait mal. Mais il y a eu d'autres temps, un autre Mal et un autre Bien.

Jadis doute et volonté d'être soi-même étaient des crimes. Alors le malade devenait hérétique et sorcier : c'est comme hérétique et sorcier qu'il souffrait et voulait faire souffrir.

Mais ceci ne peut pas entrer dans vos oreilles : cela nuirait à ceux qui sont bons, dites-vous. Mais que m'importent vos hommes bons!

Il y a beaucoup de choses en eux qui me dégoutent, et vraiment ce n'est pas leur mal. Je leur souhaite une folie qui les ferait périr comme ce blême criminel.

En vérité, je voudrais que leur folie s'appelât vérité ou fidélité ou justice : mais ils ont leur vertu pour vivre longtemps dans un pitoyable confort.

Je suis un garde-fou au bord du fleuve : me saisisse qui peut! Mais je ne suis pas votre béquille.

Ainsi parlait Zarathoustra.

Lire et écrire.

De tout ce qui est écrit, je n'aime que ce que l'on écrit avec son propre sang. Ecris avec ton sang : et tu sauras que le sang est esprit.

Il n'est point facile de comprendre un sang étranger : je hais les oisifs qui lisent.

Qui connaît le lecteur ne fait plus rien pour le lecteur. Encore un siècle de lecteurs — et l'esprit lui-même puera.

Que chacun ait le droit d'apprendre à lire, à la longue cela gâte non seulement l'écriture, mais encore la pensée.

Jadis l'esprit était Dieu, puis il devint homme, maintenant il s'est fait populace.

Celui qui écrit en lettres de sang et en sentences ne veut pas être lu, mais appris par cœur.

Sur les montagnes, le chemin le plus court va d'un sommet à l'autre : mais pour le prendre il faut que tu aies de bonnes jambes. Les sentences doivent être des sommets : et ceux à qui l'on parle doivent être grands et bien découplés.

L'air léger et pur, le danger proche et l'esprit plein d'une joyeuse méchanceté : voilà ce qui va bien ensemble.

Je veux des kobolds autour de moi, car je suis courageux. Le courage qui chasse les fantômes se crée lui-même ses kobolds — le courage veut rire.

Je ne suis plus de cœur avec vous : ce nuage que je vois sous moi, cette noirceur et cette pesanteur dont je ris — c'est là justement votre nuée d'orage.

Vous regardez en haut quand vous voulez vous élever. Et je regarde en bas parce que je suis élevé.

Qui de vous peut en même temps rire et être élevé?

Celui qui monte sur les plus hautes montagnes se rit de tout le théâtre et de tout le sérieux de la vie.

Insouciant, moqueur, violent — ainsi nous veut la sagesse : elle est femme et ne peut aimer qu'un guerrier.

Vous me dites : « La vie est dure à porter. » Mais pourquoi auriez-vous le matin votre orgueil et le soir votre résignation?

La vie est dure à porter : mais ne faites donc pas tellement les délicats! Nous tous, nous sommes de jolis ânes et ânesses bien chargés.

Qu'avons-nous de commun avec le bouton de rose qui tremble parce qu'une goutte de rosée lui tombe sur le corps?

Il est vrai : nous aimons la vie, parce que nous sommes habitués non à la vie, mais à l'amour.

Il y a toujours un peu de folie dans l'amour. Mais il y a toujours un peu de raison dans la folie.

Et même moi; moi qui suis porté vers la vie, je trouve que les papillons, les bulles de savon et ce qui leur ressemble parmi les hommes sont ce qui connaît le mieux le bonheur.

Voir voltiger ces petites âmes légères, folles, gracieuses et mobiles — cela donne à Zarathoustra l'envie de pleurer et de chanter.

Je ne pourrais croire qu'à un dieu qui saurait danser.

Et lorsque je vis mon démon, je le trouvai grave, pédant, profond, solennel : c'était l'esprit de la pesanteur — c'est par lui que tombent toutes choses.

On ne tue pas par la colère, mais par le rire. Allons, tuons l'esprit de la pesanteur!

J'ai appris à marcher : depuis lors je me permets de courir. J'ai appris à voler : depuis lors je n'attends pas d'être poussé pour changer de place.

Maintenant je suis léger, maintenant je vole, maintenant je me vois au-dessous de moi, maintenant un dieu danse à travers moi.

Ainsi parlait Zarathoustra.

De l'arbre sur la montagne.

Zarathoustra avait remarqué qu'un jeune homme l'évitait. Et un soir, comme il traversait seul les montagnes qui entourent la ville appelée « La Vache bigarrée », voici que dans sa promenade il trouva ce jeune homme appuyé contre un arbre et jetant sur la vallée un regard fatigué. Zarathoustra entoura de ses mains l'arbre contre lequel le jeune homme était assis, et il parla ainsi :

« Si je voulais secouer cet arbre avec mes mains, je ne le pourrais pas.

« Mais le vent que nous ne voyons pas le tourmente et le plie à son gré. De tout ce qui nous fait plier et nous tourmente, les mains invisibles sont les plus terribles. »

Stupéfait, le jeune homme se leva et dit : « J'entends Zarathoustra et justement je pensais à lui. » Zarathoustra répondit :

« Pourquoi t'en effrayes-tu? — Mais il en est de l'homme comme de l'arbre.

« Plus il veut aller vers les hauteurs et la clarté, plus ses racines aspirent à s'enfoncer dans la terre, à plonger vers le bas, l'ombre, les profondeurs — le mal. »

« Oui, vers le mal! s'écria le jeune homme. Comment se peut-il que tu aies découvert mon âme? »

Zarathoustra sourit et dit : « Il est des âmes que l'on ne découvrira jamais, à moins de les inventer d'abord. »

« Oui, vers le mal! s'écria de nouveau le jeune homme.

« Tu as dit la vérité, Zarathoustra. Je ne puis plus me fier à moi depuis que je veux aller sur les hauteurs, et personne ne se fie plus à moi — comment se fait-il?

« Je me transforme trop vite : mon aujourd'hui réfute mon hier. Je saute souvent des marches quand je monte : c'est ce qu'aucune marche ne me pardonne.

« Quand je suis en haut, je me trouve toujours seul. Personne ne me parle, le froid de la solitude me fait frissonner. Que veux-je donc sur les hauteurs?

« Mon mépris et mon désir croissent ensemble ; plus je m'élève, plus je méprise celui qui s'élève. Que cherche-t-il donc sur les hauteurs?

« Comme j'ai honte de monter et de trébucher ainsi! Comme je me moque de ma respiration haletante! Comme je hais le fugitif! Comme je suis las sur les hauteurs! »

Ici le jeune homme se tut. Zarathoustra considéra l'arbre auprès duquel ils se trouvaient et parla ainsi :

« Cet arbre est solitaire dans la montagne; il a poussé très haut au-dessus des hommes et des bêtes.

« Et s'il voulait parler, il n'aurait personne pour le comprendre : tant il s'est élevé haut.

« Maintenant il attend et attend encore — qu'est-ce qu'il

attend donc? Il habite trop près du siège des nuages : sans doute attend-il le premier coup de foudre? »

Quand Zarathoustra eut dit cela, le jeune homme s'écria avec des gestes véhéments : « Oui, Zarathoustra, tu dis la vérité. Je désirais ma chute en voulant aller haut et tu es le coup de foudre que j'attends! Vois, que suis-je encore depuis que tu nous es apparu? C'est la jalousie qui m'a détruit! » — Ainsi parla le jeune homme en pleurant amèrement. Mais Zarathoustra l'entoura de son bras et l'emmena avec lui.

Et quand ils eurent marché un instant ensemble, Zarathoustra commença de parler ainsi :

« Cela me déchire le cœur. Mieux que tes paroles, tes yeux me disent tout ton danger.

« Tu n'es pas encore libre, tu *cherches* encore la liberté. Une mine défaite et des sens trop éveillés, voilà ce que te donne ta recherche.

« Tu veux monter vers les libres hauteurs, ton âme a soif d'étoiles. Mais tes mauvais instincts aussi ont soif de liberté.

« Tes chiens sauvages veulent être libres, quand ton esprit se prépare à abolir toutes les prisons, ils aboient de joie dans leur cave.

« Pour moi, tu es encore un prisonnier qui rêve de liberté : hélas, l'âme de tels prisonniers devient intelligente, mais aussi perfide et mauvaise.

« La liberté de l'esprit doit encore se purifier. Il reste encore sur lui beaucoup de prison et de pourriture; il faut que son œil se purifie.

« Oui, je connais ton danger. Mais je t'en conjure au nom de mon amour et de mon espoir : ne jette pas loin de toi ton amour et ton espoir!

« Tu te sens encore noble, et les autres, ceux qui t'en veulent et te jettent de mauvais regards, eux aussi te tiennent encore pour noble. Sache-le, eux tous ont quelqu'un de noble qui leur barre le chemin.

« Mais les bons ont quelqu'un de noble qui leur barre le chemin, et même quand ils l'appellent bon, ce n'est encore que pour l'écarter.

« L'homme noble veut faire du neuf et une nouvelle vertu. L'homme bon veut les vieilles choses et que les vieilles choses soient conservées.

« Mais le danger de l'homme noble n'est pas qu'il devienne bon, c'est qu'il devienne un insolent, un ricaneur, un destructeur.

« Ah, j'ai connu des hommes nobles qui perdirent leur plus haut espoir. Dès lors ils calomnièrent tous les hauts espoirs.

« Dès lors ils vécurent insolemment dans des joies brèves, et c'est à peine si leurs projets dépassaient le jour présent.

« L'esprit est aussi une volupté » — disaient-ils. Alors leur esprit se brisa les ailes : maintenant il avance en rampant et salit ce qu'il ronge.

« Autrefois ils avaient songé à devenir des héros : ce sont maintenant des jouisseurs. Le héros est pour eux une source de tourment et d'effroi.

« Mais par mon amour et mon espoir, je t'en conjure : ne rejette pas le héros de ton âme! Sanctifie ton plus haut espoir! »

Ainsi parlait Zarathoustra.

Des prédicateurs de la mort.

Il y a des prédicateurs de la mort : et la terre est pleine de ceux à qui il faut prêcher le renoncement à la vie.

La terre est pleine d'êtres superflus, la vie est gâchée par ce beaucoup-trop. Puisse-t-on les attirer hors de cette vie avec l'appât de la « vie éternelle »!

« Les Jaunes » ou bien « les Noirs », c'est ainsi qu'on appelle les prédicateurs de la mort. Mais je vous les montrerai sous d'autres couleurs encore.

Voici les terribles, ceux qui portent la bête féroce en eux et n'ont pas d'autre choix qu'entre la volupté et la mortification. Et leur volupté est encore une mortification.

Ils ne sont pas même devenus hommes, ces terribles : qu'ils prêchent le renoncement à la vie et qu'ils la quittent eux-mêmes!

Voici les phtisiques de l'âme : à peine nés, ils commencent à mourir et aspirent aux doctrines de la fatigue et du renoncement.

Ils aimeraient être morts et nous devrions approuver leur

volonté! Gardons-nous de réveiller ces morts et d'endommager ces cercueils vivants!

Ils rencontrent un malade ou un vieillard ou un cadavre et ils disent aussitôt : « La vie est réfutée! »

Mais eux seuls sont réfutés, ainsi que leurs yeux, qui ne voient qu'un seul visage de l'existence.

Enveloppés d'épaisse mélancolie et avides des petits hasards qui apportent la mort : ils attendent et se mordent les lèvres.

Ou bien encore : ils se jettent sur les bonbons et se moquent de leur puérilité : ils s'accrochent à leur vie comme à un fétu et se moquent de tenir encore à un fétu.

Leur sagesse dit : « Bien fou qui reste en vie, mais nous sommes tellement fous! Là est justement ce qu'il y a de plus fou dans la vie! »

« La vie n'est que souffrance », disent les autres et ils ne mentent pas : faites donc en sorte que *vous* cessiez d'être! Faites donc en sorte que la vie cesse, qui n'est que souffrance!

Et que l'enseignement de votre vertu dise : « Tu dois te tuer toi-même! Tu dois t'escamoter toi-même! »

« La volupté est un péché — disent les uns qui prêchent la mort — mettons-nous à l'écart et ne faisons pas d'enfant! »

« Enfanter est pénible — disent les autres — pourquoi enfanter encore? On n'enfante que des malheureux! » Et eux aussi sont des prédicateurs de la mort.

« La pitié est nécessaire — disent les troisièmes. Prenez ce que j'ai! Prenez ce que je suis! Je serai d'autant moins lié à la vie! »

Si leur pitié était radicale, ils dégoûteraient leur prochain de la vie. Être méchants — ce serait là leur véritable bonté.

Mais ils veulent se détacher de la vie : peu leur chaut qu'avec leurs chaînes et leurs présents ils y attachent d'autres plus solidement.

Et vous aussi, vous dont la vie n'est que travail déréglé et inquiétude : n'êtes-vous pas bien las de la vie? N'êtes-vous pas mûrs pour la prédication de la mort!

Vous tous qui aimez le travail effréné, et la vitesse, la nouveauté, l'étrange — vous avez de la peine à vous supporter, votre labeur est malédiction et volonté de s'oublier soi-même.

Si vous aviez plus de foi en la vie, vous vous abandonneriez moins à l'instant. Mais vous n'avez pas assez de contenu en vous pour l'attente — pas même assez pour la paresse!

Partout résonne la voix de ceux qui prêchent la mort : et la terre est pleine de ceux à qui il faut prêcher la mort.

Ou bien « la vie éternelle » : c'est pareil pour moi — pourvu qu'ils y aillent vite!

Ainsi parlait Zarathoustra.

De la guerre et des guerriers

Nous ne voulons pas être épargnés pas nos meilleurs ennemis ni par ceux que nous aimons du fond du cœur. Laissez-moi donc vous dire la vérité!

Mes frères en guerre! Je vous aime du fond du cœur, je suis et fus toujours votre semblable. Je suis aussi votre meilleur ennemi. Laissez-moi donc vous dire la vérité!

Je connais la haine et l'envie de votre cœur. Vous n'êtes pas assez grands pour ignorer la haine et l'envie. Soyez donc assez grands pour ne pas en avoir honte!

Et si vous ne pouvez pas être des saints de la connaissance, soyez-en du moins les guerriers. Ce sont les compagnons et les précurseurs d'une telle sainteté.

Je vois beaucoup de soldats ; puissé-je voir beaucoup de guerriers! « Uniforme » s'appelle ce que vous portez : que ce que vous cachez dessous ne soit pas uniforme!

Soyez de ceux dont l'œil cherche toujours un ennemi — *votre* ennemi. Et chez quelques-uns d'entre vous à première vue il y a de la haine.

Cherchez votre ennemi, faites votre guerre, une guerre pour vos pensées. Et si votre pensée est vaincue, que votre loyauté crie encore victoire!

Aimez la paix comme un moyen de guerres nouvelles. Et la paix brève plus que la longue.

A vous, je ne conseille pas le travail, mais la lutte. A vous, je ne conseille pas la paix, mais la victoire. Que votre travail soit une lutte, que votre paix soit une victoire!

On ne peut se taire et rester en paix que lorsqu'on a un arc et des flèches : autrement on bavarde et l'on se dispute. Que votre paix soit une victoire!

Vous dites que c'est la bonne cause qui sanctifie même la guerre. Je vous le dis : la bonne guerre est ce qui sanctifie toute cause.

La guerre et le courage ont accompli plus de bonnes choses que l'amour du prochain. Ce n'est pas votre pitié, mais votre bravoure qui jusqu'ici sauva les victimes.

« Qu'est-ce qui est bon? » demandez-vous. Être brave est bon. Laissez dire les petites filles : « Est bon ce qui est à la fois joli et touchant. »

On vous dit insensible : mais votre cœur est vrai, et j'aime la pudeur de votre cordialité. Vous avez honte de votre marée haute, d'autre ont honte de leur reflux.

Vous êtes laids? Soit, mes frères! Enveloppez-vous de sublime, le manteau de la laideur!

Et quand votre âme grandit, elle devient présomptueuse, et dans votre grandeur il y a de la méchanceté. Je vous connais.

Dans la méchanceté le présomptueux rencontre le faible. Mais ils ne s'entendent pas. Je vous connais.

Vous ne devez avoir d'ennemis que pour les haïr, non pour les mépriser. Soyez fiers de votre ennemi : alors ses succès seront aussi les vôtres.

La révolte — c'est la noblesse de l'esclavage. Que votre noblesse soit l'obéissance! Que votre commandement lui-même soit une façon d'obéir!

A l'oreille d'un bon guerrier, « tu dois » est plus agréable que « je veux ». Et tout ce que vous aimez, faites-vous-le commander d'abord.

Que votre amour de la vie soit amour pour votre plus haut espoir : et que votre plus haut espoir soit la plus haute pensée de la vie!

Mais votre plus haute pensée, vous devez souffrir que je vous la commande — et elle dit : « L'homme est quelque chose qui doit être surmonté. »

Vivez donc votre vie d'obéissance et de guerre! Qu'importe de vivre longtemps? Quel guerrier veut être ménagé?

Je ne vous ménage pas, je vous aime du fond du cœur, mes frères en guerre!

Ainsi parlait Zarathoustra.

De la nouvelle idole.

Quelque part encore il y a des peuples et des troupeaux, mais pas chez nous, mes frères : chez nous il y a des États.

État? Qu'est-ce que cela? Allons! Ouvrez les oreilles, car maintenant je vais vous parler de la mort des peuples.

État est le nom du plus froid de tous les monstres glacés. Il ment d'ailleurs froidement, et ce mensonge sort de sa bouche : « Moi, l'État, je suis le peuple. »

Mensonge! Ils étaient créateurs ceux qui créèrent les peuples et suspendirent au-dessus d'eux une foi et un amour : ainsi ils servaient la vie.

Ce sont des destructeurs, ceux qui posent des pièges au grand nombre et les nomment État : ils suspendent au-dessus d'eux un glaive et cent convoitises.

Là où il y a encore un peuple, il ne comprend pas l'État et le hait comme le mauvais œil, comme un péché contre les coutumes et le droit.

Je vous donne ce signe : chaque peuple parle sa langue du bien et du mal : le voisin ne la comprend pas. Il s'est inventé sa langue en coutume et en droit.

Mais l'État ment dans toutes les langues du bien et du mal; et quoi qu'il dise, il ment — et quoiqu'il ait, il l'a volé.

Tout est faux en lui : il mord avec des dents volées, le chien hargneux. Même ses entrailles sont fausses.

Confusion des langues du bien et du mal : je vous donne ce signe comme signe de l'État. En vérité, ce signe veut dire volonté de mort! En vérité, il appelle les prédicateurs de la mort!

Beaucoup trop d'hommes viennent au monde : l'État fut inventé pour les superflus!

Voyez donc comme il les attire, ceux qui sont de trop! Comme il les avale et les mâche et les rumine!

« Il n'y a rien de plus grand que moi sur terre : je suis le doigt ordonnateur de Dieu » — ainsi mugit le monstre. Et ceux qui ont de longues oreilles et la vue basse ne sont pas seuls à tomber à genoux!

Hélas! En vous aussi, grandes âmes, il murmure ses sombres

mensonges! Hélas! Il devine les cœurs riches, qui aiment à se gaspiller!

Oui, même vous il vous devine, vainqueurs du vieux dieu! Le combat vous a fatigués et, maintenant, la fatigue sert la nouvelle idole!

Elle voudrait s'entourer de héros et d'hommes honorables, la nouvelle idole! Il se chauffe volontiers au soleil de la bonne conscience — le monstre froid!

Elle vous donnera *tout* si *vous* l'adorez, la nouvelle idole : c'est ainsi qu'elle s'achète l'éclat de votre vertu et le regard fier de vos yeux.

Elle veut appâter avec vous ceux qui sont de trop! Oui, c'est là l'invention d'un tour infernal, d'un coursier de la mort cliquetant sous le harnois des honneurs divins!

Oui, c'est l'invention d'une mort pour le grand nombre, d'une mort qui se vante elle-même d'être la vie : en vérité, un service rendu à tous les prédicateurs de la mort!

Je donne le nom d'État au lieu où tous sont des amateurs de poison, bons et mauvais : État, le lieu où tous se perdent eux-mêmes, bons et mauvais : État, le lieu où le lent suicide de tous s'appelle « la vie ».

Voyez-les donc, ces superflus! Ils s'approprient les œuvres des inventeurs et les trésors des sages. Ils nomment leur vol culture — et tout leur devient maladie et maux.

Voyez-les donc, ces superflus! Ils sont toujours malades, vomissent leur bile et l'appellent journal. Ils se dévorent les uns les autres et ne peuvent même pas se digérer.

Voyez-les donc, ces superflus! Ils acquièrent des richesses et n'en deviennent que plus pauvres. Ils veulent le pouvoir et d'abord le levier du pouvoir, beaucoup d'argent — ces incapables!

Voyez-les grimper, ces singes agiles! Ils grimpent les uns sur les autres et se poussent ainsi dans la boue et dans l'abîme.

Ils veulent tous s'approcher du trône : c'est leur folie — comme si le bonheur était sur le trône! C'est souvent la boue qui est sur le trône et souvent le trône se dresse sur la boue.

Ce sont tous des fous à mes yeux et des singes grimpeurs et des échauffés. Leur idole sent mauvais, le monstre froid : eux tous sentent mauvais, ces idolâtres.

Mes frères, voulez-vous donc étouffer dans les exhalaisons

de leurs gueules et de leurs convoitises? Brisez plutôt les fenêtres et sautez dehors.

Évitez donc la mauvaise odeur! Éloignez-vous de l'idolâtrie des superflus!

Évitez donc la mauvaise odeur! Éloignez-vous de la fumée de ces sacrifices humains!

Même maintenant la terre est encore libre pour les grandes âmes. Il y a encore beaucoup de places vides pour ceux qui sont seuls ou solitaires à deux, des places où souffle l'odeur des mers silencieuses.

Il y a encore une vie libre pour les grandes âmes. En vérité, qui possède peu est d'autant moins possédé : bénie soit la petite pauvreté!

Là où cesse l'État commence l'homme qui n'est pas superflu : là commence le chant de la nécessité, la mélodie unique, incomparable.

Là où *cesse* l'État, regardez donc, mes frères! Ne voyez-vous pas l'arc-en-ciel et le pont du Surhomme?

Ainsi parlait Zarathoustra.

Des mouches de la foire.

Fuis, mon ami, dans ta solitude! Je te vois étourdi par le bruit des grands hommes et meurtri par le dard des petits.

La forêt et le rocher savent dignement se taire avec toi. Ressemble de nouveau à l'arbre que tu aimes, l'arbre aux larges branches : silencieux et aux aguets, il se laisse pendre au-dessus de la mer.

Où cesse la solitude commence la foire, et où commence la foire commence aussi le bruit des grands comédiens et le bourdonnement des mouches venimeuses.

Dans ce monde les meilleures choses ne valent rien tant qu'un seul ne les représente pas : le peuple appelle ces représentants des grands hommes.

Le peuple comprend mal ce qui est grand, c'est-à-dire ce qui crée. Mais il a le sens de tous les représentants, de tous les comédiens des grandes choses.

Le monde tourne autour des inventeurs des valeurs nouvelles

— il tourne invisiblement. Mais le peuple et la gloire tournent autour des acteurs : c'est ce qu'on appelle « le cours du monde ».

Le comédien a de l'esprit, mais peu de conscience de l'esprit. Il croit toujours à ce qui lui permet de faire croire le plus fortement — de faire croire en *lui!*

Demain il aura une nouvelle croyance et après-demain une plus nouvelle encore. Il a des sens prompts, tout comme le peuple, et ses conditions atmosphériques sont variables.

Renverser — cela signifie pour lui : prouver. Rendre fou — cela signifie : convaincre. Et il tient le sang pour la meilleure des raisons.

Une vérité qui ne fait que glisser dans les oreilles délicates, il l'appelle mensonge et néant. En vérité, il ne croit qu'aux dieux qui mènent grand tapage dans le monde!

La foire est pleine de bouffons solennels — et le peuple se vante de ses grands hommes : ce sont les maîtres de l'heure.

Mais l'heure les presse : aussi te pressent-ils. Et de toi aussi ils veulent un Oui ou un Non. Malheur à toi, tu veux placer ta chaise entre le Pour et le Contre?

Ne sois pas jaloux de ces esprits absolus et pressés, amant de la vérité. Jamais encore la vérité n'a pris le bras d'un adepte de l'absolu.

A cause de ces esprits brouillons, rentre dans ta sécurité : c'est seulement à la foire que le Oui? ou le Non? vous assaille.

Ce qui se passe dans les puits profonds se fait lentement : ils doivent attendre longtemps pour savoir ce qui est tombé dans leur fond.

Tout ce qui est grand s'écarte de la foire et de la gloire : loin de la foire et de la gloire habitent depuis toujours les inventeurs des nouvelles valeurs.

Fuis, mon ami, dans ta solitude : je te vois piqué par des mouches venimeuses. Fuis, va où souffle un air rude et fort!

Fuis dans ta solitude! Tu as vécu trop près des petits et des pitoyables. Fuis devant leur vengeance invisible! Ils ne sont que vengeance dirigée contre toi.

Ne lève plus le bras contre eux! Ils sont innombrables et ton destin n'est pas d'être un chasse-mouches.

Innombrables sont ces petits et ces pitoyables; et pour détruire maint édifice orgueilleux, des gouttes de pluie et des mauvaises herbes ont souvent suffi.

Tu n'es pas une pierre, mais déjà les nombreuses gouttes t'ont creusé. Toutes ces gouttes finiront par te briser et te faire éclater.

Je te vois fatigué par les mouches venimeuses, je te vois déchiré et sanglant à cent places; et ton orgueil ne veut même pas se fâcher.

C'est ton sang qu'elles veulent en toute innocence, leurs âmes anémiques ont besoin de sang — c'est pourquoi elles piquent en toute innocence.

Mais toi qui es profond, tu souffres trop profondément même de petites blessures; et avant que tu sois guéri, le même ver venimeux rampera sur ta main.

Tu es trop fier pour tuer ces gourmands. Mais prends garde, porter leur venimeuse injustice peut devenir ta fatalité!

Ils bourdonnent aussi autour de toi avec leurs louanges : leur louange est importunité. Ils veulent la proximité de ta peau et de ton sang.

Ils te flattent comme un dieu ou un diable; ils pleurnichent devant toi comme devant un dieu ou un diable. Qu'importe! Ce sont des flatteurs et des pleurnicheurs, rien de plus.

Même, ils se font souvent passer pour aimables. Mais ce fut toujours la malice des lâches. Oui, les lâches sont malins!

Ils pensent beaucoup à toi avec leur âme étroite — tu es toujours pour eux quelque chose de douteux. Tout ce qui donne beaucoup à penser devient douteux.

Ils te punissent de toutes tes vertus. Ils ne te pardonnent sincèrement que tes bévues.

Comme tu es indulgent et juste, tu dis : « Ils ne sont pas responsables de leur petite existence. » Mais leur âme étroite pense : « Toute grande existence est coupable. »

Même quand tu leur montres de l'indulgence, ils se sentent méprisés par toi; et ils te rendent ton bienfait par des méfaits dissimulés.

Ton orgueil silencieux choque toujours leur goût; ils jubilent quand il t'arrive d'être assez modeste pour te montrer vaniteux.

Ce que nous reconnaissons chez un homme, nous l'enflammons aussi en lui. Ainsi garde-toi des petits!

Ils se sentent petits devant toi et leur bassesse s'échauffe et s'embrase contre toi dans une vengeance invisible.

N'as-tu pas remarqué qu'ils se taisaient souvent quand tu allais à eux, et que leur force les abandonnait comme la fumée quitte un feu qui s'éteint?

Oui, mon ami, tu es la mauvaise conscience de tes prochains. Car ils ne sont pas dignes de toi. C'est pourquoi ils te haïssent et suceraient volontiers ton sang.

Tes prochains seront toujours des mouches venimeuses : ce qu'il y a de grand en toi — cela même doit les rendre plus venimeux et toujours plus semblables à des mouches.

Fuis, mon ami, dans ta solitude, là où souffle un air rude et fort! Il n'est pas dans ton destin d'être un chasse-mouches.

Ainsi parlait Zarathoustra.

De la chasteté!

J'aime la forêt. Il ne fait pas bon vivre dans les villes : les hommes en rut y sont trop nombreux.

Ne vaut-il pas mieux tomber dans les mains d'un meurtrier que dans les rêves d'une femme en rut?

Et regardez-moi ces hommes : leurs yeux le disent — ils ne connaissent rien de mieux sur terre que de coucher avec une femme.

Il y a de la boue au fond de leur âme, et malheur à eux si leur boue a de l'esprit!

Si vous étiez au moins parfaits comme bêtes! Mais pour être une bête, il faut l'innocence.

Vous conseillé-je de tuer vos sens? Je vous conseille l'innocence des sens.

Vous conseillé-je la chasteté? La chasteté est pour beaucoup une vertu, mais chez beaucoup d'autres presque un vice.

Ceux-ci sont certes continents : mais dans tout ce qu'ils font paraît avec un air envieux la chienne sensualité.

Cette bête et son mécontentement les suivent jusque sur les sommets de leur vertu et dans les froides régions de l'esprit.

Et comme la chienne sensualité sait mendier gentiment un morceau d'esprit quand on lui refuse un morceau de viande.

Vous aimez les tragédies et tout ce qui brise le cœur? Mais je me méfie de votre chienne.

Vous avez des yeux trop cruels et vous jetez un regard de convoitise sur ceux qui souffrent. Votre lubricité ne s'est-elle pas déguisée pour porter le nom de pitié?

Et je vous donne aussi cette parabole : il y en eut assez qui voulurent chasser leur démon et entrèrent eux-mêmes dans les pourceaux.

Si la chasteté pèse à quelqu'un, il faut la lui déconseiller, afin qu'elle ne devienne pas le chemin de l'enfer — c'est-à-dire la boue et la fournaise de l'âme.

Parlé-je de choses sales? Ce n'est pas ce que je vois de pire.

Ce n'est pas quand la vérité est sale, mais quand elle est basse que celui qui cherche la connaissance répugne à descendre dans ses eaux.

En vérité, il y en a qui sont chastes jusqu'au fond de leur être : ils sont plus doux de cœur, ils rient plus volontiers et plus généreusement que vous.

Ils rient même de la chasteté et disent : « Qu'est-ce que la chasteté? »

La chasteté n'est-elle pas folie? Mais cette folie est venue à nous, nous ne somme pas allés à elle.

Nous avons offert à cet hôte le refuge de notre cœur : maintenant il habite chez nous — qu'il y reste tant qu'il voudra!

Ainsi parlait Zarathoustra.

De l'ami.

« Un seul est toujours de trop autour de moi » — ainsi pense le solitaire. « Toujours une fois un, cela finit par faire deux! »

Je et *Moi* sont toujours trop ardents dans leur conversation. Comment y tiendrait-on s'il n'y avait un ami?

Pour le solitaire, l'ami est toujours le troisième : le troisième est le liège qui empêche la conversation des deux autres de tomber dans les profondeurs.

Ah, il y a trop de profondeurs pour tous les solitaires. C'est pourquoi ils désirent un ami et la hauteur où il se tient.

Notre foi dans les autres trahit la foi que nous aimerions

bien avoir en nous-mêmes. Notre traître est notre désir d'un ami.

Et souvent l'amour ne sert qu'à dépasser l'envie. Et souvent l'on attaque et l'on se fait un ennemi pour cacher que l'on est attaquable.

« Sois du moins mon ennemi ! » — ainsi parle le vrai respect qui n'ose pas demander l'amitié.

Si l'on veut un ami, il faut aussi vouloir faire la guerre pour lui : et pour faire la guerre, il faut *pouvoir* être ennemi.

Dans son ami, il faut encore honorer l'ennemi. Peux-tu t'approcher de ton ami sans te ranger à son côté?

En son ami on doit avoir son meilleur ennemi. C'est quand tu lui résistes que tu es le plus près de son cœur.

Tu ne veux pas porter de masque devant ton ami? Tu lui fais bien de l'honneur en te donnant à lui tel que tu es? Mais c'est pourquoi il t'envoie au diable!

Qui est sans déguisement révolte : tant vous avez de raisons de craindre la nudité! Certes, si vous étiez des Dieux, vous pourriez avoir honte de vos vêtements!

Tu ne t'habilleras jamais assez joliment pour ton ami : car tu dois lui servir de flèche et de désir vers le Surhomme.

As-tu déjà vu ton ami dormir — afin de savoir quel est son aspect? Qu'est-ce donc autrement que le visage de ton ami? C'est ton propre visage, dans un miroir rude et imparfait.

As-tu déjà vu ton ami dormir? N'as-tu pas pris peur à son aspect. O mon ami, l'homme est quelque chose qui doit être surmonté.

L'ami doit être passé maître dans la divination et le silence : il faut que tu ne veuilles pas tout voir. Ton rêve doit te révéler ce que ton ami fait à l'état de veille.

Ta pitié doit être une divination: afin que tu saches d'abord si ton ami veut de la pitié. Peut-être aime-t-il en toi le visage que rien n'abat et le regard de l'éternité.

Que ta pitié pour ton ami se cache sous une écorce dure contre laquelle tu te casseras une dent. Elle aura ainsi sa finesse et sa douceur.

Es-tu air pur et solitude et pain et remède pour ton ami? Plus d'un ne peut pas briser ses chaînes et est pourtant le sauveur de son ami.

Es-tu un esclave? Dans ce cas tu ne peux pas être l'ami.

Es-tu un tyran? Dans ce cas tu ne peux pas avoir d'amis.

Pendant trop longtemps un esclave et un tyran se cachèrent dans la femme. C'est pourquoi la femme n'est pas encore capable d'amitié : elle ne connaît que l'amour.

L'amour de la femme contient de l'injustice et de l'aveuglement pour tout ce qu'elle n'aime pas. Et même dans l'amour conscient de la femme, il y a encore l'attaque par surprise, l'éclair et la nuit à côté de la lumière.

La femme n'est pas encore capable d'amitié. Les femmes sont encore des chats, ou des oiseaux. Ou dans le meilleur des cas, des vaches.

La femme n'est pas encore capable d'amitié. Mais dites-moi, vous autres hommes, qui d'entre vous est capable d'amitié?

O hommes, cette pauvreté, cette avarice de votre âme! Ce que vous donnez à votre ami, je veux le donner à mon ennemi et je n'en deviendrai pas plus pauvre.

Il y a la camaraderie : puisse-t-il y avoir l'amitié!

Ainsi parlait Zarathoustra.

De mille et un buts.

Zarathoustra voyait beaucoup de pays et beaucoup de peuples : il découvrait ainsi le bien et le mal de beaucoup de peuples. Zarathoustra ne découvrait pas de plus grande puissance que le bien et le mal sur la terre.

Aucun peuple ne pourrait vivre sans se donner des valeurs; mais s'il veut se maintenir en vie, il ne doit pas se donner les mêmes valeurs que son voisin.

Beaucoup de choses que ce peuple jugeait bonnes étaient regardées par un autre comme une honte et une dérision : c'est ce que je découvris. Beaucoup de choses étaient jugées mauvaises ici qui, là-bas, portaient le manteau de pourpre des honneurs.

Jamais un homme n'a compris son voisin. Toujours son âme a été blessée par la folie et la méchanceté du voisin.

Une table des biens est suspendue au-dessus de chaque peuple. Voyez, c'est un tableau de ses efforts sur soi; voyez, c'est la voix de sa volonté de puissance.

Est digne d'éloge ce qu'il juge difficile; l'irrémissible et le difficile est nommé bien; et ce qui délivre même de la suprême détresse, le rare, le plus difficile — il le déclare sacré.

Ce qui le fait régner, vaincre et briller pour l'épouvante et l'envie de son voisin, c'est ce qu'il met à la plus haute et à la première place, c'est ce qui est pour lui la mesure et le sens de toutes choses.

En vérité, mon frère, lorsque tu connaîtras la misère et le pays et le ciel et le voisin d'un peuple : tu devineras aisément la loi de ses efforts, et pourquoi il monte sur cette échelle de ses espoirs.

« Tu dois toujours être le premier et dépasser les autres : ton âme jalouse ne doit aimer personne, si ce n'est ton ami » — ceci fit trembler l'âme d'un Grec : et il suivit son sentier de la grandeur.

« Dire la vérité et bien manier l'arc et les flèches » — ceci paraissait à la fois doux et lourd à porter au peuple de qui je tiens mon nom — ce nom qui m'est à la fois doux et lourd à porter.

« Honorer père et mère et leur être soumis jusqu'aux racines de l'âme — cette table des victoires sur soi, un autre peuple la suspendit au-dessus de lui et devint puissant et éternel.

« Être fidèle et, au nom de la fidélité, donner son sang et son honneur même pour des choses mauvaises et dangereuses »: en se conformant à cette doctrine, un autre peuple se surmonta, et, en se surmontant, il devint gros et lourd de grands espoirs.

En vérité, tous les hommes se sont donnés leur bien et leur mal. En vérité, ils ne l'ont pas pris, pas trouvé, ils ne l'ont pas entendu comme une voix du ciel.

L'homme, le premier, mit les valeurs dans les choses pour se conserver — le premier il créa le sens des choses, un sens humain! C'est pourquoi il s'appelle « homme », c'est-à-dire : l'estimateur.

Estimer, c'est créer : écoutez, vous autres créateurs! L'estimation elle-même fait des trésors et des joyaux de toutes les choses estimées.

C'est seulement l'estimation qui fait la valeur : et, sans l'estimation, la noix de l'existence serait creuse. Ecoutez donc, vous autres créateurs!

Le changement des valeurs — c'est le changement de celui qui crée. Celui qui doit créer détruit toujours.

Les créateurs furent d'abord les peuples, et plus tard seulement les individus : en vérité, l'individu lui-même est encore la plus jeune des créations.

Les peuples suspendirent au-dessus d'eux une table du bien et du mal. L'amour qui veut dominer et l'amour qui veut obéir se firent ensemble de telles tables.

Le plaisir du troupeau est plus ancien que le plaisir de l'individu : et tant que la bonne conscience s'appelle troupeau, seule la mauvaise conscience dit : moi.

En vérité, le Moi rusé, le Moi sans amour qui cherche son avantage dans l'avantage du grand nombre, ce n'est pas le commencement du troupeau, mais son déclin.

Ceux qui aiment et ceux qui créent, ce sont eux qui toujours créèrent le bien et le mal. Le feu de l'amour et le feu de la colère brûlent au nom de toutes les vertus.

Zarathoustra vit beaucoup de pays et beaucoup de peuples : et Zarathoustra ne vit pas de plus grande puissance sur cette terre que les œuvres de ceux qui aiment : « bien » et « mal » est leur nom.

En vérité, la puissance de ces louanges et de ces blâmes est pareille à un monstre. Dites-moi, mes frères, qui me terrassera ce monstre? Dites, qui jettera des liens sur les mille nuques de cette bête?

Il y eut jusqu'à présent mille buts, car il y avait mille peuples. Il manque encore le lien des mille nuques, il manque le but unique. L'humanité n'a pas encore de but.

Mais dites-moi, mes frères : si l'humanité manque encore de but, ne manque-t-elle pas encore elle-même?

Ainsi parlait Zarathoustra.

De l'amour du prochain.

Vous vous empressez auprès de votre prochain et vous avez de belles paroles pour cela. Mais je vous le dis : votre amour du prochain est votre mauvais amour de vous-mêmes.

Vous vous réfugiez chez votre prochain en vous fuyant

vous-mêmes, et de cette fuite, vous voulez faire une vertu : mais je perce à jour votre « désintéressement ».

Le Toi est plus ancien que le Moi; le Toi est sanctifié, mais pas encore le Moi : c'est ainsi que l'homme se presse vers son prochain.

Vous conseillé-je l'amour du prochain? Je vous conseillerais plutôt la fuite du prochain et l'amour du lointain!

Plus haut que l'amour du prochain est l'amour du lointain et de ce qui est à venir. Plus haut encore que l'amour de l'homme est à mes yeux l'amour des choses et des fantômes.

Ce fantôme qui te précède, mon frère, est plus beau que toi; pourquoi ne lui donnes-tu pas ta chair et tes os? Mais tu as peur et tu cours chez ton voisin.

Vous ne pouvez pas vous supporter vous-mêmes et vous ne vous aimez pas assez : aussi voulez-vous entraîner votre prochain à l'amour et vous dorer de son erreur.

Je voudrais que tous ces prochains et leurs voisins vous deviennent intolérables; alors il vous faudrait vous créer avec vous-mêmes votre ami et son cœur débordant.

Vous vous invitez un témoin quand vous voulez dire du bien de vous-mêmes; et quand vous l'avez induit à penser du bien de vous, c'est vous-mêmes qui pensez du bien de vous.

Celui qui ment n'est pas seulement celui qui parle contre sa conscience, mais bien plutôt celui qui parle contre son inconscience. Et c'est ainsi que vous parlez de vous dans vos relations et que vous trompez votre voisin sur vous.

Ainsi parle le fou : « Les relations humaines gâtent le caractère, spécialement quand on n'en a pas. »

L'un va vers son prochain parce qu'il se cherche, l'autre parce qu'il désire se perdre. Votre mauvais amour de vous-mêmes fait de votre solitude une prison.

Ce sont les plus lointains qui payent votre amour du prochain; et il suffit que vous soyez cinq pour qu'un sixième doive toujours mourir.

Je n'aime pas non plus vos fêtes : j'y ai trouvé trop de comédiens, et même les spectateurs se conduisaient souvent en comédiens.

Je ne vous enseigne pas le prochain, mais l'ami. Que l'ami soit pour vous une fête de la terre et un pressentiment du Surhomme.

Je vous enseigne l'ami et son cœur débordant. Mais pour être aimé par des cœurs débordants, il faut savoir être une éponge.

Je vous enseigne l'ami qui porte en lui le monde achevé, une coquille du bien — l'ami créateur qui a toujours un monde achevé à donner.

Et de même que le monde s'est déroulé pour lui, de même il s'enroule de nouveau, comme le devenir du bien par le mal, comme le devenir des buts à partir du hasard.

Que l'avenir et le plus lointain soient la raison d'être de ton aujourd'hui : dans ton ami, tu dois aimer le Surhomme comme ta raison d'être. Mes frères, je ne vous conseille pas l'amour du prochain, je vous conseille l'amour du plus lointain.

Ainsi parlait Zarathoustra.

De la voie du créateur.

Veux-tu, mon frère, aller à l'isolement? Veux-tu chercher le chemin qui mène à toi-même? Ne te décide pas encore et écoute-moi.

« Celui qui cherche est facilement perdu. Tout isolement est coupable » : ainsi parle le troupeau. Et longtemps tu as fait partie du troupeau.

La voix du troupeau résonnera encore en toi. Et quand tu diras : « Ma conscience n'a plus rien de commun avec la vôtre », ce sera une plainte et une souffrance.

Vois, la conscience commune enfante cette souffrance même : et la dernière lueur de cette conscience brûle encore sur ton affliction.

Mais tu veux suivre le chemin de ton affliction, qui est le chemin de toi-même? Montre-moi donc que tu en as le droit et la force!

Es-tu une nouvelle force et un nouveau droit? Un mouvement premier? Une roue qui se meut par elle-même? Peux-tu forcer même les étoiles à tourner autour de toi?

Ah, il y a tant de concupiscence pour les hauteurs! Tant de spasmes des ambitieux! Montre-moi que tu n'es ni parmi les concupiscents ni parmi les ambitieux!

Ah, il y a tant de grandes pensées qui n'agissent pas plus qu'un soufflet : elles gonflent et augmentent le vide.

Tu te dis libre? Je veux savoir quelle est ta pensée maîtresse et non pas que tu t'es échappé d'un joug.

Es-tu l'un de ceux à qui il fut *permis* d'échapper à un joug? Il en est plus d'un qui rejeta sa dernière valeur en rejetant sa servitude.

Libre de quoi? Qu'importe à Zarathoustra! Mais ton regard doit m'annoncer clairement : libre *pour quoi?*

Peux-tu te donner toi-même ton bien et ton mal et suspendre ta volonté au-dessus de toi comme une loi? Peux-tu être ton propre juge et le vengeur de ta loi?

Il est terrible de rester seul avec le juge et le vengeur de sa propre loi. Ainsi une étoile est jetée dans l'espace désert et le souffle glacé de la solitude.

Aujourd'hui encore tu souffres du grand nombre, toi qui es un : aujourd'hui encore ton courage et tes espoirs sont entiers.

Mais un jour, la solitude te fatiguera, un jour ton orgueil se courbera et ton courage grincera des dents. Un jour tu crieras : « Je suis seul! »

Un jour tu ne verras plus ta hauteur et ta bassesse sera bien trop proche; ton sublime même te fera peur comme un fantôme. Un jour tu crieras : « Tout est faux! »

Il y a des sentiments qui veulent tuer le solitaire; s'ils n'y parviennent pas, il leur faut eux-mêmes mourir! Mais es-tu capable d'être un assassin?

Connais-tu déjà le mot « mépris », mon frère? Et le tourment de son équité, qui te force à être juste envers ceux-là mêmes qui te méprisent?

Tu obliges beaucoup de gens à changer d'opinion sur toi; ils le portent durement à ton compte. Tu t'es approché d'eux, mais tu as passé ton chemin : ils ne te le pardonneront jamais.

Tu les dépasses : mais plus tu t'élèves, plus tu parais petit à l'œil de l'envie. Mais celui qui vole est celui qu'on hait le plus.

« Comment seriez-vous justes envers moi! — dois-tu dire — je choisis votre injustice comme la part qui m'est due. »

Ils jettent injustice et boue à la face du solitaire : mais, mon frère, si tu veux être une étoile, tu n'en dois pas moins briller pour eux!

Et garde-toi des bons et des justes! Ils crucifient volontiers ceux qui s'inventent leur propre vertu — ils haïssent le solitaire.

Garde-toi aussi de la sainte simplicité! Tout ce qui n'est pas simple est à ses yeux impie. Elle aussi joue volontiers avec le feu des bûchers.

Et garde-toi des accès de ton amour! Le solitaire tend trop vite la main à celui qu'il rencontre.

A certains hommes, tu ne dois pas donner la main, mais la patte : et je veux que ta patte ait des griffes.

Mais le pire ennemi que tu puisses rencontrer sera toujours toi-même : c'est toi-même que tu guettes dans les cavernes et les forêts.

Solitaire, tu suis le chemin qui mène à toi-même! Et ton chemin passe devant toi et devant tes sept démons!

Tu seras pour toi-même un hérétique et une sorcière et un voyant et un fou et un impie et un scélérat.

Il faut que tu veuilles te brûler dans ta propre flamme : comment veux-tu te renouveler si tu n'es pas d'abord réduit en cendres?

Solitaire, tu suis le chemin du créateur : tu veux te faire un dieu avec tes sept démons!

Solitaire, tu suis le chemin de celui qui aime : c'est toi que tu aimes et c'est pourquoi tu te méprises, comme seuls ceux qui aiment savent mépriser.

Celui qui aime veut créer parce qu'il méprise! Que sait-il de l'amour, celui qui ne devrait pas mépriser précisément ce qu'il aimait?

Va à ton isolement, mon frère, avec ton amour et ta création, et plus tard, la justice te suivra en traînant la jambe.

Va à ton isolement, mon frère, avec tes larmes. J'aime celui qui veut créer au-dessus de lui et ainsi va à sa perte.

Ainsi parlait Zarathoustra.

La vieille et la jeune femme.

« Pourquoi te glisses-tu si craintivement à travers le crépuscule, Zarathoustra? Et que caches-tu avec tant de soin sous ton manteau?

« Est-ce un trésor qu'on t'a donné? Un enfant qui t'est né? Ou bien suis-tu maintenant toi-même les chemins des voleurs, toi l'ami des méchants? »

En vérité, mon frère! dit Zarathoustra, c'est un trésor qui m'a été donné : c'est une petite vérité que je porte.

Mais elle regimbe comme un petit enfant, et si je ne lui ferme pas la bouche, elle crie à tue-tête.

Aujourd'hui, comme je suivais mon chemin solitaire à l'heure où le soleil décline, je rencontrai une vieille femme qui parla ainsi à mon âme :

« Zarathoustra a dit beaucoup de choses même à nous autres femmes, mais jamais il n'a parlé de la femme. »

Et je lui répondis : « On ne doit parler de la femme qu'aux hommes. »

« Parle-moi aussi de la femme, dit-elle : je suis assez vieille pour l'oublier aussitôt. »

J'accédai au désir de la vieille femme et je lui parlai ainsi :

Tout dans la femme est une énigme, et tout dans la femme a une solution : son nom est grossesse.

L'homme est pour la femme un moyen : le but est toujours l'enfant. Mais qu'est la femme pour l'homme?

L'homme véritable veut deux sortes de choses : danger et jeu. C'est pourquoi il veut la femme, le jouet le plus dangereux.

L'homme doit être élevé pour la guerre et la femme pour le repos du guerrier : tout le reste est folie.

Le guerrier n'aime pas les fruits trop doux. C'est pourquoi il aime la femme; amère est encore la plus douce des femmes.

La femme comprend les enfants mieux que l'homme. Mais l'homme est plus enfantin que la femme.

Dans l'homme véritable un enfant est caché : un enfant qui veut jouer. Allons, femmes, découvrez-moi l'enfant dans l'homme!

Que la femme soit un jouet, pur et délicat, pareil à la pierre précieuse, éclairé par les vertus d'un monde qui n'est pas encore là.

Que le rayon d'une étoile brille dans votre amour! Que votre espérance dise : « Puissé-je donner naissance au Surhomme! »

Qu'il y ait de l'héroïsme dans votre amour! Avec votre

amour, allez droit sur celui qui vous inspire de la crainte.

Qu'il y ait de l'honneur dans votre amour! D'ordinaire la femme n'a guère le sens de l'honneur. Mais que ceci soit votre honneur : aimer toujours plus que vous n'êtes aimée et ne jamais venir en second.

Que l'homme redoute la femme quand elle aime : alors elle fait tous les sacrifices et toute autre chose lui paraît sans valeur.

Que l'homme redoute la femme quand elle hait : car au fond de l'âme l'homme n'est que méchant, tandis que la femme est mauvaise.

Qui la femme hait-elle le plus? — Ainsi le fer dit à l'aimant : « C'est toi que je hais le plus parce que tu attires, mais n'es pas assez fort pour me tirer à toi. »

Le bonheur de l'homme dit : je veux. Le bonheur de la femme dit : il veut.

« Voici, le monde vient d'être parfait! » — Ainsi pense la femme quand elle obéit de tout son amour.

Et la femme doit obéir et trouver une profondeur à sa surface. L'âme de la femme est surface, une membrane mobile et agitée sur de basses eaux.

Mais l'âme de l'homme est profonde, son flot mugit dans des grottes souterraines : la femme pressent sa force, mais ne la comprend pas.

Alors la vieille femme me répondit : « Zarathoustra a dit bien des choses aimables, surtout pour celles qui sont assez jeunes pour les entendre.

« C'est étrange, Zarathoustra connaît peu les femmes et pourtant ce qu'il dit d'elles est vrai. Serait-ce parce qu'avec la femme rien n'est impossible?

« Et maintenant accepte comme remerciement une petite vérité! Je suis assez vieille pour te la dire!

« Enveloppe-la bien et ferme-lui la bouche : sinon elle criera trop fort, cette petite vérité. »

« Donne-moi, femme, ta petite vérité! » dis-je. Et voici ce que me dit la vieille femme :

« Tu vas chez les femmes? N'oublie pas le fouet! »

Ainsi parlait Zarathoustra.

De la morsure de la vipère.

Un jour qu'il faisait chaud, Zarathoustra s'était endormi sous un figuier et avait mis ses bras sur son visage. Mais une vipère s'approcha et le mordit au cou, de telle sorte que Zarathoustra cria de douleur. Lorsqu'il eut enlevé le bras de son visage, il regarda le serpent : celui-ci reconnut alors les yeux de Zarathoustra, se tourna maladroitement et voulut s'en aller. « Non point, dit Zarathoustra, je ne t'ai point encore remercié! Tu m'as réveillé à temps, ma route est encore longue. » « Ta route est courte, dit la vipère tristement, mon venin tue. » Zarathoustra sourit : « Quand vit-on jamais un dragon tué par le venin d'un serpent? — dit-il. Mais reprends ton venin! Tu n'es pas assez riche pour me le donner. » Alors la vipère se jeta de nouveau à son cou et lécha sa plaie.

Une fois, comme Zarathoustra racontait ceci à ses disciples, ils lui demandèrent : « Et quelle est, Zarathoustra, la morale de ton histoire? » Zarathoustra leur répondit :

Les bons et les justes m'appellent le destructeur de la morale : mon histoire est immorale.

Mais si vous avez un ennemi, ne lui rendez pas le bien pour le mal : cela lui ferait honte. Prouvez-lui au contraire qu'il vous a fait du bien.

Et mettez-vous en colère plutôt que de lui faire honte! Et si l'on vous maudit, il ne me plaît pas que vous vouliez bénir. Maudissez plutôt un peu de votre côté!

Et si vous subissez une grande injustice, faites-moi au plus vite cinq petits autres torts! Il est affreux à voir celui qui n'est écrasé que par l'injustice!

Saviez-vous cela? Injustice partagée est à moitié justice. Et que celui qui peut la porter prenne l'injustice sur lui!

Une petite vengeance est plus humaine que pas de vengeance du tout. Et si le châtiment n'est pas aussi un droit et un honneur pour celui qui transgresse la loi, je ne veux pas non plus de vos châtiments.

Il est plus noble de se donner tort que d'avoir le dernier mot, surtout quand on a raison. Seulement il faut être assez riche pour cela.

Je n'aime pas votre froide justice; et dans le regard de vos juges je vois toujours le bourreau et son couperet glacé.

Dites-moi, où donc se trouve la justice, qui est l'amour avec des yeux qui voient?

Inventez-moi donc l'amour, qui porte non seulement tous les châtiments, mais encore toutes les fautes!

Inventez-moi donc la justice, qui acquitte tout le monde, sauf le juge!

Voulez-vous encore entendre ceci? Pour celui qui veut être radicalement juste, le mensonge lui-même est de la bienveillance.

Mais comment serais-je radicalement juste? Comment donnerais-je à chacun *le sien?* Que ceci me suffise : je donne à chacun *le mien.*

Enfin, mes frères, gardez-vous de faire tort aux solitaires! Comment un solitaire pourrait-il oublier! Comment pourrait-il rendre ce qu'on lui a fait!

Le solitaire est comme un puits profond. Il est facile de jeter une pierre dedans; mais si elle est tombée jusqu'au fond, dites-moi, qui ira l'en faire sortir?

Gardez-vous d'offenser le solitaire! Mais si vous le faites, tuez-le par surcroît!

Ainsi parlait Zarathoustra.

De l'enfant et du mariage.

J'ai une question pour toi seul, mon frère : je jette cette question comme une sonde dans ton âme afin de connaître sa profondeur.

Tu es jeune et tu désires femme et enfant. Mais je te le demande : es-tu l'un de ces hommes qui ont *le droit* de désirer un enfant?

Es-tu le victorieux, le vainqueur de toi-même, le souverain de tes sens, le maître de tes vertus? C'est cela que je te demande.

Ton désir vient-il de la bête ou du besoin? Ou de la solitude? Ou du mécontentement de toi-même?

Je veux que ce qui désire un enfant soit ta victoire et ta

liberté. Il faut que tu élèves des monuments vivants à ta victoire et à ta délivrance.

Il faut que tu construises au-dessus de toi. Mais d'abord, il faut que tu sois construit toi-même, l'âme et le corps à angle droit.

Tu ne dois pas seulement perpétuer ton espèce, mais l'élever. Que le jardin du mariage te serve à cela!

Tu dois créer un corps supérieur, un mouvement premier — une roue se mouvant elle-même — tu dois créer un créateur.

Mariage : j'appelle ainsi la volonté de créer l'Un à deux. l'Un qui est plus que ceux qui l'ont fait. J'appelle mariage le respect mutuel de ceux qui veulent d'une telle volonté.

Que ceci soit le sens et la vérité de ton mariage. Mais ce que le trop-grand-nombre appelle mariage, la foule des superflus — comment l'appellerai-je?

Ah, cette pauvreté de l'âme à deux! Ah, cette saleté de l'âme à deux! Ah, ce pitoyable bien-être à deux!

Mariage, c'est ainsi qu'ils appellent tout cela; et ils prétendent que leurs mariages ont été scellés au ciel.

Eh bien, je ne l'aime pas ce ciel des superflus! Non, je ne les aime pas, ces bêtes empêtrées dans le filet céleste!

Loin de moi aussi le dieu qui vient en boitant pour bénir ce qu'il n'a pas uni!

Ne riez pas de ces mariages! Quel enfant n'aurait pas motif de pleurer sur ses parents?

Cet homme me semblait digne d'estime et mûr pour le sens de la terre : mais quand je vis sa femme, la terre me parut être une demeure pour les insensés.

Oui, je voudrais que la terre fût prise de convulsion quand un saint et une oie s'accouplent.

Celui-ci allait en héros à la recherche de vérités, finalement il ne captura qu'un petit mensonge bien attifé. Il appelle cela son mariage.

Tel autre était distant et difficile dans le choix de ses relations. Mais d'un seul coup il gâta pour toujours sa société : il appelle cela son mariage.

Tel autre encore cherchait une servante avec les vertus d'un ange. Mais d'un seul coup il devint la servante d'une femme, et maintenant il aurait grand besoin de devenir ange lui-même.

J'ai trouvé partout les acheteurs prudents, et tous ont des

yeux rusés. Mais même le plus rusé d'entre eux achète sa femme comme chat en poche.

Beaucoup de brèves folies — c'est cela que vous appelez amour. Et toutes ces brèves folies trouvent une fin dans votre mariage, qui est une longue sottise.

Votre amour de la femme et l'amour de la femme pour l'homme : ah, puisse-t-il être pitié pour des dieux souffrants et couverts de voiles! Mais le plus souvent ce sont deux bêtes qui se devinent mutuellement.

Et même votre meilleur amour n'est qu'une métaphore ravie et une ardeur douloureuse. C'est un flambeau qui doit vous guider sur les chemins supérieurs.

Un jour vous devrez aimer au-delà de vous-mêmes. *Apprenez* donc d'abord à aimer! C'est pourquoi il vous fallut boire l'amer calice de votre amour.

Il y a de l'amertume même dans le calice du meilleur amour : c'est ainsi qu'il éveille en toi le désir du Surhomme, c'est ainsi qu'il te donne soif, ô créateur!

Soif du créateur, flèche et désir du Surhomme : dis-moi, mon frère, est-ce là la volonté qui te pousse au mariage?

A mes yeux une telle volonté et un tel mariage sont sacrés.

Ainsi parlait Zarathoustra.

De la mort libre.

Beaucoup meurent trop tard et quelques-uns meurent trop tôt. Elle semble encore étrange la doctrine qui dit : « Meurs à temps! »

Meurs à temps; c'est ce qu'enseigne Zarathoustra.

Certes, celui qui n'a jamais vécu à temps, comment mourrait-il à temps? — Puisse-t-il n'être jamais né! — C'est le conseil que je donne aux superflus.

Mais les superflus eux-mêmes font les importants avec leur mort, même la noix la plus creuse veut être cassée.

Tout le monde prend la mort au sérieux : mais la mort n'est pas encore une fête. Les hommes n'ont pas encore appris à consacrer les plus belles fêtes.

Je vous montre la mort qui est accomplissement, la mort

qui devient pour les vivants un aiguillon et une promesse.

Celui qui connaît l'accomplissement meurt *sa* mort en vainqueur, entouré de ceux qui espèrent et promettent.

Ainsi il faudrait apprendre à mourir; et il ne devrait pas y avoir de fête sans un tel mourant qui consacre les serments des vivants!

Mourir ainsi est la meilleure chose; mais la seconde est celle-ci : mourir au combat et gaspiller une grande âme.

Mais le combattant hait tout autant que le vainqueur votre mort grimaçante qui se glisse comme un voleur — et vient pourtant en maître.

Je vous fais l'éloge de ma mort, de la mort libre qui vient à moi quand *je* le veux.

Et quand le voudrai-je? — Quiconque a un but et un héritier veut la mort à temps pour son but et son héritier.

Et par respect pour son but et son héritier, il ne mettra plus de couronnes fanées dans le sanctuaire de la vie.

En vérité, je ne veux pas ressembler aux cordiers : ils tirent leur fil en longueur et en le tirant, eux-mêmes reculent toujours.

Plus d'un vieillit trop même pour sa victoire et ses vérités; une bouche édentée n'a plus le droit de dire toutes les vérités.

Et tous ceux qui cherchent la gloire doivent prendre congé de l'honneur à temps, et pratiquer l'art difficile de partir au bon moment.

Il faut cesser de se faire manger au moment où l'on a le meilleur goût : ceux-là le savent qui veulent être aimés longtemps.

Certes, il y a aussi des pommes aigres dont le destin est d'attendre jusqu'au dernier jour de l'automne : et elles mûrissent, jaunissent et se rident en même temps.

Chez certains c'est le cœur qui vieillit d'abord, chez d'autres c'est l'esprit. Et quelques-uns sont vieux dans leur jeunesse : mais qui est jeune tardivement reste jeune longtemps.

Il y en a qui manquent leur vie : un ver empoisonné leur ronge le cœur. Qu'ils tâchent au moins de mieux réussir leur mort!

Il y en a qui ne sont jamais doux, ils pourrissent dès l'été. C'est la lâcheté qui les maintient sur leur branche.

Il y en a beaucoup trop qui vivent et beaucoup trop longtemps ils pendent à leurs branches. Puisse-t-il survenir une tempête qui fasse tomber de l'arbre tous ces fruits véreux et pourris!

Viennent les prédicateurs de la mort *rapide!* Ce seraient eux les vraies tempêtes, les ébranleurs de l'arbre de vie! Mais je n'entends prêcher que la mort lente et la patience envers toutes choses « terrestres ».

Ah, vous prêchez la patience envers les choses terrestres? Ce sont les choses terrestres qui ont trop de patience avec vous, blasphémateurs!

En vérité, il est mort trop tôt, cet Hébreu que les prédicateurs de la mort lente révèrent et, depuis, sa mort prématurée a été fatale à beaucoup.

Il ne connaissait encore que les larmes et la mélancolie de l'Hébreu, ainsi que la haine des bons et des justes — l'Hébreu Jésus : et voici que le désir de la mort le saisit.

Que n'est-il resté au désert, et loin des bons et des justes! Peut-être eût-il appris à vivre et à aimer la terre — et à rire par surcroît!

Croyez-moi, mes frères! Il est mort trop tôt : lui-même aurait désavoué sa doctrine s'il avait vécu aussi longtemps que moi! Il était assez noble pour se rétracter!

Mais il n'était pas encore mûr. L'amour du jeune homme n'est pas mûr, c'est pourquoi il hait la terre et les hommes. Chez lui l'âme et les ailes de la pensées sont encore liées et pesantes.

Il y a de l'enfant dans l'homme plus que dans l'adolescent, et moins de tristesse : il s'entend mieux à vivre et à mourir.

Libre pour la mort et libre dans la mort, un négateur sacré quand il n'est plus temps de dire oui : c'est ainsi qu'il s'entend à vivre et à mourir.

Que votre mort ne soit pas une injure à l'homme et à la terre, mes amis : c'est ce que j'implore du miel de votre âme.

Que votre esprit et votre vertu enflamment encore votre mort comme le soleil couchant embrase la terre : sinon vous aurez manqué votre mort.

C'est ainsi que je veux mourir moi-même, afin que vous aimiez davantage la terre à cause de moi, ô mes amis; et je veux redevenir terre afin de trouver le repos en celle qui m'a engendré.

En vérité, Zarathoustra avait un but, il a lancé sa balle :

maintenant, mes amis, vous êtes les héritiers de mon but, c'est à vous que je lance la balle d'or.

Plus que toute chose j'aime à vous voir lancer la balle d'or, ô mes amis! C'est pourquoi je m'attarde encore un peu sur terre : pardonnez-le-moi!

Ainsi parlait Zarathoustra.

De la vertu qui donne.

1.

Lorsque Zarathoustra eut dit adieu à la ville qui était chère à son cœur et dont le nom était : La Vache bigarrée —, beaucoup de ceux qui se disaient ses disciples le suivirent et lui firent escorte. Ils arrivèrent ainsi à un carrefour : alors Zarathoustra leur dit qu'il voulait continuer seul son chemin, car il aimait la marche solitaire. Or en le quittant, ses disciples lui donnèrent un bâton dont la poignée d'or représentait un serpent s'enroulant autour du soleil. Zarathoustra prit plaisir au bâton et s'appuya dessus; puis il dit à ses disciples :

Dites-moi donc : comment l'or est-il devenu la valeur suprême? C'est parce qu'il est rare et inutile et étincelant et brillant d'un doux éclat; il se donne toujours.

C'est seulement comme image de la plus haute vertu que l'or est devenu la valeur suprême. Brillant comme l'or est le regard de celui qui donne. L'éclat de l'or fait la paix entre la lune et le soleil.

Rare est la plus haute vertu, et inutile, et elle est étincelante et brille d'un doux éclat : une vertu qui donne est la plus haute des vertus.

En vérité, je vous devine, mes disciples; vous aspirez comme moi à la vertu qui donne. Qu'auriez-vous de commun avec les chats et les loups?

C'est votre soif que d'être vous-mêmes des offrandes et des dons, et c'est pourquoi vous avez soif d'entasser toutes les richesses dans votre âme.

Insatiable est votre âme dans son désir de trésors et de joyaux, parce que dans sa volonté de donner, votre vertu est insatiable.

Vous forcez toutes choses à venir et à entrer en vous afin qu'elles rejaillissent de votre source comme les dons de votre amour.

En vérité, un tel amour qui donne doit devenir le brigand de toutes les valeurs — mais cet égoïsme je l'appelle sain et sacré.

Il y a un autre égoïsme, trop pauvre celui-là et toujours affamé, un égoïsme qui veut toujours voler, c'est l'égoïsme des malades, l'égoïsme malade.

Il regarde tout ce qui brille avec le regard du voleur, il mesure avec l'avidité de la faim celui qui a largement de quoi manger, et toujours il rôde autour de la table de ceux qui donnent.

Ce qui parle dans un pareil désir est maladie et dégénérescence invisible. La voracité de cet égoïsme voleur parle du corps malade.

Dites-moi, mes frères : quelle est pour nous la chose mauvaise et la pire? N'est-ce pas la *dégénérescence?* Et nous soupçonnons toujours de la dégénérescence là où l'âme qui donne fait défaut.

Notre chemin monte, va de l'espèce à ce qui domine l'espèce. Mais il nous épouvante, le sens dégénéré qui dit : « Tout pour moi. »

Notre sens monte : c'est ainsi qu'il est le symbole de notre corps, le symbole d'une élévation. Les symboles de ces élévations sont les noms des vertus.

Ainsi le corps traverse l'histoire, il est celui qui devient et qui lutte. Et l'esprit — qu'est-il pour lui? Le héraut, le compagnon et l'écho de ses luttes et de ses victoires.

Tous les noms du bien et du mal sont des symboles : ils n'expriment pas, ils font signe. Celui qui leur demande la connaissance est fou.

Tenez compte, mes frères, de chaque heure où votre esprit veut parler en symboles : là est l'origine de votre vertu.

Là votre corps est élevé et ressuscité : il donne à l'esprit sa félicité afin qu'il devienne créateur, afin qu'il estime et aime et soit le bienfaiteur de toutes choses.

Dans le moment où votre cœur bouillonne, large et plein

comme le torrent qui est pour les riverains une bénédiction et un danger : là est l'origine de votre vertu.

Dans le moment où vous vous élevez au-dessus de l'éloge et du blâme et que, volonté d'un homme qui aime, votre volonté veut commander à toutes choses : là est l'origine de votre vertu.

Dans le moment où vous méprisez ce qui est agréable et la couche molle, et que vous ne vous couchez jamais assez loin de la mollesse : là est l'origine de votre vertu.

Dans le moment où vous êtes celui qui veut d'une unique volonté et que ce tournant de toute détresse est pour vous nécessité : là est l'origine de votre vertu.

En vérité, elle est un nouveau bien et mal! En vérité, c'est un nouveau frémissement profond et la voix d'une source nouvelle!

C'est une puissance, cette nouvelle vertu; c'est une pensée souveraine entourée par une âme intelligente : un soleil d'or entouré par le serpent de la connaissance.

2.

Ici Zarathoustra se tut un instant et regarda ses disciples avec amour. Puis il continua à parler ainsi — et sa voix s'était transformée :

Mes frères, restez fidèles à la terre avec la puissance de votre vertu! Que votre amour qui donne et votre connaissance servent le sens de la terre! Je vous en prie et je vous en conjure.

Ne laissez pas votre vertu quitter les choses terrestres et battre des ailes contre des murs éternels! Hélas! Il y eut toujours tant de vertu égarée!

Comme moi, ramenez sur terre la vertu égarée dans son vol — ramenez-la vers le corps et la vie : afin qu'elle donne à la terre son sens, un sens humain!

Jusqu'ici l'esprit et la vertu se sont trompés dans leur vol et leur recherche de mille façons. Hélas, toutes ces illusions et ces erreurs habitent encore dans notre corps : elles sont devenues corps et volonté!

Jusqu'ici l'esprit et la vertu se sont trompés dans leurs essais et leurs voies de mille façons différentes. Oui, l'homme était un essai. Hélas, beaucoup d'ignorance et d'erreur se sont incarnées en nous!

Non seulement la raison des millénaires — mais aussi leur folie éclate en nous. Il est dangereux d'être héritier.

Nous luttons encore pied à pied avec le géant Hasard, et sur toute l'humanité régnait encore jusqu'à présent l'absurde, le non-sens.

Que votre esprit et votre vertu servent le sens de la terre, mes frères : et que, par vous, toutes les valeurs des choses soient fixées de nouveau! C'est pourquoi vous devez être des combattants! C'est pourquoi vous devez être des créateurs!

Le corps se purifie en sachant; en tentant sciemment il s'élève; pour celui qui cherche la connaissance tous les instincts se sanctifient; celui qui s'élève gagne une âme joyeuse.

Médecin, aide-toi toi-même et tu sauras secourir ton malade. Que son meilleur secours soit de voir par ses propres yeux celui qui se guérit lui-même.

Il y a mille sentiers qui jamais encore n'ont été parcourus, mille sentiers et mille îlots cachés de la vie. L'homme et la terre des hommes n'ont toujours pas été découverts ni épuisés.

Veillez et écoutez, ô solitaires! De l'avenir nous parviennent des vents aux secrets battements d'ailes; et dans des oreilles fines tombe le bon message.

Solitaire d'aujourd'hui, vous qui vous retirez, un jour vous serez un peuple. Vous qui vous êtes choisis vous-mêmes, vous formerez un jour un peuple élu : — et de ce peuple naîtra le Surhomme.

En vérité, cette terre deviendra un jour un lieu de guérison! Et déjà une odeur nouvelle l'enveloppe, une odeur salutaire — et un nouvel espoir!

3.

Lorsque Zarathoustra eut prononcé ces paroles, il se tut, comme quelqu'un qui n'a pas dit son dernier mot; longtemps, indécis, il balança son bâton dans sa main. Enfin il parla ainsi — et sa voix s'était transformée :

Maintenant je m'en vais seul, mes disciples! Vous aussi vous allez partir, et seuls! Je le veux ainsi.

En vérité, je vous le conseille : quittez-moi et révoltez-vous contre Zarathoustra! Et mieux encore : ayez honte de lui! Peut-être vous a-t-il trompés.

L'homme de la connaissance doit non seulement savoir aimer ses ennemis, mais encore haïr ses amis.

C'est mal payer un maître que de rester seulement son élève. Et pourquoi n'arrachez-vous pas ma couronne!

Vous me vénérez; mais que se passera-t-il si votre vénération s'écroule un jour? Prenez garde de n'être pas tués par une statue!

Vous dites que vous croyez en Zarathoustra? Mais qu'importe Zarathoustra! Vous êtes mes fidèles : mais qu'importent tous les fidèles!

Vous ne vous étiez pas encore cherchés : alors vous m'avez trouvé. Ainsi font tous les fidèles; c'est pourquoi la foi est si peu de chose.

Maintenant je vous ordonne de me perdre et de vous trouver; et je ne reviendrai parmi vous que lorsque vous m'aurez tous renié.

En vérité, mes frères, c'est avec d'autres yeux que je chercherai mes fidèles perdus; d'un autre amour que je vous aimerai alors.

Et un jour vous serez devenus pour moi des amis et les enfants d'un unique espoir : je serai alors pour la troisième fois auprès de vous, pour fêter avec vous le grand midi.

Et le grand midi arrive quand l'homme se trouve à mi-chemin entre la bête et le Surhomme et fête sa marche vers le couchant comme son plus haut espoir : car c'est le chemin vers un nouveau matin.

Alors celui qui disparaît se bénira lui-même afin d'être celui qui passe de l'autre côté; et le soleil de sa connaissance sera dans son midi.

« *Tous les Dieux sont morts : maintenant nous voulons que vive le Surhomme!* — que ceci soit à l'heure du grand midi notre dernière volonté! »

Ainsi parlait Zarathoustra.

DEUXIÈME PARTIE

... et je ne reviendrai parmi vous que lorsque vous m'aurez tous renié.
En vérité, mes frères, c'est avec d'autres yeux que je chercherai mes fidèles perdus; d'un autre amour qu'alors je vous aimerai.
(*De la Vertu qui donne*, I, p. 92.)

L'enfant au miroir.

Puis Zarathoustra retourna dans la montagne et dans la solitude de sa caverne et se déroba à la vue des hommes : plein d'attente, comme le semeur qui a lancé ses graines. Mais son âme était emplie d'impatience et du désir de ceux qu'il aimait : car il avait encore beaucoup à leur donner. Or voici la chose la plus difficile : par amour fermer sa main ouverte et être celui qui donne en gardant sa pudeur.

Ainsi le solitaire vit passer les mois et les années; mais sa sagesse croissait et lui faisait mal par sa plénitude.

Or un matin il se réveilla avant l'aube, resta longtemps à réfléchir sur sa couche et finalement dit à son cœur :

Qu'est-ce que cette frayeur que j'ai eue dans mon rêve et qui m'a réveillé? Un enfant portant un miroir ne s'est-il pas approché de moi?

« Oh Zarathoustra — me disait l'enfant — regarde-toi dans le miroir! »

Et lorsque j'ai regardé dans le miroir, j'ai poussé un cri, car ce n'était pas moi que je voyais, mais la face grimaçante et le rire sarcastique d'un diable.

En vérité, je comprends trop bien le sens et l'avertissement du rêve : ma *doctrine* est en danger, l'ivraie veut s'appeler froment!

Mes ennemis sont devenus puissants et ont déformé le visage de ma doctrine, en sorte que mes bien-aimés ont eu honte des présents que je leur ai faits.

J'ai perdu mes amis; l'heure est venue pour moi de chercher ceux que j'ai perdus! »

En disant ces paroles, Zarathoustra sursauta, non pas comme un homme que la peur oppresse, mais plutôt comme un visionnaire et un barde dont s'empare l'Esprit. Etonnés, son aigle et son serpent regardèrent vers lui : car un proche bonheur, pareil à l'aurore, s'étendait sur son visage.

Que m'est-il donc arrivé, ô mes animaux? dit Zarathoustra. Ne suis-je pas métamorphosé? La félicité n'est-elle pas venue sur moi comme une rafale?

Fou est mon bonheur et il dira des choses folles : il est encore trop jeune — soyez donc patients avec lui!

Je suis blessé par mon bonheur : que tous ceux qui souffrent soient mes médecins!

Je puis maintenant redescendre vers mes amis et aussi vers mes ennemis! Zarathoustra peut de nouveau parler et donner et faire du bien à ses bien-aimés!

Mon amour impatient déborde et coule à flots vers le bas, vers le Levant et le Couchant. Sortant des montagnes silencieuses et des orages de ma douleur, mon âme murmure dans les vallées.

J'ai trop longtemps langui et regardé au loin. Trop longtemps la solitude m'a possédé : ainsi j'ai désappris le silence.

Je me suis fait bouche tout entier, et fracas d'un ruisseau qui jaillit de hauts rochers : je veux précipiter mes paroles dans les vallées.

Et que le fleuve de mon amour se jette là où il n'y a pas de chemins! Comment un fleuve ne trouverait-il pas enfin le chemin de la mer!

Certes il y a un lac en moi, un lac solitaire et qui se suffit ; mais le torrent de mon amour l'entraîne avec lui — vers la mer!

Je prends de nouveaux chemins, je reçois un nouveau langage ; comme tous les créateurs, je suis las des langages anciens. Mon esprit ne veut plus courir sur des semelles usées.

Tout langage est trop lent pour moi — je saute dans ton char, tempête! Et même toi, je te fouetterai de ma méchanceté!

Je veux aller sur les vastes mers comme une clameur ou un cri d'allégresse jusqu'à ce que je trouve les Iles bienheureuses où séjournent mes amis.

Et parmi eux mes ennemis! Comme j'aime maintenant tout homme à qui je puis seulement parler! Même mes ennemis font partie de ma félicité.

Et quand je veux monter mon cheval le plu fougueux, c'est toujours mon javelot qui me donne le plus d'aide : en tout temps il est prêt à servir mon pied.

Le javelot que je lance sur mes ennemis! Comme je rends grâce à mes ennemis de pouvoir enfin le lancer!

Trop grande était la tension de mon nuage : entre les éclats de rire des éclairs, je veux faire tomber des giboulées de grêle dans les abîmes.

Ma poitrine se soulèvera puissamment; puissamment elle déchaînera sa tempête sur les montagnes : ainsi elle sera soulagée.

En vérité, mon bonheur et ma liberté ont la force d'une tempête! Mais mes ennemis croiront que c'est *le Mal* qui se déchaîne au-dessus de leurs têtes!

Oui, même vous, mes amis, serez frappés d'effroi en voyant ma sagesse sauvage; et peut-être la fuirez-vous en même temps que mes ennemis.

Ah, que ne sais-je vous rappeler à moi en jouant de la flûte du berger! Ah, puisse ma lionne Sagesse apprendre à rugir tendrement! Et déjà nous avons appris tant de choses ensemble!

Ma sagesse sauvage fut fécondée sur les montagnes solitaires; c'est sur des pierres arides qu'elle mit au monde son petit, le dernier de ses petits.

Maintenant elle court follement le rude désert et cherche, et cherche de doux gazons — ma vieille sagesse sauvage!

C'est sur le doux gazon de vos cœurs, mes amis! — sur votre amour qu'elle voudrait coucher ce qu'elle a de plus cher!

Ainsi parlait Zarathoustra.

Sur les Iles bienheureuses.

Les figues tombent des arbres, elles sont bonnes et sucrées; et tandis qu'elles tombent, leur peau rouge se déchire. Je suis un vent du Nord pour les figues mûres.

Ainsi, telles des figues, ces doctrines tombent entre vos

mains, mes amis : goûtez-en la saveur et la chair sucrée! Autour de nous c'est l'automne, et le ciel pur, et l'après-midi.

Voyez, quelle abondance autour de nous! Et sortant du fond de l'abondance, il est beau de regarder dehors, de regarder vers des mers lointaines!

Jadis on disait Dieu en regardant vers les mers lointaines; mais je vous apprends à dire maintenant : Surhomme.

Dieu est une hypothèse; mais je veux que votre hypothèse n'aille pas plus loin que votre volonté de créateur.

Pourriez-vous *créer* un Dieu? — Cessez donc de parler de tous ces dieux! Mais vous pourriez créer le Surhomme.

Ce ne sera peut-être pas vous, mes frères! Mais vous pourriez vous transformer pour devenir les pères et les ancêtres du Surhomme : et que ceci soit votre meilleure création!

Dieu est une hypothèse : mais je veux que votre hypothèse soit limitée au concevable.

Pouvez-vous *concevoir* un Dieu? — Mais que ceci signifie votre volonté d'être vrai, afin que tout se transforme en chose concevable, visible, sensible pour l'homme! Vous devez penser vos propres sens jusqu'au bout!

Et ce que vous appeliez monde doit être d'abord créé par vous : qu'il devienne lui-même votre raison, votre image, pour votre félicité, vous qui cherchez la connaissance!

Et comment supporteriez-vous la vie sans cet espoir, vous qui cherchez la connaissance? Votre terre natale ne devrait être ni l'incompréhensible, ni le déraisonnable.

Mais que je vous ouvre entièrement mon cœur, mes amis : *s*'il y avait des dieux, comment supporterais-je de n'être pas Dieu*? Donc*, il n'y a point de dieux.

J'ai bien tiré cette conclusion; mais maintenant c'est elle qui me tire.

Dieu est une hypothèse : mais le tourment de cette hypothèse, qui le boirait sans en mourir? Faut-il prendre au créateur sa foi et à l'aigle son vol dans les lointains qui appartiennent aux aigles*?*

Dieu est une pensée qui tord tout ce qui est droit et fait tourner tout ce qui se dresse. Quoi? Le temps serait écarté et tout ce qui est périssable ne serait que mensonge?

Penser cela donne le vertige aux ossements humains, et à l'estomac la nausée : en vérité, j'appelle tournis une telle hypothèse.

Je l'appelle mauvaise et inhumaine : toute cette doctrine d'un être unique et plein et immobile et rassasié et impérissable!

Tout cet impérissable — n'est qu'un symbole. Et les poètes mentent trop.

Mais les meilleurs symboles doivent parler de temps et de devenir : ils doivent être louange et justification de tout le périssable!

Créer — c'est la grande délivrance de la douleur, et l'allégement de la vie. Mais pour que le créateur soit, il faut beaucoup de souffrances et de métamorphoses.

Oui, il faut dans votre vie beaucoup de morts amères, ô créateurs! C'est ainsi que vous serez les défenseurs et les justificateurs de tout le périssable.

Pour que le créateur lui-même soit l'enfant qui renaît, il faut qu'il veuille aussi être celle qui enfante, et les douleurs de l'enfantement.

En vérité, j'ai suivi mon chemin à travers cent âmes, à travers cent berceaux et cent douleurs de l'enfantement. J'ai dit plus d'un adieu, je connais les heures suprêmes qui déchirent le cœur.

Mais ainsi le veut ma volonté créatrice, mon destin. Ou bien, pour parler plus franchement : ce destin est justement — ce que veut ma volonté.

Tous les sentiments en moi souffrent et sont prisonniers : mais ma volonté survient toujours en libératrice et messagère de joie.

Vouloir libère : telle est la vraie doctrine du vouloir et de la liberté — c'est elle que vous enseigne Zarathoustra.

Ne-plus-vouloir et ne-plus-juger et ne-plus-créer! Ah, que cette grande fatigue reste toujours loin de moi!

Dans la connaissance elle-même, ce que je sens n'est encore que la joie de ma volonté à engendrer et à devenir; et s'il y a de l'innocence dans ma connaissance, c'est parce qu'il y a en elle la volonté d'engendrer.

Cette volonté m'a attiré loin de Dieu et des dieux ; qu'y aurait-il a créer s'il y avait — des dieux!

Mais mon ardente volonté de créer me pousse sans cesse vers les hommes; ainsi le marteau est poussé vers la pierre.

Hélas, ô hommes, dans la pierre sommeille une statue,

la statue de mes statues! Hélas, pourquoi faut-il qu'elle dorme dans la plus dure, dans la plus laide des pierres!

Maintenant, mon marteau frappe cruellement contre sa prison. La pierre vole en morceaux; que m'importe?

Je veux l'achever : car une ombre est venue à moi — la plus silencieuse, la plus légère de toutes les choses un jour est venue à moi!

La beauté du Surhomme m'a visité comme une ombre — Ah, mes frères! Que m'importent encore — les Dieux!

Ainsi parlait Zarathoustra.

Des âmes compatissantes.

Mes amis, des propos moqueurs sont venus aux oreilles de votre ami : « Voyez donc Zarathoustra! Ne se promène-t-il pas parmi nous comme si nous étions des bêtes? »

Mais on ferait mieux de dire : « Celui qui cherche la connaissance se promène parmi les hommes comme il le ferait parmi des bêtes. »

Car pour celui qui cherche la connaissance, l'homme lui-même se nomme : la bête aux joues rouges.

Comment ce nom lui fut-il donné? N'est-ce pas parce que l'homme a trop souvent connu la honte?

O mes amis! Ainsi parle celui qui cherche la connaissance : Honte, honte, honte — c'est là l'histoire de l'homme!

Et c'est pourquoi l'homme noble se donne pour règle de ne faire honte à personne : devant tout ce qui souffre, il s'impose la pudeur.

En vérité, je ne les aime pas les compatissants qui sont heureux de leur pitié : ils manquent par trop de pudeur.

Si je dois être compatissant, qu'au moins on ne dise pas que je le suis; et quand je le suis, j'aime à l'être de loin.

J'aime aussi me voiler la face et m'enfuir avant que d'être reconnu : et c'est ce que je vous ordonne de faire, ô mes amis.

Puisse mon destin amener toujours sur mon chemin des hommes qui, comme vous, sont sans douleur, et d'autres avec qui je *puisse* partager espoirs, festin et miel!

En vérité, j'ai bien fait ceci et cela pour ceux qui souffrent :

mais il m'a toujours semblé faire mieux quand j'apprenais mieux à me réjouir!

L'homme s'est trop peu réjoui depuis qu'il y a des hommes : cela seul, mes frères, est notre péché originel.

Et plus nous apprenons à mieux nous réjouir, mieux nous désapprenons de faire du mal aux autres et d'inventer des souffrances.

C'est pourquoi je me lave les mains quand elles ont aidé celui qui souffre, c'est pourquoi je m'essuie aussi l'âme.

Car d'avoir vu souffrir celui qui souffre me faisait honte à cause de sa honte; et, en l'aidant, j'avais durement blessé sa fierté.

De grandes obligations ne rendent pas reconnaissant, mais rancunier; et quand le petit bienfait n'est pas oublié, il se transforme en ver rongeur.

« N'acceptez qu'avec circonspection! En acceptant, conférez une distinction à ceux qui donnent! » — tel est mon conseil à ceux qui n'ont rien à donner.

Mais moi, je suis de ceux qui donnent : j'aime à donner, en ami, à mes amis. Que les étrangers et les pauvres cueillent eux-mêmes les fruits de mon arbre; c'est ainsi qu'ils seront le moins humiliés.

Mais il faudrait supprimer tout à fait les mendiants! En vérité, on est irrité de leur donner, et irrité de ne pas leur donner.

Il en est de même des pécheurs et des mauvaises consciences! Croyez-moi, les remords vous apprennent à mordre!

Mais le pire sont les pensées mesquines. En vérité, mieux vaut encore faire mal que de penser petitement.

Vous dites, il est vrai : « La joie des petites méchancetés nous épargne maint grand méfait. » Mais ici, on ne devrait pas vouloir faire d'économies.

La mauvaise action est comme un ulcère : elle démange, s'irrite et se déclare; — elle parle franchement.

« Voici, je suis une maladie » — dit la mauvaise action, c'est là sa franchise.

Mais la pensée mesquine est pareille au champignon : elle rampe et se courbe et ne veut être nulle part, jusqu'à ce que tout le corps soit rongé et flétri par les petits champignons.

Mais à celui qui est possédé du diable, je dis à l'oreille ceci :

« Mieux vaut encore élever ton démon! Même pour toi, il y a un chemin de la grandeur! »

Ah, mes frères! On sait un peu trop de choses de chacun! Et plus d'un devient transparent, sans qu'on puisse pour autant voir clair en lui.

Il est difficile de vivre avec les hommes, parce que le silence est difficile.

Et ce n'est pas envers celui qui nous est antipathique que nous sommes le plus injustes, mais envers celui qui ne nous regarde en rien.

Cependant, si tu as un ami qui souffre, sois pour sa souffrance un lieu de repos, mais en quelque sorte un lit dur, un lit de camp : c'est ainsi que tu lui seras le plus utile.

Et si un ami te fait du mal, dis-lui : « Je te pardonne ce que tu m'as fait, — mais que tu te le sois fait *à toi*, — comment saurais-je te le pardonner! »

C'est ainsi que parle tout grand amour : il surmonte même le pardon et la pitié.

Il faut retenir son cœur; car si on le laisse aller, comme on a vite fait de perdre la tête!

Hélas, où y eut-il sur terre plus de grandes folies que parmi les compatissants? Et qu'est-ce qui causa plus de souffrance sur terre que les folies du compatissant?

Malheur à ceux qui aiment sans avoir une hauteur située plus haut que leur pitié!

Un jour le diable me parla ainsi : « Dieu a aussi son enfer : c'est son amour des hommes. »

Et dernièrement je l'ai entendu dire ces mots : « Dieu est mort; Dieu est mort de sa pitié pour les hommes. »

Gardez-vous donc de la pitié : c'est *d'elle* qu'un lourd nuage viendra encore sur les hommes! En vérité, je connais les signes qui annoncent le temps!

Retenez aussi cette parole : tout grand amour est encore au-dessus de votre pitié : car ce qu'il aime, il veut encore le créer!

« Je m'offre moi-même à mon amour, *et mon prochain tout comme moi* » — ainsi parlent tous les créateurs.

Mais tous les créateurs sont durs.

Ainsi parlait Zarathoustra.

Des prêtres.

Un jour Zarathoustra donna à ses disciples un signe à déchiffrer et leur dit ces paroles :

Voici des prêtres; et bien que ce soient aussi mes ennemis, passez devant eux en silence et sans tirer l'épée!

Parmi eux aussi il y a des héros; beaucoup d'entre eux ont trop souffert : — c'est pourquoi ils veulent faire souffrir les autres.

Ce sont des ennemis dangereux : rien n'est plus vindicatif que leur humilité. Et quiconque les attaque est aisément souillé.

Mais mon sang est parent du leur : et je veux que mon sang soit respecté même dans le leur.

Et quand ils furent passés, Zarathoustra fut saisi de chagrin; et après une brève lutte avec son chagrin, il commença à parler ainsi :

Ces prêtres me font pitié; de plus, ils me dégoûtent, mais depuis que je suis parmi les hommes, c'est là le moindre de mes soucis.

Mais j'ai souffert et je souffre avec eux : à mes yeux ils sont prisonniers et portent une marque. Celui qu'ils appellent Sauveur les a mis aux fers.

Aux fers des valeurs fausses et des paroles illusoires! Ah, puisse venir quelqu'un qui les sauve de leur Sauveur!

Un jour que la mer les ballottait de tous côtés, ils ont cru atterrir sur une île; mais voici, c'était un monstre qui dormait!

Des valeurs fausses et des paroles illusoires : ce sont les pires des monstres pour les mortels — longtemps la fatalité dort et attend en eux.

Mais enfin elle approche et s'éveille et mange et dévore ce qui sur elle s'est bâti des abris.

O voyez donc ces abris que les prêtres se sont bâtis! Ils appellent églises leurs cavernes aux odeurs fades!

O cette lumière factice, cet air alourdi! Ici, où l'âme n'a pas le droit de s'envoler pour aller jusqu'à sa hauteur!

Car leur foi leur ordonne ceci : « Montez les marches à genoux, vous autres pécheurs! »

En vérité, j'aime encore mieux voir l'impudique plutôt que ces yeux battus de leur honte et de leur piété!

Qui se fit jamais de telles cavernes et de tels chemins de pénitence ? N'étaient-ce pas des gens qui voulaient se cacher et avaient honte face au ciel pur?

Et quand le ciel pur, à travers les voûtes en ruine, contemplera l'herbe et les pavots rouges qui croissent sur les murs en ruine, alors seulement je tournerai de nouveau mon cœur vers les demeures de ce Dieu.

Ils ont appelé Dieu ce qui leur était contraire et leur faisait mal : et vraiment, il y avait dans leur adoration beaucoup d'héroïsme!

Et ils n'ont pas su aimer leur dieu autrement qu'en clouant l'homme sur la croix!

Ils ont pensé vivre en cadavres, ont drapé de noir leur cadavre; leurs paroles m'apportent encore la mauvaise odeur des chambres mortuaires.

Et qui vit près d'eux vit au voisinage d'étangs noirs où le crapaud fait entendre la douce mélancolie de son chant.

Pour que je croie en leur Sauveur, il faudrait qu'ils me chantent de meilleurs chants : et que ses disciples aient un air plus délivré!

Je voudrais les voir nus; car seule la beauté devrait prêcher le repentir. Mais qui donc se laisserait convaincre par cette tristesse déguisée!

En vérité, leurs sauveurs eux-mêmes n'étaient pas venus de la liberté et du septième ciel de la liberté! En vérité, ils ne foulèrent jamais eux-mêmes les tapis de la connaissance!

L'esprit de ces sauveurs était fait de lacunes; mais dans chaque lacune ils avaient mis leur *délire*, leur bouche-trou qu'ils appelaient Dieu.

Leur esprit s'était noyé dans la pitié, et quand ils se gonflaient et débordaient de pitié, toujours une grande folie nageait à la surface.

Laborieusement et en poussant des cris, ils menaient leurs troupeaux sur leur sentier; comme si le sentier qui mène à l'avenir était unique! En vérité, ces bergers eux-mêmes étaient de l'espèce des brebis!

Ces bergers avaient des esprits étroits et des âmes vastes :

mais, mes frères, quels pays étroits furent jusqu'à présent même les âmes les plus vastes!

Sur le chemin qu'ils suivaient, ils ont inscrit des signes sanglants, et leur folie enseignait qu'il faut prouver la vérité avec du sang.

Mais le sang est le plus mauvais témoin de la vérité : le sang empoisonne la doctrine la plus pure et en fait le délire et la haine des cœurs.

Et que quelqu'un traverse le feu pour sa doctrine — qu'est-ce que cela prouve! En vérité, mieux vaut que votre propre doctrine surgisse de votre propre feu!

Un cœur orageux et une tête froide : quand ces deux choses se rencontrent naît ce fanatique qu'on appelle « sauveur ».

En vérité, il y eut des hommes plus grands et de naissance plus haute que ceux que le peuple appelle sauveurs, ces meneurs fanatiques!

Et si vous voulez trouver le chemin de la liberté, mes frères, il vous faudra être délivrés d'hommes plus grands encore que le furent tous les sauveurs!

Jamais encore il n'y eut de Surhomme. Je les ai vus nus tous les deux, le plus grand et le plus petit des hommes :

Ils se ressemblent encore trop. En vérité, même le plus grand m'a paru — trop humain!

Ainsi parlait Zarathoustra.

Des vertueux.

C'est à coups de tonnerre et de feux d'artifice célestes qu'il faut parler aux esprits flasques et endormis.

Mais la voix de la beauté parle bas : elle ne fait que se glisser dans les âmes les plus éveillées.

Aujourd'hui mon bouclier s'est mis à vibrer doucement et à rire; c'était le frisson et le rire sacré de la beauté.

C'est de vous, ô vertueux, que ma beauté riait aujourd'hui. Et sa voix me parvenait ainsi : « Ils veulent encore — être payés ! »

Vous voulez encore être payés, ô vertueux! Vous voulez le

salaire de votre vertu, le ciel à la place de la terre et l'éternité en échange de votre aujourd'hui?

Et vous m'en voulez parce que j'enseigne qu'il n'y a ni comptable ni trésorier? Et vraiment, je n'enseigne même pas que la vertu est à elle-même sa récompense.

Ah, voilà bien ce qui m'afflige : le mensonge de la récompense et du châtiment a été mis au fond des choses — et maintenant il est encore au fond de vos âmes, ô vertueux!

Mais il faut que tel le boutoir du sanglier, ma parole éventre le fond de vos âmes; je veux être pour vous un soc de charrue.

Tous les coins secrets de votre âme doivent paraître au jour; et quand vous serez couchés au soleil, retournés et brisés, votre mensonge aussi sera séparé de votre vérité.

Car ceci est votre vérité : vous êtes trop *propres* pour la saleté des mots : vengeance, châtiment, récompense, représailles.

Vous aimez votre vertu comme la mère son enfant; mais quand donc entendit-on qu'une mère voulût être payée de son amour?

C'est votre bien le plus cher lui-même, votre vertu. Il y a en vous le désir de l'anneau : c'est pour se retrouver lui-même que tout anneau s'enroule et se tord.

Et toute œuvre de votre vertu est semblable à une étoile qui s'éteint : toujours sa lumière est encore en route et voyage — et quand cessera-t-elle d'être en route?

Ainsi la lumière de votre vertu est encore en route, même quand l'œuvre est achevée : qu'elle soit donc oubliée et morte : son rayon de lumière vit et voyage encore.

Que votre vertu soit votre moi lui-même, et non pas quelque chose d'étranger, une peau, un déguisement : voilà la vérité du fond de votre âme, ô vertueux!

Mais il y en a sans doute aussi pour qui la vertu est un spasme sous un coup de fouet : et vous avez trop écouté leurs cris!

Et il y en a d'autres qui nomment vertu la paresse de leurs vices; et quand une fois leur haine et leur jalousie s'étirent, leur justice se réveille et frotte ses yeux pleins de sommeil.

Et il y en a d'autres qui sont tirés vers le bas : c'est leur démon qui les tire. Mais plus ils s'enfoncent, plus leur regard est ardent et plus s'enflamme leur désir de leur Dieu.

Ah, les cris de ceux-là aussi sont parvenus à vos oreilles, ô vertueux : ce que je ne suis *pas*, cela, c'est mon dieu et ma vertu!

Et il y en a d'autres qui s'en viennent pesamment et en grinçant comme des chariots portant des pierres au bas d'une côte : ils parlent beaucoup de dignité et de vertu : c'est leur frein qu'ils appellent vertu!

Et il y en a d'autres qui sont semblables à des pendules que l'on remonte : ils font leur tic-tac et veulent que l'on appelle tic-tac — vertu.

En vérité, ces derniers m'amusent : partout où je trouverai de ces pendules, je les remonterai à grand renfort d'ironie; et il faudra bien qu'elles consentent à ronronner!

Et d'autres sont fiers de leur parcelle d'équité et en son nom outragent toutes choses : de sorte que le monde se noie dans leur injustice.

Ah, comme le mot « vertu » sonne mal dans leur bouche! Et quand ils disent : « Je suis juste », cela sonne toujours comme : « Je suis vengé! »

Ils veulent crever les yeux de leurs ennemis avec leur vertu; et ils ne s'élèvent que pour abaisser les autres.

Et il y en a d'autres qui croupissent dans leur marécage et qui parlent ainsi au milieu des roseaux où ils se tapissent : « Vertu — c'est croupir tranquillement dans son marécage. »

« Nous ne mordons personne et évitons celui qui veut mordre; et en tout, nous avons l'opinion qu'on nous donne. »

Et il y en a d'autres qui aiment les gestes et pensent : la vertu est une espèce de geste.

Leurs genoux sont toujours prosternés et leurs mains célèbrent les mérites de la vertu, mais leur cœur n'en sait rien.

Et il y en a d'autres qui tiennent que la vertu revient à dire : « La vertu est nécessaire »; mais au fond, ils croient seulement que la police est nécessaire.

Et plus d'un qui ne peut pas voir ce qu'il y a d'élevé dans l'homme parle de vertu quand il est trop près de la bassesse de l'homme : ainsi il appelle vertu sa mauvaise vue.

Les uns veulent être édifiés et redressés et appellent cela vertu; les autres veulent être renversés — et appellent cela aussi vertu.

Et de la sorte presque tous croient avoir part à la vertu;

et tous veulent pour le moins s'y connaître en « bien » et en « mal ».

Mais Zarathoustra n'est pas venu pour dire à tous ces menteurs et à ces fous : « Que savez-*vous* de la vertu? Que *pourriez-vous* savoir de la vertu? »

Il est venu afin que vous, mes amis, vous vous fatiguiez des vieux mots que vous avez appris des menteurs et des fous :

afin que vous vous fatiguiez des mots : « récompense », « représailles », « châtiments », « vengeance dans la justice »;

afin que vous vous fatiguiez de dire « qu'une action est bonne quand elle est désintéressée ».

Ah, mes amis! Que votre Moi soit dans votre action comme la mère est dans l'enfant : que ceci soit *votre* parole de vertu!

En vérité, je vous ai bien enlevé cent paroles et les jouets préférés de votre vertu; et voici que vous me boudez comme boudent les enfants.

Ils jouaient sur la plage — et la vague est venue, emportant leurs jouets dans l'abîme; et maintenant ils pleurent.

Mais la même vague viendra leur apporter de nouveaux jouets et jettera devant eux de nouveaux coquillages bariolés!

Ainsi ils seront consolés; et comme eux, vous aurez vos consolations, ô mes amis, et de nouveaux coquillages bariolés!

Ainsi parlait Zarathoustra.

De la racaille.

La vie est une fontaine de joie; mais là où la racaille vient boire, tous les puits sont empoisonnés.

Je suis favorable à tout ce qui est propre; mais je n'aime pas voir les gueules grimaçantes et la soif des gens impurs.

Ils ont jeté les yeux au fond du puits : maintenant je vois le reflet de leur sourire odieux au fond du puits.

Ils ont empoisonné l'eau sainte par leur concupiscence; et en baptisant joie leurs rêves sales, ils ont empoisonné aussi les mots.

La flamme est prise de répulsion quand ils approchent du feu leurs cœurs humides ; l'esprit lui-même bout et fume quand la racaille s'approche du feu.

Dans leurs mains le fruit devient douceâtre et blet : leur regard endommage l'arbre fruitier et le dessèche.

Et plus d'un qui se détourna de la vie ne se détournait que de la racaille : il refusait de partager avec la racaille la fontaine, la flamme et le fruit.

Et plus d'un ne s'est enfui au désert et n'a souffert la soif parmi les bêtes sauvages que pour ne pas s'asseoir autour de la citerne en compagnie de chameliers malpropres.

Et plus d'un qui venait en exterminateur et en fléau de tous les champs cultivés voulait seulement enfoncer son pied dans la gueule de la racaille et ainsi lui boucher le gosier.

Et le plus dur à avaler pour moi, ce ne fut pas de savoir que la vie elle-même a besoin d'inimitié, de mort et de croix des martyrs :

Mais j'ai demandé un jour, et ma question m'étouffa presque : Quoi? La vie elle-même aurait *besoin* de la racaille?

Les puits empoisonnés sont-ils nécessaires, et les feux puants et les rêves salis et les vers dans le pain de la vie?

Ce n'est pas ma haine, mais mon dégoût qui dévorait à belles dents ma vie! Ah, l'esprit m'a souvent lassé quand je voyais la racaille elle-même pleine d'esprit!

Et j'ai tourné le dos aux gouvernants quand j'ai vu ce qu'ils appellent aujourd'hui gouverner : trafiquer et marchander le pouvoir — avec la racaille!

J'ai vécu parmi des peuples de langue étrangère, les oreilles closes : afin que le langage de leur trafic et leur marchandage du pouvoir me restassent étrangers.

Et me bouchant le nez, j'ai traversé à contrecœur tout l'hier et tout l'aujourd'hui : en vérité, il sent mauvais l'hier et l'aujourd'hui selon la racaille qui écrit!

Pareil à un infirme devenu sourd, aveugle et muet : c'est ainsi que je vécus longtemps, afin de ne pas vivre avec la racaille du pouvoir, de la plume et des plaisirs.

Mon esprit a monté des marches avec peine, et prudemment; les aumônes de la joie furent son réconfort aveugle, il sentait s'écouler sa vie au rythme de son bâton.

Que m'est-il donc arrivé? Comment me suis-je délivré du dégoût? Qui a rajeuni mon œil? Comment ai-je volé jusqu'aux hauteurs où il n'y a plus de racaille assise à la fontaine?

Fût-ce mon dégoût lui-même qui m'a donné des ailes et

les forces capables de capter les sources? En vérité, il m'a fallu voler jusqu'au plus haut sommet pour retrouver la fontaine de joie!

Oh, je l'ai trouvée, mes frères! Ici, au plus haut sommet, a jailli pour moi la fontaine de joie! Et il y a une vie où l'on s'abreuve sans la racaille!

Tu jaillis presque avec trop de violence, source de joie! Et souvent même tu renverses la coupe en voulant la remplir!

Et il me faut apprendre à t'approcher avec plus de modestie : mon cœur court encore trop violemment à ta rencontre :

Mon cœur où brûle mon été, mon bref et chaud, mélancolique et bienheureux été : comme mon cœur d'été désire ta fraîcheur!

Elle est passée, la tristesse hésitante de mon printemps! Passée, la méchanceté de mes flocons de neige en juin! Je suis devenu tout été, tout entier après-midi d'été!

Un été au plus haut sommet avec des sources froides et un calme bienheureux : venez, ô mes amis, afin que le calme gagne en félicité!

Car ceci est *notre* hauteur et notre patrie : notre demeure est trop haute et trop escarpée pour tous les impurs et pour leur soif.

Jetez donc vos purs regards dans la source de ma joie, amis! Comment s'en troublerait-elle? Elle vous renverra le rire de *sa* pureté.

Nous bâtissons notre nid sur l'arbre de l'avenir; des aigles nous apporteront de la nourriture dans leurs becs, à nous autres solitaires!

En vérité, ce n'est pas une nourriture dont les impurs pourront manger! Car ils croiraient manger du feu et se brûler la gueule!

En vérité, nous n'avons pas ici de demeures prêtes pour les malpropres. Notre bonheur, ils y verraient une caverne de glace pour leurs esprits et pour leurs corps!

Et nous voulons vivre au-dessus d'eux comme de grands vents, voisins des aigles, voisins de la neige, voisins du soleil : ainsi vivent les grands vents.

Et tel un vent je soufflerai un jour parmi eux, et à l'aide de mon esprit je couperai le souffle à leur esprit : ainsi le veut mon avenir.

En vérité, Zarathoustra est un grand vent pour tous les bas-fonds, et il donne ce conseil à ses ennemis et à tout ce qui crache et vomit : « Gardez-vous de cracher *contre* le vent! »

Ainsi parlait Zarathoustra.

Des Tarentules

Regarde, voici le repaire de la tarentule! Veux-tu la voir elle-même? Voici sa toile : touche-la pour la faire frissonner.

Elle vient de son plein gré : sois la bienvenue, tarentule! Noir est sur ton dos ton triangle et ton signe; et je sais aussi ce qu'il y a dans ton âme.

La vengeance est dans ton âme : là où tu mords se forme une croûte noire; avec sa rancune ton venin fait tourner l'âme!

C'est ainsi que je vous parle en parabole, à vous qui faites tourner les âmes, prédicateurs de *l'égalité!* Vous êtes pour moi des tarentules pleines de rancunes cachées!

Mais je finirai par révéler vos cachettes : c'est pourquoi je vous ris au visage, de mon rire des hauteurs.

C'est pourquoi je déchire votre toile, afin que votre rage vous fasse sortir de votre caverne de mensonge et que votre vengeance apparaisse derrière vos paroles de « justice ».

Car il faut *que l'homme soit délivré de la vengeance* : ceci est pour moi le pont qui mène aux plus hauts espoirs, c'est mon arc-en-ciel après de longs orages.

Mais les tarentules veulent qu'il en soit autrement : « Quand le monde s'emplit des orages de notre vengeance, que ce soit là pour nous la justice » — ainsi parlent entre elles les tarentules.

« Tous ceux qui ne sont pas comme nous, nous voulons nous venger d'eux et les couvrir d'injures » — tel est le serment que font en leurs cœurs les tarentules.

« Et encore : « volonté d'égalité », c'est ainsi que nous nommerons dorénavant la vertu; et contre tout ce qui est puissant nous pousserons nos clameurs! »

Prédicateurs de l'égalité, c'est le délire tyrannique de l'impuissance en vous qui réclame l'égalité; vos plus secrets désirs de tyrans se masquent ainsi avec des paroles de vertu!

Vanité aigrie, jalousie rentrée, vanité et jalousie de vos pères : peut-être elles sortent de vous comme une flamme et une folie de vengeance.

Ce que le père a tu, le fils le proclame : et souvent j'ai vu dans le fils le secret du père révélé.

Ils ressemblent aux enthousiastes : mais ce n'est pas le cœur qui les inflamme — c'est la vengeance. Et quand ils deviennent subtils et froids, ce n'est pas l'esprit, mais l'envie qui les rend subtils et froids.

Leur jalousie les conduit aussi sur le chemin des penseurs : et ceci est le signe de leur jalousie — toujours ils vont trop loin : de sorte qu'à la fin, leur fatigue se couche dans la neige pour dormir.

Dans toutes leurs plaintes résonne la vengeance, tous leurs chants de louanges ont quelque chose qui fait mal; et s'ériger en juges semble être le comble de leur félicité.

Or voici le conseil que je vous donne, mes amis : méfiez-vous de tous ceux en qui l'instinct de punir est fort!

C'est une mauvaise engeance et une mauvaise race : leurs traits laissent voir le limier et le bourreau.

Méfiez-vous de tous ceux qui parlent beaucoup de leur équité. En vérité, leurs âmes ne manquent pas seulement de miel.

Et quand ils se nomment eux-mêmes « les bons et les justes », n'oubliez pas que pour devenir des pharisiens, il ne leur manque que le pouvoir!

Mes amis, je ne veux être ni mélangé ni confondu avec d'autres.

Il y en a qui prêchent ma doctrine de la vie : mais en même temps, ce sont des tarentules et des prêtres de l'égalité.

Elles parlent en faveur de la vie, ces araignées venimeuses, bien qu'elles soient tapies dans leurs trous et à l'écart de la vie : car c'est ainsi qu'elles veulent faire du mal.

Elles veulent faire du mal à ceux qui ont maintenant le pouvoir : car c'est chez ceux-là que la prédication de la mort se trouve encore le plus à son aise.

S'il en était autrement, les tarentules enseigneraient autre chose : car autrefois ce sont elles qui surent le mieux calomnier le monde et brûler les hérétiques.

Je ne veux être ni mélangé ni confondu avec ces prédicateurs de l'égalité. Car ainsi me parle la justice : « Les hommes ne sont pas égaux. »

Et ils ne doivent pas non plus le devenir! Que serait donc mon amour du Surhomme si je parlais autrement?

C'est par mille ponts et mille chemins qu'ils doivent se hâter vers l'avenir, et il faudra mettre entre eux toujours plus de guerres et d'inégalités : ainsi me fait parler mon grand amour!

Ils deviendront les inventeurs de statues et de fantômes dans leurs haines; et avec leurs statues et leurs fantômes ils livreront entre eux leur suprême combat!

Bon et mauvais, et riche et pauvre, et haut et bas, et tous les noms que portent les valeurs : ils deviendront des armes et des symboles sonnants annonçant que la vie doit toujours se surmonter elle-même!

La vie elle-même veut s'élever sur des piliers et sur des marches : elle veut découvrir des horizons lointains et explorer des beautés bienheureuses — *c'est pourquoi* il lui faut les hauteurs!

Et comme il lui faut les hauteurs, elle a besoin de marches, et de la contradiction qui oppose les marches à celui qui monte! La vie veut s'élever et se surmonter en s'élevant.

Et voyez donc, mes amis! En ce lieu où se trouve le trou de la tarentule s'élèvent les ruines d'un vieux temple — regardez donc avec des yeux illuminés!

En vérité celui qui jadis amassa ses pensées ici pour en faire une tour de pierre, celui-là connaissait le secret de la vie comme le plus sage d'entre les sages!

Que la lutte et l'inégalité, que la guerre pour le pouvoir et la suprématie soient même dans la beauté : c'est ce qu'il nous enseigne ici par le plus clair des symboles.

Comme voûtes et arceaux se brisent divinement dans la lutte : comme ils se battent avec leur ombre et leur lumière, ces divins combattants.

Soyons donc ennemis en toute certitude et en toute beauté, ô mes amis! Nous lutterons divinement les uns *contre* les autres!

Hélas! J'ai été moi-même mordu par la tarentule, ma vieille ennemie! Elle m'a divinement mordu le doigt, en toute certitude et en toute beauté!

« Il faut qu'il y ait un châtiment et une justice — pense-t-elle : ce n'est pas en vain qu'il chantera ici les louanges de l'inimitié! »

Oui, elle s'est vengée! Et hélas! Voici qu'elle me fera tourner l'âme avec sa vengeance!

Afin que je ne tourne *pas*, mes amis, liez-moi solidement à cette colonne! J'aime encore mieux être un stylite qu'un tourbillon de vengeance!

En vérité, Zarathoustra n'est pas un tourbillon et une trombe et s'il est danseur, il ne dansera jamais la tarentelle!

Ainsi parlait Zarathoustra.

Des sages illustres.

Vous avez servi le peuple et les superstitions du peuple, vous tous, sages illustres! — et *non point* la vérité! Et c'est précisément pourquoi l'on vous a vénérés.

C'est aussi pourquoi on a toléré votre incrédulité, car c'était une farce et un détour vers le peuple. De même le maître laisse faire ses esclaves et s'amuse de leur gaieté.

Mais celui qui est haï du peuple comme le loup par les chiens : c'est l'esprit libre, l'ennemi des chaînes, celui qui n'adore pas et hante les forêts.

Le chasser de son refuge — c'est ce que le peuple a toujours appelé « le sens de la justice » : il excite encore contre lui ses chiens les plus féroces.

Car de tout temps l'on a répété : « La vérité est là : puisque le peuple est là! Malheur, malheur à qui cherche! »

Vous vouliez donner raison à votre peuple dans sa vénération : c'est ce que vous avez appelé « volonté de vérité », ô sages illustres!

Et votre cœur s'est toujours dit : « Je suis venu du peuple : c'est de là aussi que m'est venue la voix de Dieu. »

Comme défenseurs du peuple, vous avez toujours été pareils à l'âne, entêtés et malins.

Et maint puissant qui voulait faire bon voyage en compagnie du peuple attela devant ses chevaux — un petit âne, un sage illustre.

Et maintenant, ô sages illustres, je voudrais que vous dépouilliez enfin toute la peau du lion!

La peau tigrée de la bête féroce et la toison de l'explorateur du chercheur, du conquérant!

Ah, pour que j'apprenne à croire à votre « véracité », il me faudrait d'abord vous voir briser votre volonté d'ado, ration.

Véridique — j'appelle ainsi celui qui va dans les déserts sans Dieu et a brisé son cœur adorateur.

Dans le sable jaune brûlé par le soleil, il lui arrive de regarder avec envie vers les îles où les sources abondent et où, sous les arbres obscurs, des êtres vivants se reposent.

Mais sa soif ne le convainc pas de devenir pareil à ces satisfaits; car là où sont les oasis, il y a aussi des idoles.

Affamée, violente, solitaire, impie : ainsi se veut elle-même la volonté du lion.

Libre du bonheur des valets, délivrée des dieux et des adorations, intrépide et terrible, grande et solitaire : telle est la volonté de l'homme véridique.

Dans le désert vivent depuis toujours les véridiques, les esprits libres, en maîtres du désert; mais dans les villes habitent les sages illustres et bien nourris — les bêtes de somme.

Car toujours ils tirent comme des ânes — la carriole du *peuple!*

Non que je leur en tienne rigueur : mais ils restent des valets et des bêtes de trait, même s'ils brillent sous des harnais d'or.

Et souvent ils ont été de bons serviteurs, et dignes d'éloges. Car ainsi parle la vertu : « S'il te faut être serviteur, cherche celui à qui tes services seront le plus utiles! »

« L'esprit et la vertu de ton maître doivent croître parce que c'est toi qui le sers; ainsi tu grandiras toi-même avec son esprit et sa vertu! »

Et en vérité, sages illustres, serviteurs du peuple! Vous avez grandi vous-mêmes avec l'esprit et la vertu du peuple — et le peuple a grandi par vous! C'est à votre honneur que je le dis!

Mais pour moi, vous restez peuple jusque dans vos vertus, peuple à la vue basse — peuple qui ne sait pas ce que c'est que *l'esprit!*

L'esprit est la vie qui tranche à même la vie : elle accroît son propre savoir par son propre tourment — saviez-vous cela?

Et ceci est le bonheur de l'esprit : être oint et consacré par les larmes pour devenir la victime du sacrifice — saviez-vous cela?

Et la cécité de l'aveugle, ses hésitations et ses tâtonnements doivent encore témoigner de la puissance du soleil qu'il a regardé en face — saviez-vous cela?

Et celui qui cherche la connaissance doit apprendre à *bâtir* avec des montagnes! Déplacer les montagnes est peu de chose pour l'esprit — saviez-vous cela?

Vous ne connaissez de l'esprit que son étincelle : mais vous ne voyez pas quelle enclume il est, et vous ignorez la cruauté de son marteau!

En vérité, vous ne connaissez pas l'orgueil de l'esprit! Mais vous supporteriez encore moins la modestie de l'esprit, si elle voulait parler un jour!

Et jamais encore vous n'avez pu jeter votre esprit dans un trou plein de neige : vous n'êtes pas assez chauds pour cela! Aussi, vous ne connaissez pas non plus les ravissements de sa froideur.

Mais en toutes choses, vous vous montrez trop familiers avec l'esprit; et bien souvent vous avez fait de la sagesse un hospice et un asile pour de mauvais poètes.

Vous n'êtes pas des aigles : aussi n'avez-vous pas connu le bonheur dans l'épouvante de l'esprit. Et qui n'est pas oiseau ne doit pas nicher au-dessus des abîmes.

Vous êtes des tièdes : mais toute connaissance profonde est portée par un courant froid. Glaciales sont les fontaines intérieures de l'esprit : un baume rafraîchissant pour les mains chaudes et pour ceux qui agissent.

Vous voilà devant moi, respectables et rigides, l'échine droite, ô sages illustres! — vous n'êtes pas poussés par la force du vent et de la volonté.

N'avez-vous jamais vu une voile passer sur la mer, arrondie et tremblante, gonflée par la violence du vent?

Pareille à la voile, tremblante sous la violence de l'esprit, ma sagesse passe sur la mer — ma sagesse sauvage!

Mais vous, serviteurs du peuple, sages illustres, comment *pourriez-vous* venir avec moi?

Ainsi parlait Zarathoustra.

Le nocturne.

Il fait nuit : voici que toutes les fontaines jaillissantes élèvent la voix. Et mon âme aussi est une fontaine jaillissante.

Il fait nuit : voici que s'éveillent tous les chants d'amoureux Et mon âme aussi est un chant d'amoureux.

Il y a en moi un désir inapaisé, inapaisable; il veut se faire entendre. Un désir d'amour est en moi, qui parle lui-même le langage de l'amour.

Je suis lumière : ah, que ne suis-je nuit! Mais c'est ma solitude que d'être ceint de lumière.

Ah, que ne suis-je sombre et nocturne! Comme je sucerais les mamelles de la nuit!

Et vous-mêmes je voudrais encore vous bénir, petits astres brillants et vers luisants du ciel! — et être heureux de votre cadeau de lumière.

Mais je vis dans ma propre lumière, je ravale les flammes qui jaillissent de moi.

J'ignore le bonheur de celui qui prend; et j'ai souvent rêvé que voler devait donner plus de bonheur encore que prendre.

Ma pauvreté, c'est que ma main jamais ne cesse de donner; ma jalousie, c'est que je vois des yeux pleins d'attente et des nuits de désir éclairées!

O misère de tous ceux qui donnent! O obscursissement de mon soleil! O désir de désirer! O faim dévorante dans la satiété!

Ils prennent ce que je leur donne : mais touché-je encore leur âme? Il y a un abîme entre prendre et donner; et le plus petit abîme est le plus difficile à combler.

Une faim naît de ma beauté : j'aimerais faire mal à ceux que j'éclaire, dépouiller ceux qui ont reçu mes présents : — ainsi j'ai faim de méchanceté.

Retirer la main quand la main déjà se tend vers elle; hésitant comme la cascade qui hésite encore dans sa chute : — ainsi j'ai faim de méchanceté.

Telle est la vengeance que médite mon opulence : telle la perfidie qui jaillit de ma solitude.

Ma joie à donner est morte dans le don, ma vertu s'est lassée elle-même de son superflu!

Qui toujours donne est en danger de perdre sa pudeur; qui toujours distribue en a les mains et le cœur calleux.

Mes yeux ne fondent plus en larmes devant la honte des suppliants; ma main est devenue trop dure pour le tremblement des mains pleines.

Où s'en sont allés les larmes de mes yeux et le duvet de mon cœur? O solitude de tous ceux qui donnent! O silence de tous ceux qui brillent!

Bien des soleils gravitent dans l'espace vide : à tout ce qui est obscur ils parlent avec leur lumière — à moi ils ne disent rien.

O ceci est la haine de la lumière pour ce qui luit : elle poursuit impitoyablement sa course.

Injuste au fond du cœur envers tout ce qui luit, froid envers les soleils — ainsi chaque soleil suit sa voie.

Pareils à l'ouragan, les soleils volent le long de leur route, c'est là leur voie. Ils obéissent à leur volonté impitoyable c'est là leur froideur.

O, vous êtes seuls, êtres obscurs, êtres nocturnes, à créer de la chaleur avec ce qui luit! O vous seuls buvez le lait réconfortant aux mamelles de la lumière!

Ah, il y a de la glace autour de moi, ma main se brûle au contact de la glace! Ah, la soif est en moi, qui a soif de votre soif!

Il fait nuit : ah pourquoi me faut-il être lumière! Et soif de la nuit! Et solitude!

Il fait nuit : voici que mon désir jaillit de moi comme une source — il me tarde de parler.

Il fait nuit : voici qu'élèvent la voix toutes les fontaines jaillissantes. Et mon âme est aussi une fontaine jaillissante.

Il fait nuit : voici que s'éveillent tous les chants d'amoureux. Et mon âme est aussi un chant d'amoureux.

Ainsi chantait Zarathoustra.

L'air de danse.

Un soir Zarathoustra traversa la forêt avec ses disciples; et voici qu'en cherchant une fontaine il se trouva dans une vaste prairie entourée d'arbres et de buissons silencieux : des jeunes filles y dansaient entre elles. Dès qu'elles eurent reconnu Zarathoustra, elles cessèrent leurs danses; mais Zarathoustra, s'approcha d'elles avec un geste amical et leur dit ces mots :

« Ne cessez pas vos danses, gracieuses jeunes filles! Celui qui est venu parmi vous n'est pas un trouble-fête au regard méchant, il n'est pas l'ennemi des jeunes filles!

Je suis l'avocat de Dieu devant le Diable : et le Diable est l'esprit de pesanteur. Comment serais-je l'ennemi de la danse divine, ô filles agiles? Ou l'ennemi de vos pieds aux chevilles déliées?

Il est vrai, je suis une forêt et une nuit d'arbres sombres : mais qui ne craint pas mon obscurité trouvera aussi sous mes cyprès des sentiers semés de roses.

Et il trouvera aussi le petit dieu qui est le favori des jeunes filles : il est couché à côté de la fontaine, en silence et les yeux fermés.

En vérité, il s'est endormi en plein jour, le fainéant! Aurait-il pris trop de papillons?

Ne m'en veuillez pas, belles danseuses, si je corrige un peu le petit dieu! Certes, il va crier et se mettre à pleurer, mais il est drôle même quand il pleure!

Et les yeux pleins de larmes, il vous demandera une danse; et moi-même j'accompagnerai sa danse de mon chant :

Un air de danse et une chanson satirique sur l'esprit de pesanteur, mon diable très haut et tout puissant dont ils disent qu'il est « le maître du monde ».

Et voici le chant que chanta Zarathoustra tandis que Cupidon et les jeunes filles dansaient ensemble :

Naguère j'ai contemplé tes yeux, ô vie! Et il m'a semblé tomber dans un abîme insondable!

Mais tu m'as repêché avec un hameçon d'or; tu as ri d'un rire moqueur quand je t'ai nommée insondable.

Ainsi parlent tous les poissons, m'as-tu dit : ce qu'*ils* ne peuvent sonder est insondable.

Mais je ne suis que changeante et sauvage et femme en toutes choses, et point une femme vertueuse :

Bien que je sois pour vous autres hommes « la profonde » ou « la fidèle », l'éternelle », « la mystérieuse ».

Mais vous autres hommes, vous nous prêtez toujours vos propres vertus, hélas, ô vertueux!

C'est ainsi qu'elle riait, l'incroyable! Mais je ne la crois jamais et me défie de son rire quand elle dit du mal d'elle-même.

Et comme je parlais à ma sagesse sauvage, seule à seule, elle me dit avec colère : « Tu veux, tu désires, tu aimes, voilà pourquoi tu *fais l'éloge* de la vie! »

Peu s'en fallut que je ne répondisse durement en disant la vérité à la coléreuse; et l'on ne répond jamais plus durement que lorsqu'on dit à sa sagesse « ses vérités ».

Les choses sont ainsi entre nous trois. Au fond, je n'aime que la vie — et en vérité, je ne l'aime jamais tant que quand je la hais!

Mais si je suis favorable à la sagesse, et souvent trop favorable : c'est qu'elle me rappelle beaucoup la vie!

Elle a ses yeux, son rire, et même son hameçon d'or : qu'y puis-je si elles se ressemblent tellement toutes deux?

Et comme la vie me demandait un jour : « Qui est-ce donc, la sagesse? », je m'empressai de répondre : « Ah oui, la sagesse ! »

On a soif d'elle et l'on ne peut s'en rassasier, on cherche à la voir sous son voile, on tente de la saisir à travers les mailles de son filet.

Est-elle belle? Qu'en sais-je? Mais les plus vieilles carpes mordent encore à ses appâts.

Elle est changeante et rétive; je l'ai vue souvent se mordre les lèvres et se peigner à rebrousse-poil.

Peut-être est-elle méchante et perfide et femme en toutes choses, mais c'est quand elle parle mal d'elle-même qu'elle me séduit le plus.

Quand j'eus parlé ainsi à la vie, elle se mit à rire méchamment et ferma les yeux : « De qui parles-tu donc? dit-elle, sans doute de moi?

« Et quand tu aurais raison — vient-on me dire *cela* en face! Eh bien, parle donc aussi de ta sagesse, maintenant! »

Ah, et alors tu rouvris les yeux, ô vie bien-aimée! Et il me sembla que je retombais dans l'abîme insondable.

Ainsi chantait Zarathoustra. Mais quand la danse fut finie et que les jeunes filles s'éloignèrent, il fut pris de tristesse.

Le soleil est depuis longtemps caché, dit-il enfin; la prairie est humide, un souffle frais vient des bois.

Il y a quelque chose d'inconnu autour de moi qui me regarde d'un air pensif. Quoi? Tu vis encore, Zarathoustra?

Pourquoi? Pour quoi? Grâce à quoi? Où vas-tu? Où? Comment?

N'est-ce pas folie que de vivre encore?

Ah, mes amis, c'est le soir qui s'interroge en moi. Pardonnez-moi ma tristesse!

Le soir est venu : pardonnez-moi la venue du soir!

Ainsi parlait Zarathoustra.

Le chant funèbre.

« Là-bas est l'île des tombeaux, l'île silencieuse; là-bas sont aussi les tombeaux de ma jeunesse. C'est là-bas que je veux porter une couronne d'immortelles, couronne de vie. »

Ainsi décidé en mon cœur je traversai la mer.

O vous, visages et visions de ma jeunesse! O regards d'amour, instants divins! Comme vous avez vite disparu! Aujourd'hui je me souviens de vous comme de mes morts.

De vous, mes morts préférés, me vient une odeur suave, une odeur qui soulage le cœur et fait couler les larmes. En vérité, elle ébranle et soulage le cœur du navigateur solitaire.

Maintenant encore je suis le plus riche et le plus enviable — moi le plus solitaire! Car je vous ai *eus* et vous m'avez encore : dites-moi, pour qui donc de telles pommes vermeilles sont-elles tombées de l'arbre?

Maintenant encore je suis l'héritier et le terrain de votre amour, en mémoire de vous je suis une floraison de vertus sauvages et diaprées, ô mes bien-aimés!

Ah, nous étions faits pour rester ensemble, ô merveilles étranges et douces; et vous êtes venues à moi et à mon désir non pas comme des oiseaux effarouchés — non, mais confiantes en celui qui avait confiance!

Oui, faites pour la fidélité, comme moi, et pour de tendres éternités : faut-il maintenant que je vous nomme d'après votre infidélité, ô regards et instants divins : je n'ai pas encore appris à vous donner un autre nom.

En vérité, vous avez trop vite disparu, ô fugitifs! Pourtant vous ne m'avez pas fui et je ne vous ai pas fuis non plus : nous sommes innocents de notre infidélité mutuelle.

Pour *me* tuer, on vous a étranglés, ô oiseaux chanteurs de mes espoirs! Oui, c'est à vous mes bien-aimés, que la méchanceté a toujours décoché ses flèches — pour m'atteindre au cœur!

Et elle a touché juste! N'avez-vous pas toujours été mon bien le plus cher, ce que je possédais et qui m'a possédé : c'est pourquoi il vous a fallu mourir jeunes, et bien trop tôt!

On a lancé la flêche contre ce que je possédais de plus vulnérable : c'était vous, dont la peau est pareille à un fin duvet et plus encore au sourire mourant sous un regard!

Mais je dirai ceci à mes ennemis : qu'est-ce que le meurtre d'un homme à côté de ce que vous m'avez fait!

Le mal que vous m'avez fait est plus grand qu'un meurtre; vous m'avez pris l'irremplaçable : — c'est ainsi que je vous parle, ô mes ennemis!

Car vous avez assassiné les visions et les plus chères merveilles de la jeunesse! Vous m'avez pris mes compagnons de jeux, ces esprits bienheureux! En leur mémoire, je dépose ici cette couronne et cette malédiction.

Cette malédiction contre vous, mes ennemis! Car vous avez abrégé mon éternité, comme un son meurt dans la nuit froide! A peine si je l'ai saisie comme une lueur dans un regard divin — comme un clin d'œil!

Un jour, au moment favorable, ma pureté me parla ainsi : « Pour moi, je veux que tous les êtres soient divins. »

Alors vous m'avez assailli avec d'impurs fantômes; ah, où donc s'en est allé ce moment favorable!

« Tous les jours me seront sacrés » — ainsi me parla un jour la sagesse de ma jeunesse : en vérité, c'était le discours d'une joyeuse sagesse!

Mais alors, vous autres ennemis, vous m'avez volé mes nuits pour les échanger contre les tortures de l'insomnie : ah, où est donc maintenant cette joyeuse sagesse?

Un jour, j'eus envie de voir d'heureux présages : alors vous avez mis sur mon chemin un monstrueux, un répugnant hibou. Ah, où donc s'est enfui ce tendre désir?

Un jour, je me promis de renoncer à tous les dégoûts : alors vous avez transformé en ulcères purulents tout ce qui m'était proche, le plus proche. Ah, où donc s'est enfui le plus noble de mes serments!

Aveugle, je parcourais un jour des chemins bienheureux; alors vous avez jeté vos ordures sur le chemin de l'aveugle : et maintenant le vieux sentier de l'aveugle le dégoûte.

Et quand j'ai accompli ma tâche la plus dure, quand j'ai célébré la victoire de mes efforts : vous avez poussé ceux qui m'aimaient à crier que c'était alors que je leur faisais le plus de mal.

En vérité ce fut toujours votre façon d'agir : vous avez enfiellé mon meilleur miel et le zèle de mes meilleurs abeilles.

Toujours vous avez recommandé à ma charité les mendiants les plus impudents; toujours vous avez ameuté autour de ma pitié les dévergondés les plus incurables. C'est ainsi que vous avez blessé mes vertus dans leur foi.

Et si j'offrais en sacrifice ce que j'avais de plus sacré : votre « dévotion » s'empressait d'y joindre ses plus grasses offrandes : de sorte que dans la fumée de votre graisse étouffait encore ce que j'avais de plus sacré.

Et un jour je voulus danser comme jamais je n'avais dansé : je voulus danser par-delà tous les cieux. Alors vous avez soudoyé le plus cher de mes chanteurs.

Et il entonna un chant terrible et sombre; ah, il cornait à mes oreilles comme le son morne d'un cor!

Chanteur meurtrier, instrument de méchanceté, ô toi le plus innocent! Déjà j'étais prêt pour la meilleure danse : et tu as tué mon extase avec tes accords.

Ce n'est qu'en dansant que je sais dire les symboles des plus hautes choses : — mais voici que mon plus haut symbole m'est resté dans les membres, inexprimé.

Inexprimée et prisonnière, telle est restée pour moi la plus haute espérance! Et toutes les visions et les consolations de ma jeunesse sont mortes pour moi!

Comment ai-je pu le supporter? Comment ai-je pu détourner de moi et surmonter de pareilles blessures? Comment mon âme est-elle ressuscitée de ces tombeaux?

Oui, il y a en moi quelque chose d'invulnérable, quelque chose qu'on ne peut enterrer et qui fait sauter les roches :

cela s'appelle *ma volonté*. Cela chemine à travers les ans, taciturne et immuable.

Elle veut aller à son pas et sur mes propres jambes, ma vieille volonté; pour elle l'esprit est sans pitié et invulnérable.

Je ne suis invulnérable qu'au talon. Tu y vis toujours, égale à toi-même, ô toi ma volonté patiente! Tu as toujours trouvé l'issue de tous les tombeaux!

En toi vit encore le message non délivré de ma jeunesse; et vie et jeunesse, pleine d'espoir, tu es assise là, sur les ruines jaunes des tombeaux!

Oui, tu restes pour moi la destructrice de toutes les tombes; je te salue, ma volonté! Et ce n'est que là où il y a des tombeaux que se produisent les résurrections.

Ainsi chantait Zarathoustra.

De la victoire sur soi-même.

Vous appelez « volonté de vérité » ce qui vous excite et vous rend ardents, ô sages entre les sages?

Volonté de concevoir tout de qui est : c'est ainsi que j'appelle votre volonté.

Vous voulez d'abord *rendre* tout ce qui est concevable : car vous doutez avec une juste méfiance que ce soit même concevable.

Mais il vous faut le soumettre et le plier à votre désir! Ainsi l'exige votre volonté. Le rendre poli et soumis à l'esprit, comme le miroir et le reflet de l'esprit.

C'est là toute votre volonté, ô sages parmi les sages, en guise de volonté de puissance; et même quand vous parlez du bien et du mal et des jugements de valeur.

Vous voulez encore créer le monde devant lequel vous pourriez vous agenouiller : c'est là votre dernier espoir et votre dernière ivresse.

Les ignorants, le peuple — certes ils sont pareils au fleuve sur lequel un esquif continue de flotter : et dans l'esquif les jugements de valeur sont assis, solennels et masqués.

Vous avez lancé sur le fleuve du devenir votre volonté et vos valeurs : ce que le peuple croit du bien et du mal me révèle une vieille volonté de puissance.

C'est vous, ô sages parmi les sages, qui avez placé ces hôtes dans l'esquif, vous les avez parés d'ornements somptueux et de noms fiers — vous et votre volonté souveraine!

Maintenant le fleuve porte votre esquif en avant : *il faut* qu'il le porte. Qu'importe si la vague brisée écume et furieuse repousse sa quille!

Ce n'est pas le fleuve qui est votre danger et la fin de votre bien et de votre mal, ô sages parmi les sages, c'est cette volonté même, la volonté de puissance — la volonté vitale, inépuisable et créatrice.

Mais afin que vous compreniez ce que je dis du bien et du mal : j'ajouterai encore ma parole sur la vie et sur la nature de tout ce qui vit.

J'ai suivi l'être vivant, j'ai marché sur les plus grands et les plus petits chemins afin de connaître sa nature.

Lorsque sa bouche était fermée, j'ai saisi son regard dans un miroir à cent facettes afin que son œil me parlât. Et son œil m'a parlé.

Et partout où j'ai trouvé l'être vivant j'ai entendu parler d'obéissance. Tout ce qui est vivant obéit.

Et voici la seconde chose : on commande à celui qui ne peut pas s'obéir à lui-même. Telle est la nature de ce qui vit.

Mais voici ce que j'ai entendu en troisième lieu : il est plus difficile de commander que d'obéir. Et ce n'est pas seulement que celui qui commande porte le poids de tous ceux qui obéissent et que cette charge l'écrase :

Dans tout commandement j'ai vu un danger et un risque; et toujours, quand il commande, l'être vivant risque lui-même sa vie.

Oui, quand il se commande à lui-même, il lui faut encore expier son commandement. Et devenir le juge et le vengeur et la victime de sa propre loi.

D'où cela vient-il donc? me suis-je demandé Qu'est-ce qui décide l'être vivant à obéir et à commander et à obéir encore quand il commande?

Écoutez maintenant ma parole, ô sages parmi les sages! Examinez sérieusement si je suis entré jusqu'au cœur de la vie et jusqu'aux racines de son cœur!

Partout où j'ai rencontré l'être vivant j'ai trouvé la volonté de puissance; et jusque dans la volonté de l'inférieur j'ai trouvé la volonté d'être maître.

Que le plus faible soit asservi par le plus fort, c'est à cela que l'entraîne sa volonté, qui veut régner sur plus faible encore : c'est la seule joie dont il ne veuille pas se passer.

Et de même que le plus petit s'abandonne au plus grand, afin qu'il jouisse de lui et le domine : de même le plus grand s'abandonne et par amour du pouvoir — risque sa vie.

Telle est l'abnégation du plus grand : un risque et un danger et un coup de dés pour gagner la mort.

Et là où il y a sacrifice et services rendus et regards d'amour : là est aussi la volonté d'être maître. Le plus faible s'introduit par des chemins détournés dans la forteresse et jusqu'au cœur du plus puissant — et vole de la puissance.

Et la vie elle-même m'a confié ce secret : Vois, m'a-t-elle dit, *je suis ce qui doit toujours se surmonter soi-même.*

Il est vrai, vous appelez cela volonté d'engendrer ou goût pour le but, le plus haut, le plus lointain, le plus divers : mais tout cela n'est qu'une seule chose et un seul secret.

Je préfère plutôt disparaître que de renoncer à cette chose unique ; et en vérité, là où il y a déclin et chute des feuilles — la vie se sacrifie — pour la puissance !

Qu'il me faille être lutte et devenir et but et contradiction des buts : ah, qui devine ma volonté devine sans doute aussi les chemins *tortueux* qu'il lui faut suivre!

Quelle que soit la chose que je crée et de quelque façon que je l'aime, bientôt je dois devenir son ennemi et l'ennemi de mon amour : ainsi le veut ma volonté.

Et toi aussi, toi qui cherche la connaissance, tu n'es que le sentier et la trace de ma volonté : en vérité, ma volonté de puissance marche aussi sur les traces de ta volonté du vrai!

Certes, il n'a pas touché juste celui qui voulait atteindre la vérité en parlant de la « volonté de vie » : cette volonté — n'existe pas!

Car : ce qui n'est pas ne peut pas vouloir; et comment ce qui est dans l'existence pourrait-il encore vouloir exister?

C'est seulement là où est la vie qu'il y a aussi la volonté : non pas la volonté de vie, mais — tel est mon enseignement — la volonté de puissance!

Voilà ce que la vie m'a enseigné jadis; et je m'en sers, ô sages parmi les sages, pour vous résoudre l'énigme de votre cœur.

En vérité, je vous le dis : il n'y a pas de bien et de mal qui soient impérissables! Le bien et le mal doivent sans cesse se surmonter eux-mêmes.

Avec vos valeurs et vos paroles sur le bien et le mal, vous usez de violence, vous qui mesurez les valeurs : et ceci est votre amour caché, c'est l'éclat et le tremblement et le débordement de votre âme.

Mais de vos valeurs naît une puissance plus grande et une nouvelle victoire : celle-ci brise l'œuf et la coquille de l'œuf.

Et celui qui doit être créateur dans le bien et le mal : en vérité, celui-là doit être d'abord un destructeur et briser les valeurs.

Ainsi la plus grande méchanceté fait partie de la bonté suprême : mais celle-ci est la bonté créatrice.

Parlons-en, ô sage parmi les sages, quoique ce soit terrible. Se taire est pire : toutes les vérités tues deviennent venimeuses.

Et que se brise tout ce qui peut se briser contre nos vérités! Il y a encore bien des maisons à bâtir!

Ainsi parlait Zarathoustra.

Des hommes sublimes.

Calme est le fond de mon océan : qui devinerait donc qu'il cache des monstres folâtres!

Inébranlable est mon abîme : mais il brille d'énigmes flottantes et de rires.

J'ai vu aujourd'hui un homme sublime, un homme solennel, un pénitent de l'esprit : oh, comme mon âme a ri de sa laideur!

La poitrine soulevée, pareil à ceux qui retiennent leur souffle: c'est ainsi qu'il se tenait, l'homme sublime, et se taisait :

Orné de vilaines vérités, le butin de ses chasses, et riche de vêtements déchirés : il y avait aussi sur lui beaucoup d'épines — mais je n'ai pas vu de roses.

Il n'a encore appris ni le rire ni la beauté. L'air sombre, ce chasseur revenait de la forêt de la connaissance.

Il rentrait de la lutte avec des bêtes sauvages : mais sa gravité laisse voir une autre bête sauvage — une bête indomptée!

Il est encore là, comme un tigre prêt à bondir; mais je n'aime pas ces âmes contractées et je n'ai pas de goût pour tous ces gens retirés du monde.

Et vous me dites, amis, qu'on ne discute pas des goûts et des couleurs? Mais toute vie est un combat pour des goûts et des couleurs.

Le goût : c'est à la fois le poids et la balance et le peseur; et malheur à tout être vivant qui voudrait vivre sans se battre pour les poids et les balances et les peseurs!

Si seulement il se lassait de sa sublimité, cet homme sublime : c'est alors que commencerait sa beauté, — c'est alors que je voudrais le goûter et lui trouver de la saveur.

Ce n'est que lorsqu'il se détournera de lui-même qu'il sautera par-dessus son ombre — et en vérité, pour entrer dans *son* soleil.

Trop longtemps il est resté assis à l'ombre, le pénitent de l'esprit a vu pâlir ses joues; ses espérances l'ont presque fait mourir de faim.

Il y a encore du mépris dans ses yeux; et un pli de dégoût sur ses lèvres. Certes, il se repose maintenant, mais son repos ne s'est pas encore mis au soleil.

Il devrait faire comme le taureau; et son bonheur devrait sentir la terre et non pas le mépris de la terre.

Je voudrais le voir en taureau blanc soufflant et mugissant devant la charrue : et son meuglement devrait chanter la louange de toute vie terrestre!

Son visage est encore obscur; l'ombre de la main s'y joue. Son regard est plongé dans l'ombre.

Son action elle-même est encore l'ombre qui le couvre; la main obscurcit l'homme agissant. Il n'a pas encore surmonté son acte.

Ce que j'aime en lui est la nuque du taureau : mais maintenant j'aimerais voir aussi le regard de l'ange.

Il lui faut encore oublier sa volonté d'héroïsme : je veux qu'il soit élevé et non pas seulement sublime : — l'éther lui-même devrait le soulever, cet homme flottant!

Il a vaincu des monstres, il a résolu des énigmes : mais il devrait encore délivrer ses monstres et ses énigmes, il devrait encore les changer en enfants du ciel.

Sa connaissance n'a pas encore appris à sourire et à être

sans jalousie; sa passion violente ne s'est pas encore apaisée dans la beauté.

En vérité, ce n'est pas dans la satiété que son désir doit se taire et se perdre, mais dans la beauté. La grâce fait partie de la grandeur d'âme des grands esprits.

Le bras passé sur la tête : c'est ainsi que le héros devrait se reposer, c'est ainsi qu'il devrait surmonter même son repos.

Mais pour le héros, précisément, la beauté est de toutes choses la plus difficile. La beauté est inaccessible à toute volonté violente.

Un peu plus, un peu moins, ici justement c'est beaucoup, ici c'est le plus.

Rester immobile, avec des muscles relâchés et une volonté dételée : c'est ce qu'il y a de plus difficile pour vous tous, ô hommes sublimes!

Quand la puissance se fait clémente et tombe dans les choses visibles : j'appelle pareille déchéance beauté.

Et je n'exige la beauté de personne comme de toi, homme puissant : que ta bonté soit ta dernière victoire sur toi-même.

Je te crois capable de tout le mal possible : c'est pourquoi je veux de toi le bien.

En vérité, j'ai souvent ri des faibles qui se croient bons parce que leurs pattes sont paralysées!

Tu dois imiter la vertu de la colonne : plus elle s'élève, plus elle devient belle et délicate, mais plus elle est intérieurement dure et résistante.

Oui, homme sublime, un jour tu seras beau et tu tiendras le miroir à ta propre beauté.

Alors ton âme frémira de désirs divins; et il y aura de l'adoration jusque dans ta vanité!

Car ceci est le secret de l'âme : c'est seulement quand le héros l'a abandonnée que s'approche d'elle, en rêve, — le « surhéros ».

Ainsi parlait Zarathoustra.

Du pays de la civilisation.

J'ai volé trop loin dans l'avenir : un frisson d'horreur m'a saisi.

Et lorsque j'ai regardé autour de moi : Voici! le temps était mon seul contemporain.

Alors je m'en suis retourné, je suis rentré — et de plus en plus vite : c'est ainsi que je suis venu vers vous, hommes du présent, et au pays de la civilisation.

Pour la première fois, j'ai eu pour vous regarder l'œil qu'il fallait, et un désir favorable : en vérité, je suis venu avec la nostalgie au cœur.

Mais que m'est-il arrivé? Si anxieux que je fusse — j'ai dû rire! Jamais mon œil n'avait rien vu d'aussi bigarré!

J'ai ri et ri, tandis que mes jambes tremblaient, ainsi que mon cœur : « Mais c'est le pays de tous les pots de peinture! » dis-je.

Le visage et les membres barbouillés de cinquante taches : c'est ainsi qu'à ma stupeur je vous ai vus assis, vous hommes de ce temps!

Et avec cinquante miroirs autour de vous, qui flattaient et imitaient votre jeu de couleurs!

En vérité, vous ne pourriez pas porter de meilleur masque que votre propre visage, hommes de ce temps. Qui donc pourrait — vous *reconnaître?*

Couverts des signes du passé eux-mêmes barbouillés de nouveaux signes : ainsi vous vous êtes bien cachés de tous les augures!

Et quand on saurait scruter les entrailles : à qui ferez-vous croire que vous en avez? Vous semblez faits de peinture et de papiers collés.

Tous les temps et tous les peuples passent pêle-mêle à travers vos voiles; toutes les coutumes et toutes les croyances parlent pêle-mêle à travers vos gestes.

A qui vous retirerait vos voiles et vos enduits et vos couleurs et vos gestes — il resterait tout juste de quoi épouvanter les oiseaux.

En vérité, je suis moi-même l'oiseau épouvanté qui vous a vus un jour nus et sans couleur; et je me suis enfui quand ce squelette m'a fait des signes d'amour.

J'aimerais mieux être homme de peine en enfer et chez les ombres du passé! — les habitants de l'enfer sont encore plus gras et plus potelés que vous!

Oui, c'est là l'amertume de mes entrailles que je ne puisse

vous supporter ni nus ni habillés, ô hommes de ce temps!

Tout ce que l'avenir a d'inquiétant et ce qui fit jamais trembler les oiseaux égarés est plus rassurant, en vérité, plus familier encore que votre « réalité ».

Car vous parlez ainsi : « Nous sommes tout à fait réels, et sans foi ni superstition » : c'est ainsi que vous vous rengorgez — ah, sans même avoir de gorge!

Oui, comment *pourriez-vous* croire, hommes bariolés! — qui êtes des peintures de tout ce qui fut jamais croyance!

Vous êtes des réfutations ambulantes de la foi elle-même, des fractures infligées à toutes les pensées. *Indignes de foi :* c'est ainsi que je vous appelle, vous les hommes du réel!

Tous les temps déblatèrent les uns contre les autres dans vos esprits. Et les rêves et les bavardages de tous les temps étaient encore plus réels que vos veilles!

Vous êtes des hommes stériles : *c'est pourquoi* vous manquez de foi. Mais celui qui devait créer a toujours eu ses rêves et ses signes prophétiques — et croyait en la foi!

Vous êtes des portes entrouvertes devant lesquelles attendent les fossoyeurs. Et c'est là votre réalité : « Tout est digne d'être anéanti. »

Ah, comme vous voilà devant moi, hommes stériles aux côtes maigres! Et plus d'un parmi vous l'a sans doute lui-même compris.

Et il a dit : « Un dieu a dû me dérober quelque chose pendant mon sommeil. En vérité, c'était assez pour s'en faire une femme!

Étrange est la maigreur de mes côtes! » Ainsi parla déjà maint homme de ce temps.

Oui, vous me faites rire, hommes de ce temps! Et surtout quand vous vous étonnez de vous-mêmes!

Et malheur à moi si je ne pouvais pas rire de votre étonnement, et s'il me fallait boire tout ce qu'il y a de répugnant dans vos écuelles!

Mais ainsi je veux vous traiter plus légèrement, car j'ai des choses *lourdes* à porter; et que m'importe si des mouches et des vers se posent encore sur mon fardeau!

En vérité, ma charge n'en sera pas plus lourde! Et ce n'est pas de vous, hommes de ce temps, que me viendra la grande fatigue.

Ah, où monterai-je encore avec mon désir? Du haut de toutes les montagnes, je cherche du regard des patries et des terres natales.

Mais je n'ai trouvé de patrie nulle part : je suis un nomade dans toutes les villes et je brise toutes les portes.

Les hommes de ce temps vers qui mon cœur à l'instant m'inclinait sont pour moi maintenant des étrangers et une dérision; et je suis chassé de toutes les patries et de toutes les terres natales.

Ainsi je n'aime plus que *le pays de mes enfants*, la terre inconnue dans la mer la plus lointaine : c'est elle que j'ordonne à ma voile de chercher.

Je veux racheter par mes enfants le fait que je suis l'enfant de mes pères : et par tout avenir — *ce présent!*

Ainsi parlait Zarathoustra.

De l'immaculée connaissance.

Lorsque hier la lune s'est levée, il m'a semblé qu'elle voulait accoucher d'un soleil : tant elle s'étalait à l'horizon, large et pleine.

Mais elle mentait avec sa grossesse; et je croirais plutôt à l'homme qu'à la femme dans la lune.

Certes, il est aussi très peu homme, ce timide noctambule. En vérité, c'est avec une mauvaise conscience qu'il se promène sur les toits.

Car il est plein de convoitise et jaloux, ce moine dans la lune, il convoite la terre et toutes les joies des amants.

Non, je ne l'aime pas, ce matou qui rôde sur les toits! Ils me sont odieux tous ceux qui rôdent autour de fenêtres à demi fermées!

Docile et silencieux, il voyage sur des tapis d'étoiles : mais je n'aime pas tous ces pas d'hommes feutrés qui ne font pas sonner d'éperons.

Le pas d'un homme honnête parle; mais le chat passe à la dérobée. Voyez, la lune s'avance, déloyale comme un chat.

Je vous propose cette parabole, à vous hypocrites sensibles

qui cherchez la « connaissance pure »! — C'est vous que j'appelle — lascifs!

Vous aussi vous aimez la terre et les choses terrestres : je vous ai bien devinés! — Mais il y a de la honte dans votre amour, et de la mauvaise conscience — c'est à la lune que vous ressemblez!

On a persuadé votre esprit de mépriser les choses terrestres, mais non pas vos entrailles : et ce sont elles qui parlent le plus fort en vous!

Et maintenant votre esprit a honte d'être esclave de vos entrailles et, pour fuir sa propre honte, il suit des chemins dérobés et menteurs.

« La chose la plus haute — ainsi se parle à lui-même votre esprit menteur — serait pour moi de regarder la vie sans convoitise, et non comme un chien, la langue pendante :

« Être heureux dans la contemplation, la volonté morte, sans rapacité ni désir égoïste — froid et livide sur tout le corps, — mais avec des yeux de lune ivres! »

« Ce que j'aimerais le mieux — ainsi s'égare lui-même celui qui a été égaré — serait d'aimer la terre comme la lune l'aime et de n'effleurer sa beauté que des yeux. »

« Et voici ce que j'appelle *l'immaculée* connaissance de toutes choses : ne rien vouloir des choses, sauf le droit de se coucher devant elle comme un miroir aux cent yeux. »

O hypocrites sensibles, ô hommes lascifs! Il vous manque l'innocence dans le désir : et c'est pourquoi vous calomniez le désir!

En vérité, ce n'est pas en créateurs, en générateurs, en hommes joyeux de leur croissance que vous aimez la terre!

Où y a-t-il de l'innocence? Là où il y a volonté d'engendrer. Et celui-là qui veut créer en se dépassant a pour moi la plus pure volonté.

Où y a-t-il de la beauté? Là où *il me faut vouloir* de toute ma volonté; où je veux aimer et disparaître pour qu'une image ne reste pas qu'une image.

Aimer et disparaître : cela s'accorde de toute éternité. Volonté d'amour : c'est aussi être prêt à mourir. C'est ainsi que je vous parle, lâches!

Et voici maintenant que votre regard de bigles émasculés

veut s'appeler « contemplation »! Ce qui tolère le contact d'un œil lâche doit être baptisé « beau »! O vous qui polluez les noms nobles!

Mais votre malédiction, ô immaculée, chercheurs de la pure connaissance, est que vous n'accoucherez jamais : et quand même vous seriez larges et pleins, couchés à l'horizon!

En vérité, vous avez la bouche pleine de mots nobles : et nous devrions croire que votre cœur déborde, menteurs?

Mes mots à moi sont infimes, méprisés, difformes : je ramasse volontiers ce qui tombe sous la table pendant que vous mangez.

Ils me suffisent pour dire la vérité — aux hypocrites! Oui, mes arêtes, mes coquilles et mes ronces iront chatouiller le nez des hypocrites!

Il y a toujours de l'air vicié autour de vous et de vos festins : c'est que vos pensées lascives, vos mensonges et vos cachotteries sont dans l'air!

Osez donc seulement vous croire vous-mêmes, vous et vos entrailles! Qui ne se croit pas soi-même ment toujours.

Vous vous êtes mis vous-mêmes le masque d'un dieu, vous les « purs » : c'est dans le masque d'un dieu que s'est caché votre affreux ver rampant.

En vérité, vous donnez le change, vous les « contemplatifs »! Zarathoustra lui-même, jadis, a été dupe de vos dépouilles divines; il n'a pas deviné quel grouillement de serpents emplissait vos peaux.

Jadis j'ai cru voir jouer une âme divine dans vos jeux, ô chercheurs de la connaissance pure! Je n'imaginais pas de meilleur art que vos tours truqués!

La distance où j'étais me cachait vos ordures de serpents et votre pestilence : et que la ruse d'un lézard lascif rôdait en ce lieu.

Mais je vous ai approchés : ce fut pour moi le lever du jour — et le voici pour vous aussi — elles ont pris fin, les amours de la lune!

Regardez-la donc! Elle est là, prise sur le fait et blême — devant l'aurore!

Car déjà il approche, l'astre ardent — son amour pour la terre approche! Tout amour de soleil est innocence et désir de créer!

Regardez-le, comme il passe impatiemment sur la mer! Ne sentez-vous pas la soif et le souffle chaud de son amour?

Il veut boire au sein de la mer et aspirer l'eau de ses abîmes : et voici que la mer se soulève avec le désir de ses mille mamelles.

Elle veut être baisée et tétée par la soif du soleil; elle veut devenir air et hauteur et sentier de lumière et lumière elle-même!

En vérité, tel le soleil j'aime la vie et toutes les mers profondes.

Et ceci *est pour moi* la connaissance : tout ce qui est profond doit monter — à ma hauteur!

Ainsi parlait Zarathoustra.

Des savants.

Tandis que je dormais, une brebis a brouté la couronne de lierre qui ornait ma tête — et tout en broutant elle a dit : « Zarathoustra n'est plus un savant. »

Elle l'a dit et s'en est allée, dédaigneuse et fière. C'est un enfant qui me l'a rapporté.

J'aime à être couché là où les enfants jouent, près du mur délabré, sous les chardons et les pavots rouges.

Je suis encore un savant pour les enfants, et aussi pour les chardons et les pavots rouges. Ils sont innocents jusque dans leur méchanceté.

Mais je n'en suis plus un pour les brebis : tel est mon lot : qu'il soit béni!

Car ceci est la vérité : j'ai quitté la maison des savants et j'ai claqué la porte derrière moi.

Trop longtemps mon âme était restée affamée à leur table; je ne suis pas, comme eux, dressé à chercher la connaissance comme à casser des noix.

J'aime la liberté et l'air sur la terre fraîche; j'aime encore mieux dormir sur des peaux de bœuf que sur leurs honneurs et leurs dignités.

Je suis trop ardent et trop brûlé par mes propres pensées : souvent cela me coupe le souffle. Alors il me faut aller au grand air, loin de tous les cabinets poussiéreux.

Mais eux sont assis au frais, à l'ombre fraîche : ils veulent en tout n'être que spectateurs et se gardent bien de s'asseoir là où le soleil brûle les marches.

Pareils à ceux qui s'arrêtent dans la rue et regardent bouche bée les passants : c'est ainsi qu'ils attendent et regardent bouche bée les idées que d'autres ont conçues.

Les touche-t-on avec la main, ils dégagent de la poussière tels des sacs de farine, et sans le vouloir : mais qui irait penser que leur poussière vient du blé et de l'allégresse dorée des champs d'été?

S'ils ont l'air sages, je frissonne au contact de leurs petites sentences et de leurs petites vérités : leur sagesse a souvent une odeur de marécage; et en vérité, j'ai souvent entendu les grenouilles coasser dans ces paroles!

Ils sont adroits, leurs doigts sont malins : que peut *ma* simplicité auprès de leur complexité! Leurs doigts s'entendent à enfiler, à nouer et à tisser : c'est ainsi qu'ils tissent les chaussettes de l'esprit!

Ce sont de bons mouvements d'horlogerie : pourvu qu'on ait soin de les remonter comme il faut! Ensuite ils indiquent l'heure honnêtement, tout en faisant un bruit discret.

Ils travaillent comme des moulins et des pilons — qu'on leur jette seulement du grain! — ils s'entendent à moudre le blé et à en faire une poussière blanche.

Ils se surveillent mutuellement les doigts et se défient même des meilleurs. Ingénieux pour les petites malices, ils guettent ceux dont le savoir cloche — ils guettent comme des araignées.

Je les ai toujours vus préparer leur poison avec prudence; et toujours ils se mettaient des gants de verre aux doigts.

Ils savent aussi jouer avec des dés pipés; et je les ai vus jouer avec tant de zèle qu'ils en étaient couverts de sueur.

Nous n'avons rien de commun, et plus que leurs faussetés et leurs dés pipés, leurs vertus me dégoûtent.

Quand j'habitais parmi eux, j'habitais au-dessus d'eux c'est pour cela qu'ils m'en ont voulu.

Ils ne veulent pas admettre que quelqu'un marche au-dessus de leur tête : aussi ont-ils mis du bois, de la terre et des ordures entre leurs têtes et moi.

Ainsi ils ont étouffé le bruit de mes pas; et jusqu'à présent ce sont les plus savants qui m'ont le moins bien entendu.

Ils ont mis entre eux et moi tous les défauts et les faiblesses humaines : — dans leurs maisons ils appellent cela un « faux plancher ».

Mais malgré cela, je marche avec mes pensées *au-dessus* de leurs têtes; et même si je voulais marcher sur mes propres défauts, je serais encore au-dessus d'eux et de leurs têtes.

Car les hommes ne sont *pas* égaux : ainsi parle la justice. Et ce que je veux, *ils* n'auraient pas le droit de le vouloir!

Ainsi parlait Zarathoustra.

Des poètes.

Depuis que je connais mieux le corps — dit Zarathoustra à l'un de ses disciples — l'esprit n'est plus pour moi qu'une façon de parler : et tout cet « impérissable » aussi n'est que symbole.

« Je t'ai déjà entendu parler ainsi, répondit le disciple; et tu as ajouté : « Mais les poètes mentent trop. » Pourquoi donc disais-tu que les poètes mentent trop? »

Pourquoi? dit Zarathoustra. Tu demandes pourquoi? Je ne suis pas de ceux à qui l'on peut demander leur pourquoi.

Ce que j'ai vécu est-il donc d'hier? Les raisons de mes opinions, il y a longtemps que je les ai vécues.

Ne faudrait-il pas que je fusse un tonneau de mémoire pour garder aussi mes raisons avec moi?

C'est déjà trop que de garder mes opinions elles-mêmes; et plus d'un oiseau prend la fuite.

Et il m'arrive aussi de trouver dans mon colombier une bête qui y est entrée et m'est étrangère et tremble quand ma main se pose sur elle.

Mais que t'a dit un jour Zarathoustra? Que les poètes mentent trop? — Pourtant Zarathoustra aussi est un poète.

Crois-tu qu'en cela il ait dit la vérité? Pourquoi le crois-tu?

Le disciple répondit : « Je crois en Zarathoustra. » Mais Zarathoustra secoua la tête et sourit.

La foi n'est pas mon salut, dit-il, surtout pas la foi en moi.

Mais en supposant que quelqu'un dise en toute gravité que les poètes mentent trop : il aurait *raison* — *nous* mentons trop.

Nous savons aussi trop peu de chose et sommes de mauvais écoliers : il faut donc bien que nous mentions.

Et qui parmi nous, poètes, n'aurait pas falsifié son vin? Bien des mixtures empoisonnées ont été faites dans nos caves, bien des choses indescriptibles se sont accomplies là.

Et comme nous savons peu de chose, nous aimons de tout cœur les pauvres d'esprit, surtout quand ce sont de jeunes femmes!

Et même nous sommes avides de connaître les choses que les vieilles femmes se racontent le soir. C'est ce que nous appelons l'Éternel féminin qui est en nous.

Et comme si le savoir avait un accès particulier et secret, un accès qui se boucherait devant ceux qui apprennent quelque chose : nous croyons au peuple et à sa « sagesse ».

Mais tous les poètes croient ceci : celui qui est couché dans l'herbe ou sur des pentes solitaires n'a qu'à dresser l'oreille pour surprendre quelque chose de ce qui se passe entre la terre et le ciel.

Et quand ils éprouvent des élans de tendresse, les poètes s'imaginent toujours que la nature est amoureuse d'eux :

Et qu'elle se glisse à leur oreille pour y murmurer un secret et des flatteries d'amoureuse : ils s'en vantent et s'en glorifient devant tous les mortels!

Hélas! Il y a tant de choses entre le ciel et la terre que les poètes sont seuls à avoir rêvées!

Surtout au-dessus du ciel : car tous les dieux sont des images de poète, un héritage capté par les poètes!

En vérité, il nous attire toujours à lui — le royaume des nuages : c'est là que nous plaçons nos baudruches bariolées, que nous appelons ensuite dieux et surhommes :

C'est qu'ils sont juste assez légers pour ces sièges! — tous ces dieux et surhommes!

Ah, comme je suis las de toute cette insuffisance qui à tout prix veut être événement! Ah, comme je suis las des poètes!

Quand Zarathoustra eut parlé ainsi, son disciple lui en voulut, mais garda le silence. Et Zarathoustra aussi se tut; et ses yeux s'étaient tournés vers l'intérieur comme s'il regardait vers de vastes lointains. Enfin il soupira et reprit haleine.

Je suis d'aujourd'hui et de jadis, dit-il alors ; mais il y a quelque chose en moi qui est de demain et d'après-demain et d'un jour à venir.

Je me suis lassé des poètes, des anciens et des nouveaux. Pour moi ils sont tous superficiels et tous sont des mers desséchées.

Ils n'ont pas assez pensé en profondeur : c'est pourquoi leur sentiment n'est pas tombé dans les grands fonds.

Un peu de volupté et un peu d'ennui : c'est encore ce qu'il y a eu de meilleur dans leur réflexion.

Les flonflons de leur harpe me parviennent comme des souffles et des bruissements de fantômes : qu'ont-ils su jusqu'à présent de la ferveur des sons !

Et puis, ils ne sont pas assez propres pour moi : tous, il troublent leurs eaux pour qu'elles paraissent profondes.

Et avec cela, ils aiment à se faire passer pour des médiateurs : mais je les tiens pour des intermédiaires et des tripoteurs, des gens qui sont mi-figue mi-raisin, et malpropres!

Ah, j'ai jeté mon filet dans leurs mers pour attraper de bons poissons; mais toujours j'en ai retiré la tête d'un vieux dieu.

Ainsi la mer a donné une pierre à l'affamé. Et eux-mêmes proviennent sans doute de la mer.

Certes, on trouve des perles en eux; ils ressemblent d'autant plus à des crustacés durs. Et au lieu d'âme, j'ai trouvé souvent en eux de la bave salée.

Ils ont même appris de la mer sa vanité : la mer n'est-elle pas le paon des paons?

Elle fait la roue même devant le plus laid des buffles, jamais elle n'est lasse de son éventail en dentelle de soie et d'argent.

Rétif, le buffle la regarde, proche du sable en son âme, plus proche du fourré, et plus proche encore du marais.

Que lui importe la beauté et la mer et la parure du paon! Je donne ce symbole aux poètes.

En vérité, votre esprit lui-même est le paon des paons et une mer de vanité!

L'esprit du poète veut des spectateurs : fussent-ils des buffles!

Mais je me suis lassé de cet esprit : et je vois venir un temps où il sera lassé de lui-même.

J'ai déjà vu les poètes se transformer et tourner leurs regards contre eux-mêmes.

J'ai vu venir des pénitents de l'esprit : c'est des poètes qu'ils étaient nés.

Ainsi parlait Zarathoustra.

Des grands événements.

Il y a une île dans la mer — non loin des Iles bienheureuses de Zarathoustra — où un volcan fume continuellement. Le peuple, et surtout les vieilles femmes du peuple disent de cette île qu'elle est placée comme un rocher devant la porte de l'enfer : mais la voie étroite qui conduit à cette porte traverse le volcan lui-même.

Donc, à l'époque où Zarathoustra séjournait aux Iles bienheureuses, il arriva qu'un bateau jeta l'ancre dans l'île où se dresse le mont fumant; et son équipage descendit à terre pour chasser le lapin. Mais vers l'heure de midi, quand le capitaine et ses hommes se retrouvèrent, ils virent soudain un homme qui volait dans leur direction, tandis qu'une voix disait clairement : « Il est temps! Il est grand temps! » Au moment où l'apparition était le plus près d'eux — mais elle passa très vite, pareille à une ombre, et disparut dans la direction du volcan — ils s'aperçurent avec stupeur que c'était Zarathoustra; car tous l'avaient déjà vu, excepté le capitaine lui-même, et ils l'aimaient comme aime le peuple, mêlant en parties égales l'amour et la crainte.

« Voyez-vous ça! dit le vieux pilote, voilà Zarathoustra qui repart pour l'enfer! »

Et au moment même où ces marins arrivaient à l'île de flammes, le bruit courut que Zarathousta avait disparu. Et lorsqu'on interrogea ses amis, ils racontèrent qu'il s'était embarqué la nuit à bord d'un vaisseau sans dire où il voulait aller.

On commença donc à s'inquiéter; mais au bout de trois jours, l'histoire des marins s'ajouta à cette inquiétude — et tout le peuple dit que le diable avait emporté Zarathoustra. Certes, ses disciples se moquèrent de ces paroles et même l'un d'eux dit : « Je croirais plutôt que Zarathoustra a emporté le diable. » Mais au fond de leur âme, ils étaient tous pleins d'inquiétude et de nostalgie; aussi leur joie fut-elle grande quand, cinq jours plus tard, Zarathoustra reparut parmi eux.

Et ceci est le récit de l'entretien de Zarathoustra avec le chien de feu.

La terre, dit-il, a une peau; et cette peau a des maladies. L'une de ces maladies, par exemple, s'appelle « l'homme ».

Et une autre de ces maladies s'appelle « chien de feu » : à *son* sujet, les hommes se sont dit et laissé dire bien des mensonges.

C'est pour approfondir ce secret que j'ai passé la mer : et j'ai vu la vérité nue, en vérité! pieds nus jusqu'au cou.

Ce qu'il en est du chien de feu, je le sais maintenant; et aussi de cette lie de démons subversifs dont les vieilles femmes ne sont pas seules à avoir peur.

Sors de ton antre, chien de feu! m'écriai-je, et avoue la profondeur de cet abîme! D'où tires-tu ce que tu souffles?

Tu bois abondamment à la mer : c'est ce que trahit le sel de ton éloquence! Vraiment, pour un chien des profondeurs tu prends ta nourriture trop près de la surface!

Je te tiens tout au plus pour le ventriloque de la terre : et chaque fois que j'ai entendu parler les démons de révolte et de rebut, je les ai trouvés pareils à toi : salés, menteurs et plats.

Vous vous entendez à hurler et à noircir avec de la cendre! Vous êtes les plus grands vantards et vous avez appris tout votre soûl l'art de faire bouillir la boue.

Partout où vous êtes, il vous faut auprès de vous de la boue, et beaucoup de choses spongieuses, caverneuses, étroites : elles veulent être libérées.

« Liberté » est votre hurlement préféré : mais j'ai cessé de croire aux « grands événements » dès qu'autour d'eux il y a beaucoup de cris et de fumée.

Et crois-moi, cher vacarme d'enfer! Les plus grands événements, ce ne sont pas nos heures les plus bruyantes, mais nos instants les plus silencieux.

Ce n'est pas autour des inventeurs de fracas nouveaux, mais autour des inventeurs de valeurs nouvelles que gravite le monde; il gravite *imperceptiblement*.

Et avoue-le! Ce qui s'était passé n'était jamais que peu de

chose quand se dissipaient ton bruit et ta fumée. Qu'importe qu'une ville ait été changée en momie et qu'une colonne soit couchée dans la vase!

Et j'ajoute encore pour les destructeurs de colonnes : c'est bien la plus grande folie que de jeter du sel dans la mer et des colonnes dans la vase.

La colonne était couchée dans la vase de votre mépris : mais sa loi veut justement que du mépris renaissent pour elle la vie et la beauté vivante!

Elle se dresse maintenant avec des traits plus divins et séduit par sa souffrance; et en vérité, elle vous remerciera encore de l'avoir renversée, vous, les subversifs!

Mais je donne ce conseil aux rois et aux églises et à tout ce qui est faible par l'âge et la vertu — laissez-vous donc renverser! Afin que vous reveniez à la vie et qu'à vous revienne — la vertu!

Ainsi ai-je parlé devant le chien de feu : alors il m'interrompit en grognant et me demanda : « Église? Qu'est-ce que c'est que cela? »

« Église! répondis-je, c'est une espèce d'État, et même la plus mensongère. Mais tais-toi donc, chien hypocrite! Tu dois connaître ton espèce mieux que personne!

Comme toi-même, l'État est un chien hypocrite; comme toi il aime parler en faisant du bruit et de la fumée — afin de faire croire, comme toi, que sa parole sort du ventre des choses.

Car il veut à tout prix être la bête la plus importante sur terre; et d'ailleurs on le croit. »

Quand j'eus dit ces mots, le chien de feu fut comme fou de dépit. « Quoi? cria-t-il, la bête la plus importante sur terre? Et on le croit? » Et sa gueule laissait échapper tant de vapeurs et de voix affreuses que je crus qu'il allait étouffer de rage et de dépit.

Enfin il se calma et son halètement cessa. Mais dès qu'il fut calmé je dis en riant :

« Tu te fâches, chien de feu : j'ai donc raison contre toi!

Et afin que j'aie le dernier mot, laisse-moi te parler d'un autre chien de feu : celui-là parle vraiment du cœur de la terre.

Son haleine répand de l'or et une pluie d'or : ainsi le veut son cœur. Que lui importent les cendres et la fumée et la bave chaude!

Des rires voltigent autour de lui comme des nuages de toutes couleurs; il désapprouve tes gargouillements et tes crachats et tes douleurs d'entrailles!

Mais l'or et le rire, il les prend au cœur de la terre, car, afin que tu le saches — *le cœur de la terre est d'or.* »

Lorsque le chien de feu eut entendu ces paroles, il ne put supporter d'en entendre davantage. Honteux, il rentra sa queue et, tout décontenancé, dit : « Ouah! Ouah! » en rampant vers son trou.

Tel fut le récit de Zarathoustra. Mais ses disciples l'écoutaient à peine : tant était grande leur envie de lui raconter l'histoire des marins, des lapins et de l'homme volant.

« Que dois-je en penser? dit Zarathoustra. Suis-je donc un fantôme?

Mais ça devait être mon ombre. Vous avez sans doute entendu parler du voyageur et de son ombre?

Mais ceci est certain : il va falloir que je lui tienne la bride haute — sinon elle finira par nuire à ma réputation. »

Et une fois de plus Zarathoustra hocha la tête et s'étonna : « Que dois-je en penser! dit-il encore.

Pourquoi le fantôme a-t-il crié : il est temps? Il est grand temps!

De quoi est-il donc grand temps? »

Ainsi parlait Zarathoustra.

Le devin.

« — Et je vis une grande tristesse s'étendre sur les hommes. Les meilleurs se fatiguèrent de leurs œuvres.

Une doctrine fut répandue, et une croyance l'accompagnait : « Tout est vide, tout est égal, tout est révolu! »

Et toutes les collines renvoyèrent l'écho : « Tout est vide, tout est égal, tout est révolu! »

Sans doute nous avons moissonné : mais pourquoi tous nos fruits ont-ils pourri et jauni? Qu'est-il tombé la nuit dernière de la mauvaise lune?

Tout travail a été vain, notre vin s'est changé en poison, le mauvais œil a desséché nos champs et nos cœurs.

Nous sommes tous devenus secs; et si le feu tombe sur nous, telle la cendre nous nous en allons en poussière : — oui, nous avons fatigué même le feu.

Pour nous toutes les sources sont taries, même la mer s'est retirée. Tout sol veut éclater, mais l'abîme ne veut pas engloutir!

« Ah, où y a-t-il encore une mer où l'on puisse se noyer? » : ainsi s'élèvent nos plaintes — par dessus les plats marécages.

En vérité, nous nous sommes déjà trop fatigués pour mourir; maintenant nous veillons et continuons à vivre — dans des caveaux! »

Ainsi Zarathoustra entendit-il parler un devin; et sa prédiction lui alla au cœur et le transforma. Il erra, triste et fatigué; et il devint semblable à ceux dont le devin avait parlé.

En vérité, dit-il à ses disciples, il s'en faut de peu que ce long crépuscule ne descende. Hélas! Comment sauverai-je ma lumière?

Que faire pour qu'elle n'étouffe pas dans cette tristesse? Car il faut qu'elle éclaire des mondes plus éloignés et des nuits plus lointaines!

Ainsi, affligé dans son cœur, Zarathoustra erra çà et là; et pendant trois jours il ne prit ni boisson ni nourriture, n'eut pas de repos et perdit la parole. Enfin il advint qu'il tomba dans un profond sommeil. Ses disciples étaient assis autour de lui et le veillaient longuement, attendant, soucieux, qu'il se réveillât, se remît à parler et fût guéri de sa tristesse.

Mais voici le discours que tint Zarathoustra quand il se réveilla; et ses disciples entendaient sa voix comme si elle venait de très loin.

Ecoutez donc le rêve que j'ai fait, amis, et aidez-moi à en deviner le sens!

C'est encore une énigme, ce rêve; son sens est caché en lui et immobile, il ne vole pas encore sans entraves au-dessus de lui.

J'avais renoncé à toute vie, tel fut mon rêve. J'étais devenu veilleur et gardien de tombeau, là-bas, sur la montagne solitaire du château de la Mort.

C'est là-haut que je gardais ses cercueils : les voûtes étouffantes étaient pleines de ces trophées de victoire. A travers les cercueils de verre, la vie vaincue me regardait.

Je respirais l'odeur d'éternités poussiéreuses : mon âme était là, étouffante et poussiéreuse. Et qui donc eût pu aérer son âme en cet endroit!

La clarté de minuit était toujours autour de moi, à côté d'elle la solitude était accroupie; et, à nous trois, un silence de mort coupé de râles, le plus terrible de mes amis.

Je portais des clefs, les plus rouillées de toutes les clefs; et je sus m'en servir pour ouvrir la plus grinçante de toutes les portes.

Pareil à un croassement très méchant, le son courait dans les longs corridors quand les battants de la porte s'ouvraient : il criait sans aménité, cet oiseau, il n'avait pas envie d'être réveillé.

Mais c'était plus terrible encore et mon cœur se serrait davantage quand tout se taisait et que le silence tombait et que j'étais seul dans ce silence perfide.

C'est ainsi que passait et glissait le temps, si le temps existait encore : qu'en sais-je! Mais enfin eut lieu ce qui m'éveilla.

Par trois fois des coups furent frappés à la porte, pareils à des coups de tonnerre, les voûtes retentirent et hurlèrent par trois fois : alors je me dirigeai vers la porte.

Alpa! m'écriai-je, qui porte sa cendre sur la montagne? Alpa! Alpa! Qui porte sa cendre sur la montagne?

Et je pesais sur la clef et remuais la porte et m'épuisais en efforts. Mais la porte ne s'ouvrait pas d'un doigt :

Alors un ouragan écarta violemment les battants de la porte : sifflant et criant d'une voix stridente et coupante, il me jeta un cercueil noir :

Et en sifflant et en jettant des hurlements stridents, le cercueil se brisa et cracha mille éclats de rire.

Et mille visages grotesques d'enfants, d'anges, de chouettes, de fous et de papillons gros comme des enfants ricanaient, raillaient et grondaient devant moi.

Je fus pris d'une peur affreuse, qui me renversa. Et je criai d'épouvante comme jamais je n'avais crié.

Mais mon propre cri me réveilla : — et je revins à moi. —

Zarathoustra raconta son rêve en ces termes, puis se tut : car il ne connaissait pas encore la signification de son rêve. Mais le disciple qu'il aimait le plus se leva aussitôt, saisit la main de Zarathoustra et dit :

« Ta vie elle-même nous explique ce rêve, ô Zarathoustra!

N'es-tu pas toi-même le vent aux sifflements aigus qui force les portes du château de la mort?

N'es-tu pas toi-même le cercueil plein des méchancetés de toutes couleurs et des grimaces angéliques de la vie?

En vérité, pareil à mille rires d'enfants, Zarathoustra vient dans les chambres mortuaires, se moquant de tous ces veilleurs et de ces gardiens de tombeaux et de tous ceux qui font encore cliqueter des clefs sinistres.

Tu les épouvanteras et les renverseras avec ton rire; leur syncope et leur réveil prouveront ton pouvoir sur eux.

Et quand même viendrait le long crépuscule et la fatigue mortelle, tu ne disparaîtrais pas de notre ciel, ô porte-parole de la vie!

Tu nous as fait voir de nouvelles étoiles et de nouvelles splendeurs nocturnes; en vérité, tu as tendu au-dessus de nos têtes le rire lui-même comme une tente bariolée.

Maintenant des rires d'enfants sourdront toujours des cercueils, un vent puissant l'emportera toujours sur toute fatigue mortelle : tu en es toi-même la garantie et le prophète.

En vérité, *tu les a rêvés eux-mêmes*, tes ennemis : ce fut ton rêve le plus terrible!

Mais de même que tu t'es réveillé d'eux et que tu es revenu à toi, ils devront se réveiller d'eux-mêmes — et venir à toi! »

Ainsi parla le disciple; et tous les autres se pressaient autour de Zarathoustra et saisissaient ses mains et voulaient le convaincre de quitter le lit et la tristesse pour revenir parmi eux. Mais Zarathoustra s'était dressé dans son lit, le regard absent. Comme quelqu'un qui rentre d'un long voyage, il regardait ses disciples et scrutait leurs visages; et il ne les reconnaissait pas encore. Mais lorsqu'ils l'eurent levé et mis debout, voici, soudain son regard se transforma; il comprit tout ce qui s'était passé, caressa sa barbe et dit d'une voix forte :

« Allons! Tout cela viendra en son temps! Mais veillez, mes disciples, à ce que nous fassions un bon repas, et vite! C'est ainsi que je pense expier mes mauvais rêves!

« Mais que le devin mange et boive à côté de moi : et en vérité, je lui ferai voir une mer où il pourra se noyer! »

Ainsi parlait Zarathoustra. Mais ensuite il regarda longuement en face le disciple qui lui avait expliqué son rêve et hocha la tête

De la rédemption.

Un jour que Zarathoustra passait sur le grand pont, les infirmes et les mendiants l'entourèrent et un bossu lui parla ainsi :

« Vois, Zarathoustra! Même le peuple profite de ton enseignement et a foi en ta doctrine : mais pour qu'il te croie entièrement, il faut que tu commences par nous convaincre, nous autres infirmes! En voici un beau choix et, en vérité, c'est une occasion à saisir par plus d'un cheveu! Tu peux guérir les aveugles et faire courir les paralytiques; et retirer un peu de son fardeau à celui qui a trop de choses sur le dos : à mon avis, ce serait le bon moyen d'inspirer aux infirmes la foi en Zarathoustra! »

Mais Zarathoustra répondit ainsi à celui qui avait parlé : « Si l'on prend au bossu sa bosse, on lui prend en même temps l'esprit — ainsi parle le peuple. Et si l'on rend la vue à l'aveugle, il voit trop de choses mauvaises sur terre: de sorte qu'il maudit celui qui l'a guéri. Et celui qui donne des jambes au paralytique lui fait le plus grand tort, car à peine a-t-il des jambes que ses vices en ont aussi — c'est ce que dit le peuple au sujet des infirmes. Et pourquoi Zarathoustra n'apprendrait-il pas du peuple si le peuple apprend de Zarathoustra?

Depuis que je suis parmi les hommes, c'est le moindre de mes soucis que de constater : « A celui-ci il manque un œil, et à cet autre une oreille, et à ce troisième une jambe, et il y en a d'autres qui ont perdu la langue, ou le nez, ou la tête. »

Je vois et j'ai vu bien pire et des choses si épouvantables que je ne voudrais ni parler de toutes ni même me taire sur certaines: ce sont en effet des hommes à qui tout manque — sauf quelque chose qu'ils ont en trop — des hommes qui ne sont rien d'autre qu'un gros œil, ou une grande gueule, ou un gros ventre ou n'importe quoi de gros — ceux-là je les appelle des infirmes à rebours.

Lorsque je sortis de ma retraite et passai pour la première fois sur ce pont : voici que je n'en crus pas mes yeux, je regardai plusieurs fois et finis par dire : « C'est une oreille! Une oreille aussi grosse qu'un homme! » Et en regardant mieux : vraiment, sous l'oreille remuait quelque chose qui était petit, pauvre et débile à faire pitié. Et vraiment, l'oreille énorme était posée sur une tige grêle — et la tige était un homme! En regardant avec une lunette, on pouvait même reconnaître une petite figure envieuse; et aussi une petite âme boursouflée qui se balançait au bout de la tige. Cependant le peuple me dit que cette grande oreille n'était pas seulement un homme, mais un grand homme, un génie. Or je ne crois jamais le peuple quand il parle des grands hommes — et j'ai continué à croire que c'était un infirme à rebours, qui avait trop peu de tout et trop d'une seule chose. »

Quand Zarathoustra eut parlé ainsi au bossu et à tous ceux dont il était le porte-parole et l'interprète, il se tourna vers ses disciples avec un profond ennui et dit :

En vérité, mes amis, je marche parmi les hommes comme parmi des fragments et des segments d'hommes!

C'est une chose terrible pour moi que de voir les hommes brisés et dispersés comme sur un champ de bataille et de carnage.

Et quand mon œil se repporte du présent au passé : il trouve toujours la même chose : des fragments, des segments et d'effroyables effets du hasard — mais point d'hommes!

Le présent et le passé sur la terre — ah mes amis! — voilà *pour moi* la chose la plus intolérable; et je ne saurais pas vivre si je n'étais pas aussi un voyant de ce qui fatalement doit venir.

Un voyant, une volonté, un créateur, un avenir et un pont vers l'avenir — et hélas! en quelque sorte aussi un infirme sur ce pont : Zarathoustra est tout cela.

Et vous aussi, vous vous êtes souvent demandé : « Qu'est pour nous Zarathoustra? Comment devons-nous l'appeler? » Et tout comme moi, vous avez répondu par des questions.

Est-il celui qui promet ou celui qui accomplit? Un conquérant ou un héritier? Un automne ou le soc d'une charrue? Un médecin ou un homme guéri?

Est-ce un poète? Un homme sincère? Un libérateur? Ou un dompteur? Un bon? Ou un mauvais?

Je marche parmi les hommes comme parmi les fragments de l'avenir, de cet avenir que je contemple.

Et tout ce que je compose et me propose tend à composer et

à rassembler en une seule chose ce qui est fragment et énigme et cruel hasard.

Et comment supporterais-je d'être homme si l'homme n'était pas aussi poète et déchiffreur d'énigmes et le rédempteur du hasard!

Délivrer les hommes passés et transformer tous les « Cela fut » en un « C'est là ce que j'ai voulu », — voilà ce que j'appellerai d'abord rédemption.

Volonté — ainsi se nomme le libérateur et messager de joie : c'est là ce que je vous ai enseigné, mes amis! Mais maintenant apprenez ceci : la volonté elle-même est encore prisonnière.

Vouloir délivre : mais comment appeler ce qui maintient le libérateur lui-même dans les chaînes?

« Cela fut » : tel est le nom du grincement de dents de la volonté et de sa tristesse la plus solitaire. Impuissante envers tout ce qui est fait — la volonté est un mauvais public pour tout le passé.

La volonté ne peut pas vouloir revenir en arrière; qu'elle ne puisse pas briser le temps et le désir du temps — c'est là sa tristesse la plus solitaire.

Vouloir délivre : qu'imagine la volonté elle-même pour se délivrer de sa tristesse et se narguer de son cachot?

Hélas! tout prisonnier devient fou! La volonté prisonnière se délivre aussi par la folie!

Que le temps ne recule pas, c'est là sa rage; « Ce qui fut » — ainsi s'appelle la pierre qu'elle ne peut pas déplacer.

Et par rage et par dépit elle soulève des pierres et se venge sur celui qui n'éprouve pas comme elle rage et dépit.

Ainsi la volonté qui libère est devenue malfaisante : et elle se venge sur tout ce qui est capable de souffrir de ce qu'elle ne peut elle-même revenir en arrière.

Ceci et ceci seulement est la *vengeance* même : la répulsion de la volonté à l'égard du temps et de son « cela fut ».

En vérité, notre volonté est habitée par une grande folie; et c'est pour la malédiction de tout ce qui est humain que cette folie a appris l'esprit!

L'esprit de vengeance : mes amis, ce fut jusqu'à présent la meilleure pensée de l'homme; et là où il y a eu de la souffrance, il a toujours fallu un châtiment.

« Châtiment » en effet est le nom même de la vengeance : elle simule une bonne conscience avec un mot mensonger.

Et comme il y a de la souffrance en celui qui veut parce qu'il ne peut pas vouloir revenir en arrière — la volonté elle-même et toute la vie devraient être — un châtiment!

Et voici que les nuages se sont amoncelés sur l'esprit : jusqu'à ce qu'enfin la folie proclame : « Tout périt parce que tout est digne de périr! »

« Et c'est la justice même, cette loi qui veut que le temps dévore ses enfants » : ainsi a prêché la folie.

« Les choses sont ordonnées moralement selon le droit et le châtiment. Oh, où est la délivrance du cours des choses et du châtiment de l'existence? » Ainsi a prêché la folie.

« Peut-il y avoir une délivrance s'il y a un droit éternel? Hélas! On ne peut soulever la pierre de ce qui fut : et toutes les peines doivent être éternelles! » Ainsi a prêché la folie.

« Aucun acte ne peut être détruit : comment le châtiment pourrait-il l'annuler! Ceci, ceci est ce qu'il y a d'éternel dans le châtiment « existence », que l'existence doive éternellement rester acte et faute!

« A moins que la volonté finisse par se délivrer elle-même et ne se transforme en non-vouloir » : mais vous connaissez, mes frères, cette fable de la folie!

Je vous ai conduits loin de ces fables en vous enseignant : « Le vouloir est un créateur. »

Tout « Cela fut » est un fragment, une énigme, un terrible effet du hasard — jusqu'au moment où la volonté créatrice ajoute : « Mais c'est ainsi que je l'ai voulu! »

Jusqu'au moment où la volonté créatrice ajoute : « Mais c'est ainsi que je le veux! Ainsi que je le voudrai! »

Mais a-t-elle jamais parlé ainsi? Et quand le fera-t-elle? La volonté cesse-t-elle d'être attelée à sa propre folie?

La volonté est-elle déjà devenue son propre rédempteur et messager de joie? A-t-elle désappris l'esprit de vengeance et tous les grincements de dents?

Et qui lui a enseigné la réconciliation avec le temps et quelque chose de plus haut que toute réconciliation?

La volonté, qui est volonté de puissance, doit vouloir quelque chose de plus haut que toutes les réconciliations : — mais comment le fera-t-elle? Qui lui a donc appris à vouloir remonter le passé?

— Or en ce point de son discours, il arriva que Zarathoustra s'interrompit soudain, pareil à quelqu'un qui est saisi d'une frayeur extrême. Il regarda ses disciples avec des yeux épouvantés : son regard transperçait comme une flèche leurs pensées et leurs arrière-pensées. Mais au bout d'un moment il recommença à rire et dit, apaisé :

« Il est difficile de vivre avec les hommes parce qu'il est bien difficile de se taire. Surtout pour un bavard. »

Ainsi parla Zarathoustra. Mais le bossu avait entendu l'entretien en se cachant le visage : lorsqu'il entendit rire Zarathoustra, il leva sur lui un regard curieux et dit lentement :

« Pourquoi Zarathoustra nous parle-t-il autrement qu'à ses disciples? »

Zarathoustra répondit : « Qu'y a-t-il d'étonnant à cela? A des bossus on peut bien dire des choses biscornues! »

« Sois, dit le bossu; et avec des élèves il est permis aussi de déballer son sac.

« Mais pourquoi Zarathoustra parle-t-il autrement à ses élèves — qu'à lui-même? »

De l'astuce humaine.

Ce n'est pas la hauteur : c'est la pente qui est terrible!

La pente, où le regard tombe dans l'abîme et où la main se tend vers le sommet. Là, le cœur est pris de vertige devant sa double volonté .

Ah, mes amis, devinez-vous aussi la double volonté de mon cœur?

Ceci, ceci est ma pente et mon danger que mon regard s'élance vers le sommet tandis que ma main cherche à s'accrocher et à se tenir — à l'abîme!

Ma volonté se cramponne à l'homme, avec des chaînes je m'attache à l'homme, parce que je suis soulevé vers le Surhomme : car c'est là que veut aller mon autre volonté.

Et à cette fin je vis en aveugle parmi les hommes, comme si

je ne les connaissais pas : pour que ma main ne perde pas tout à fait sa foi dans les choses solides.

Je ne vous connais pas, vous autres hommes : cette obscurité et cette consolation sont souvent étendues autour de moi.

Je suis assis devant le portail pour tous les coquins et je demande : Qui veut me tromper?

Ceci est ma première astuce humaine : je me laisse tromper pour n'avoir pas à prendre garde aux imposteurs.

Ah, si je prenais garde à l'homme : comment l'homme pourrait-il être une ancre pour mon ballon! Il lui serait facile de m'enlever et de m'emporter dans les airs!

Qu'il me faille être sans prudence, telle est la providence qui est au-dessus de mon destin.

Et qui ne veut pas mourir de soif parmi les hommes doit apprendre à boire dans tous les verres; et qui veut rester pur parmi les hommes doit apprendre aussi à se laver à l'eau sale.

Et ainsi je me suis souvent dit pour me consoler : « Allons! Du courage! Vieux cœur! Tu as manqué un malheur : jouis-en comme — d'un bonheur! »

Mais voici mon autre astuce humaine : je ménage les *vaniteux* plus que les fiers.

La vanité blessée n'est-elle pas mère de toutes les tragédies? Mais de la fierté blessée naît quelque chose qui est meilleur encore que la fierté.

Pour que la vie soit bonne à regarder, il faut que son drame soit bien joué : mais pour cela il faut de bons acteurs.

Tous les vaniteux m'ont paru bons acteurs : ils jouent et veulent qu'on aime à les regarder — tout leur esprit est dans cette volonté.

Ils se produisent, ils s'inventent; j'aime à regarder la vie auprès d'eux — cela guérit de la mélancolie.

C'est pourquoi je ménage les vaniteux, ils sont les médecins de ma mélancolie et m'attachent à l'homme comme à un spectacle.

Et puis : qui mesure sur le vaniteux toute la profondeur de sa modestie! Je le traite avec indulgence et pitié à cause de sa modestie.

Il veut apprendre de vous sa foi en lui; il se nourrit de vos regards et mange les louanges dans vos mains.

Il croit même à vos mensonges si vous mentez bien sur son

compte : car son cœur soupire tout au fond : « Que suis-*je*? »

Et si la vraie vertu est celle qui s'ignore, eh bien, le vaniteux ignore sa modestie!

Mais ceci est ma troisième astuce humaine, que je ne laisse pas votre pusillanimité me dégoûter de la vue des méchants.

Je suis ravi de voir les merveilles que fait éclore l'ardent soleil : tigres et palmiers et serpents à sonnettes.

Parmi les hommes aussi il y a des couvées d'ardent soleil et chez les méchants bien des choses merveilleuses.

Il est vrai, de même que vos sages ne m'ont pas paru du tout si sages : de même j'ai trouvé la méchanceté humaine au-dessous de sa réputation.

Et j'ai souvent demandé en hochant la tête : « Pourquoi sonner encore, serpents à sonnettes? »

En vérité, même pour le mal il y a encore un avenir! Et le Sud le plus chaud n'est pas encore découvert pour l'homme.

Combien de choses passent dès maintenant pour les pires méchancetés qui n'ont pourtant que douze pieds de large et trois mois de long! Mais un jour des dragons plus grands viendront au monde.

Car pour que le Surhomme ait son dragon, le Surdragon qui sera digne de lui : il faut que beaucoup de soleil ardents embrasent l'humide forêt vierge!

Il faut d'abord que vos chats sauvages soient devenus des tigres et vos crapauds venimeux des crocodiles : car le bon chasseur doit faire bonne chasse!

Et en vérité, vous les bons et les justes! Bien des choses prêtent à rire en vous, et surtout votre peur de ce qu'on a appelé jusqu'ici « le diable »!

Votre âme est si étrange aux grandes choses que le Surhomme sera *terrible* pour vous dans sa bonté!

Et vous les sages et les savants, vous fuiriez la morsure du soleil de la sagesse dans laquelle le Surhomme baigne avec joie sa nudité!

Vous, hommes supérieurs que mon œil a rencontrés : ceci est mon doute sur vous et mon rire secret : je devine que vous traiteriez mon Surhomme de — diable!

Ah, je me suis lassé de ces hommes supérieurs, je me suis fatigué des meilleurs : j'avais envie de quitter leur « hauteur » pour m'élever, pour sortir et rejoindre le Surhomme!

L'épouvante m'a saisi quand j'ai vu nus les meilleurs d'entre eux : alors des ailes m'ont poussé pour planer loin de là, dans de lointains avenirs.

En des avenirs plus lointains, en des midis plus méridionaux que jamais artiste n'en a rêvé : là-bas où les dieux ont honte de tous les vêtements!

Mais vous, mes prochains et mes frères, je veux vous voir déguisés, et bien parés, et vaniteux, et dignes, comme les « bons et les justes » que vous êtes!

Et moi-même je me déguiserai pour m'asseoir parmi vous — afin de vous méconnaître et de me méconnaître moi-même : ceci est en effet ma dernière astuce humaine.

Ainsi parlait Zarathoustra.

L'heure la plus silencieuse.

Que m'est-il arrivé, mes amis? Vous me voyez défait, chassé d'ici, docile à contrecœur, prêt à partir — hélas, à me séparer de *vous*!

Oui, il faut que Zarathoustra rentre encore une fois dans sa solitude : mais c'est sans joie, cette fois, que l'ours retourne à sa caverne!

Que m'est-il arrivé? Qui ordonne ceci? — Hélas, ma maîtresse irritée l'exige, elle me l'a dit; vous ai-je jamais dit son nom?

Hier, vers le soir, *mon heure la plus silencieuse* m'a parlé : tel est le nom de ma maîtresse terrible.

Et voici ce qu'il advint — car il faut que je vous dise tout, afin que votre cœur ne s'endurcisse pas contre celui qui s'en va soudain!

Connaissez-vous la terreur de celui qui s'endort?

La peur l'envahit jusqu'aux pieds, car le sol se dérobe sous lui et le rêve commence.

Je vous dis ceci en guise de parabole. Hier, à l'heure la plus silencieuse, le sol s'est dérobé sous moi : c'était le commencement du rêve.

L'aiguille avançait, l'horloge de ma vie cherchait son souffle

— jamais je n'entendis pareil silence autour de moi : en sorte que mon cœur s'en épouvanta.

Puis quelque chose qui n'avait pas de voix me dit : « *Tu le sais, Zarathoustra?* »

Et je criai de terreur à ce murmure, et le sang se retira de mon visage, mais je me tus.

Alors, cela reprit, sans voix : « *Tu le sais, Zarathoustra, mais tu ne veux pas le dire!* »

Et je répondis enfin comme jetant un défi : « Oui, je le sais, mais je ne veux pas le dire! »

Alors cela reprit sans voix : « Tu ne *veux* pas, Zarathoustra? Est-ce vrai? Ne te cache pas derrière ton défi! »

Et je pleurai et tremblai comme un enfant, et je dis : « Ah, je voudrai bien, mais comment le pourrais-je! Fais-moi grâce de cela! C'est au-dessus de mes forces! »

Et cela reprit sans voix : « Qu'importe de toi, Zarathoustra? Dis ta parole et brise-toi! »

Et je répondis : « Hélas, est-ce là *ma* parole? Qui suis-je? J'attends plus digne que moi; je ne suis pas même digne de me briser contre lui. »

Et cela me parla encore sans voix : « Qu'importe de toi? Je ne te trouve pas encore assez humble. L'humilité est ce qui a le cuir le plus dur. »

Et je répondis : « Que n'a-t-il pas déjà supporté, le cuir de mon humilité! j'habite au pied de mes hauteurs : quelle est la hauteur de mes sommets? Personne ne me l'a encore dit. Mais je connais bien mes vallées. »

Et cela me parla encore sans voix : « O Zarathoustra, qui a des montagnes à déplacer déplace aussi des vallées et des bas-fonds. »

Et je répondis : « Ma parole n'a pas encore déplacé de montagnes et ce que j'ai dit n'a pas atteint les hommes, mais je ne suis pas encore arrivé chez eux. »

Alors cela me parla encore sans voix : « *Qu'en sais-tu!* C'est quand la nuit est le plus discrète que la rosée tombe sur l'herbe. »

Et je répondis : « Ils se sont moqués de moi quand j'ai trouvé et pris mon propre chemin; et en vérité mes pieds tremblaient alors. »

Et ils me parlèrent ainsi : « Tu ne connais plus le chemin et maintenant tu ne sais même plus marcher! »

Et cela me parla encore sans voix : « Qu'importe leurs railleries! Tu es l'un de ceux qui ne savent plus obéir : maintenant il te faut commander!

Ne sais-tu pas quel est celui dont ils ont tous le plus besoin? Celui qui commande de grandes choses.

Accomplir de grandes choses est difficile : mais plus difficile encore est de commander de grandes choses.

C'est ce qu'il y a de plus impardonnable en toi : tu as le pouvoir et tu ne veux pas régner. »

Et je répondis : « Il me manque la voix du lion pour commander. »

Alors cela me dit encore comme dans un murmure : « Les mots les plus silencieux sont ceux qui apportent la tempête. Les idées qui viennent sur des ailes de colombes mènent le monde.

O Zarathoustra, il te faut aller comme l'ombre de ce qui doit venir : c'est ainsi que tu commanderas, ainsi qu'en commandant tu précéderas l'avenir. »

Et je répondis : « J'ai honte. »

Alors cela me parla encore sans voix : « Il te faut redevenir enfant, et sans honte.

L'orgueil de la jeunesse est encore sur toi, tu es devenu jeune sur le tard : mais qui veut se changer en enfant doit encore surmonter sa jeunesse. »

Et je réfléchis longuement et tremblai. Enfin je répétai ce que j'avais dit d'abord : « Je ne veux pas. »

Alors il y eut autour de moi un éclat de rire. Ah, comme ce rire me déchirait les entrailles et me fendait le cœur!

Et cela me parla une dernière fois : « O Zarathoustra, tes fruits sont mûrs, mais tu n'es pas mûr pour tes fruits!

Ainsi il faut que tu retournes à ta solitude : car tu dois encore être assoupli. »

Et il y eut de nouveau des rires et une fuite : puis tout se tut autour de moi comme si le silence était double. Mais moi j'était couché par terre et la sueur coulait de mes membres.

— Maintenant je vous ai tout dit et vous savez pourquoi je dois rentrer dans la solitude. Je ne vous ai rien caché, mes amis.

Mais vous m'avez aussi entendu vous dire qui est encore le plus discret des hommes — et veut l'être!

Ah, mes amis! J'aurais encore quelque chose à vous dire, j'aurais encore quelque chose à vous donner!

Pourquoi ne vous le donné-je pas? Serais-je avare?

Mais quand Zarathoustra eut dit ces mots, il fut pris d'un chagrin si violent à la pensée de quitter ses amis qu'il se mit à sangloter; et personne ne put le consoler. Et pendant la nuit il partit seul et se sépara de ses amis.

TROISIÈME PARTIE

« Vous regardez en haut quand vous voulez vous élever. Et moi je regarde en bas parce que je suis élevé.
Qui de vous peut en même temps rire et être élevé? Celui qui monte sur les plus hautes montagnes se rit de tout le théâtre et de tout le sérieux de la vie. » (*Ainsi parlait Zarathoustra. — Lire et écrire*, I, p. 44.)

Le voyageur.

Il était minuit quand Zarathoustra se mit en route et gravit la crête de l'île pour être à l'aube sur l'autre rive; car c'est là qu'il voulait s'embarquer. Il y avait là une bonne rade où les bateaux étrangers aimaient à jeter l'ancre; ils emmenaient ceux des Iles bienheureuses qui voulaient traverser la mer. Tout en marchant vers le sommet de la montagne, Zarathoustra songea aux nombreux voyages solitaires qu'il avait accomplis depuis sa jeunesse et à toutes les montagnes, crêtes et sommets qu'il avait déjà franchis.

Je suis un voyageur et un alpiniste, dit-il à son cœur, je n'aime pas les plaines, et il paraît que je ne puis pas rester longtemps en place.

Et quels que soient le destin et les aventures qui m'attendent — ce sera toujours un voyage et une ascension : pour finir, on ne vit plus que ce que l'on est soi-même.

Le temps est passé où je pouvais avoir des aventures imprévues; et que me *serait-il* encore donné qui ne m'appartienne déjà!

Il ne fait que me revenir, il revient enfin chez lui — mon propre Moi et cette part qui longtemps fut en exil et dispersée parmi les hasards et les choses.

Et je sais une chose encore : je suis maintenant devant mon dernier sommet et devant ce qui m'a été le plus longtemps réservé. Hélas, j'ai devant moi mon plus dur chemin! Hélas, je commence ma course la plus solitaire!

Mais quiconque est de mon espèce n'échappe pas à une telle heure : à l'heure qui lui dit : Maintenant seulement tu prends le chemin de la grandeur! Sommet et abîme — maintenant c'est une seule et même chose!

Tu prends le chemin de ta grandeur : ce qui était jusqu'à présent ton dernier danger, voici que c'est devenu ton dernier refuge!

Tu prends le chemin de ta grandeur : savoir que tu n'as plus de chemins derrière toi doit être ton meilleur courage!

Tu prends le chemin de ta grandeur : ici personne ne se glissera à ta suite! Ton pied lui-même a effacé le chemin derrière toi, et au-dessus de lui il est écrit : Impossible!

Et si désormais toutes les échelles te manquent, il faudra que tu saches monter sur ta propre tête : comment pourrais-tu progresser autrement?

Sur ta propre tête et par-delà ton propre cœur! Maintenant la chose la plus douce en toi doit encore devenir la plus dure.

Quiconque s'est toujours beaucoup ménagé, l'excès de ménagements finit par le rendre malade. Béni soit ce qui rend dur! Je ne fais pas l'éloge du pays où le beurre et le miel — coulent!

Pour voir *beaucoup*, il faut apprendre à se *perdre de vue :* — cette dureté est nécessaire à celui qui gravit les montagnes.

Et celui qui cherche la connaissance avec des yeux indiscrets, comment verrait-il de toutes choses plus que leurs raisons apparentes?

Mais toi, ô Zarathoustra, tu voulais voir les raisons et le fond de toutes choses : il te faut donc monter en marchant sur toi-même — plus haut, plus haut, jusqu'à ce que tes étoiles elles-mêmes soient *au-dessous* de toi!

Oui, regarder de haut sur moi-même et sur mes étoiles : cela seul serait pour moi mon *sommet*, cela m'était réservé comme mon *dernier* sommet!

Ainsi, tout en montant, Zarathoustra se parlait-il à lui-même consolant son cœur avec de dures maximes : car il était blessé au cœur comme jamais. Et lorsqu'il arriva au sommet de la crête, voici que l'autre mer s'étendait devant lui : et il s'arrêta et garda longtemps le silence. A cette hauteur cependant, la nuit était froide et claire et étoilée.

Je reconnais mon sort, dit-il enfin avec tristesse. Allons! Je suis prêt. Ma dernière solitude vient de commencer.

Ah, cette triste mer noire au-dessous de moi! Ah, cette humeur nocturne grosse de menaces! Ah, destin et mer! C'est vers vous qu'il me faut *descendre* maintenant!

Je suis devant ma plus haute montagne et devant mon plus long chemin : c'est pourquoi je dois descendre plus bas que je ne le fis jamais :

— plus bas dans la douleur que je ne suis jamais descendu, jusqu'au fond de ses flots les plus noirs! Ainsi le veut mon destin : Allons! Je suis prêt.

D'où viennent les plus hautes montagnes? ai-je demandé un jour. Alors j'ai appris qu'elles venaient de la mer.

Ce témoignage est écrit dans leurs rocs et les parois de leurs sommets. C'est du plus bas que le plus haut doit parvenir à sa hauteur.

Ainsi parlait Zarathoustra sur la cime de la montagne où il faisait froid; mais lorsqu'il arriva au voisinage de la mer et se trouva seul parmi les récifs, il se sentit fatigué et plus que jamais consumé de désir.

Maintenant tout dort encore, dit-il; même la mer dort. Son œil me regarde, ivre de sommeil et bizarre.

Mais son haleine est chaude, je le sens. Et je sens aussi qu'elle rêve. Elle se tord en rêvant sur de durs coussins.

Écoute! Écoute! Comme les mauvais souvenirs la font gémir! Ou seraient-ce des espérances funestes?

Ah, je partage ta tristesse, sombre monstre, et je m'en veux encore à cause de toi.

Ah, que ma main n'a-t-elle assez de force! En vérité, j'aimerais te délivrer de tes mauvais rêves!

Tandis que Zarathoustra parlait ainsi, il se mit à rire sur lui-même d'un rire mélancolique et amer : Quoi! Zarathoustra! dit-il, tu veux encore chanter pour consoler la mer?

Ah, aimable fou Zarathoustra, homme ivre de confiance! Mais toujours tu as été ainsi : toujours tu es allé avec confiance aux choses terribles.

Tu as voulu caresser tous les monstres. Le souffle d'une

haleine chaude, un peu de poils soyeux aux pattes : — et aussitôt tu étais prêt à aimer et à séduire.

L'amour est le danger du plus solitaire, l'amour de toutes choses *pourvu qu'elles vivent!* Ma folie et ma modestie en amour, elles font rire en vérité!

Ainsi parlait Zarathoustra en riant une seconde fois : mais ensuite il pensa à ses amis abandonnés — et comme s'il avait péché contre eux en pensée, il s'en voulut de ses pensées. Et bientôt il advint que le rieur se mit à pleurer : — amèrement, Zarathoustra pleura de rage et de regret.

De la vision et de l'énigme.

1.

Lorsque le bruit courut parmi les matelots que Zarathoustra était à bord — car un homme s'était embarqué en même temps que lui, qui venait des Iles bienheureuses —, il y eut une grande curiosité et une grande attente. Mais Zarathoustra garda le silence pendant deux jours et fut glacé et sourd de tristesse, si bien qu'il ne répondit ni aux questions ni aux regards. Le soir du second jour, pourtant, ses oreilles s'ouvrirent de nouveau, bien qu'il continuât à se taire; car sur ce bateau qui venait de loin et voulait aller plus loin encore, il y avait des choses étranges et dangereuses à entendre. Mais Zarathoustra était l'ami de ceux qui font de longs voyages et ne peuvent vivre sans danger. Et voici! A force d'écouter, sa propre langue se délia et la glace de son cœur fondit : — alors il commença à parler ainsi :

A vous, chercheurs hardis, explorateurs et vous tous qui êtes partis sur des mers terrifiantes avec des voiles perfides.

A vous, ivres d'énigmes, amants du demi-jour, dont l'âme est attirée par le son des flûtes dans tous les gouffres trompeurs :

— car vous ne voulez pas tâtonner d'une main lâche à la recherche d'un fil : et là où vous pouvez *deviner*, vous avez horreur de *déduire* —

à vous seuls je raconte l'énigme que j'ai *vue*, la vision du plus solitaire.

Récemment je marchais dans le crépuscule blême, — sombre et dur, les lèvres serrées. Plus d'un soleil était couché pour moi.

Un sentier qui montait obstinément à travers les éboulis, un sentier méchant, solitaire, qui ne voulait plus ni herbes ni buissons : un sentier de montagne grinçait sous le défi de mon pied.

Marchant en silence sur le crissement railleur des cailloux, broyant la pierre qui le faisait glisser, ainsi mon pied s'efforçait de monter.

Plus haut : — en défi à l'esprit qui le tirait vers le bas, le tirait vers l'abîme, l'esprit de pesanteur, mon démon et ennemi mortel.

Plus haut : — bien qu'il fût assis sur moi, mi-nain, mi-taupe; paralysé; paralysant; versant du plomb dans mon oreille, versant goutte à goutte des pensées de plomb dans mon cerveau.

« O Zarathoustra, murmurait-il d'un ton railleur en détachant chaque syllabe, ô pierre de sagesse! Tu t'es lancé en l'air, mais toute pierre jetée doit — retomber!

O Zarathoustra, pierre de sagesse, pierre jetée, destructeur d'étoiles! C'est toi-même que tu as lancé si haut — mais toute pierre jetée — doit retomber!

Condamné à toi-même et à ta propre lapidation : ô Zarathoustra, tu as bien jeté loin la pierre, mais c'est *sur toi* qu'elle doit retomber! »

Ayant dit ces mots, le nain se tut; et son silence dura longtemps. Mais son silence me pesait; et en vérité, être ainsi à deux, c'est être plus solitaire que seul!

Je montais, je montais, je rêvais, je songeais — mais toutes choses m'oppressaient. J'étais semblable à un malade qu'épuise sa terrible souffrance et qu'un rêve plus terrible encore tire de son premier sommeil.

Mais il y a quelque chose en moi que j'appelle courage : c'est ce qui jusqu'à présent a tué toutes mes lassitudes. Ce courage me fit enfin m'arrêter et dire : « Nain! A nous deux! Toi ou moi! »

Le courage, en effet, est le meilleur des meurtriers — le courage qui *attaque* : car toute attaque se fait tambour battant.

Or l'homme est la bête la plus courageuse : c'est ainsi qu'il a vaincu toutes les bêtes. Tambour battant il surmonta encore chacune de ses douleurs; mais de toutes les douleurs, celle de l'homme est la plus profonde.

Le courage tue aussi le vertige devant les abîmes : et où l'homme ne se trouverait-il pas devant des abîmes! Voir, n'est-ce pas en soi — voir des abîmes?

Le courage est le meilleur des meurtriers : il tue aussi la compassion. Or la compassion est le plus profond des abîmes : le regard de l'homme plonge aussi profondément dans la souffrance que dans la vie.

Mais le courage est le meilleur des meurtriers, le courage qui attaque : il assomme même la mort, car il dit : « Était-ce *cela*, la vie? Eh bien! Recommençons! »

Or dans une telle pensée il y a beaucoup de roulements de tambour. Que celui qui a des oreilles entende.

2.

« Halte, nain! dis-je. Toi ou moi! Mais de nous deux c'est moi le plus fort : — tu ne connais pas ma pensée insondable! *Celle-là* — tu ne pourrais pas la supporter! »

Alors arriva ce qui me rendit plus léger : car le nain sauta de mon épaule, le curieux! Et il s'accroupit sur une pierre devant moi. Or, là où nous étions arrêtés, il y avait justement un portique.

« Regarde ce portique, nain! dis-je encore; il a deux visages. Deux chemins se rejoignent ici : personne encore ne les a suivis jusqu'au bout.

Cette longue rue qui mène en arrière : elle dure une éternité. Et cette longue rue qui va en avant — c'est une autre éternité.

Ils se contredisent, ces chemins; ils se heurtent de front : — et ce portique est le lieu où ils se rejoignent. Le nom du portique est écrit en haut : « Instant. »

Mais si quelqu'un poursuivait sa route sur l'un d'entre eux, et continuait plus loin, toujours loin : crois-tu, nain, que ces chemins iraient éternellement se contredire? »

« Tout ce qui est droit ment, murmura le nain d'un ton

méprisant. Toute vérité est courbe, le temps lui-même est un cercle. »

« Esprit de pesanteur, dis-je furieux, ne te simplifie pas trop les choses! Ou je te laisserai accroupi où tu es, pied-bot — car c'est moi qui t'ai porté jusqu'*ici!* »

Vois, continuai-je, cet instant! De ce portique de l'instant une longue rue retourne en arrière : derrière nous il y a une éternité.

De toutes les choses, celle qui sait courir ne doit-elle pas déjà avoir parcouru cette rue? De toutes les choses, celle qui *peut* arriver ne doit-elle pas être arrivée, accomplie, passée une fois déjà?

Et si tout a déjà été : que penses-tu, nain, de cet instant? Ce portique lui-même ne doit-il pas déjà avoir été?

Et de la sorte, toutes les choses ne sont-elles pas si solidement nouées que cet instant entraîne toutes les choses à venir? Par conséquent aussi lui-même?

Car toute chose qui sait courir : ne devra-t-elle pas un jour ressortir de cette longue rue?

Et cette araignée lente qui rampe au clair de lune et cette lune elle-même, et moi et toi qui chuchotons ensemble sous le portique, qui parlons des choses éternelles en chuchotant — ne faut-il pas que nous tous ayons déjà été?

— et que nous revenions et courions dans cette autre rue, droit devant nous dans cette longue rue affreuse — ne faut-il pas qu'éternellement nous revenions?

Ainsi parlais-je, et de plus en plus bas : car j'avais peur de mes propres pensées et arrière-pensées. Et voici que, soudain, j'entendis près de nous *hurler* un chien.

Avais-je jamais entendu un chien hurler ainsi? Mes pensées se reportèrent en arrière. Oui! Quand j'étais enfant, au temps de ma plus lointaine enfance :

— j'avais entendu un chien hurler ainsi. Et je l'avais vu, le poil hérissé, la tête dressée, tremblant dans un silence de minuit, à l'heure du plus grand silence où les chiens eux-mêmes croient aux fantômes :

— en sorte que j'avais eu pitié de lui. Car la pleine lune venait de se lever au-dessus de la maison dans un silence de mort, et se posait, tel un grand feu rond, sur le toit plat comme sur le bien d'un autre :

c'est ce qui alors avait effrayé le chien : car les chiens croient aux voleurs et aux fantômes. Et en entendant de nouveau hurler ainsi, je fus de nouveau apitoyé.

Où était maintenant le nain? Et le portique? Et l'araignée? Et tous nos chuchotements? Rêvais-je donc? Étais-je éveillé? Je me retrouvai soudain entre des rochers sauvages, seul, désolé, dans le plus désolé des paysages de lune.

Mais un homme était couché là! Et voici! Le chien, bondissant, hérissé, gémissant — maintenant il me voyait venir — se remit à hurler et *cria :* — ai-je jamais entendu un chien crier ainsi au secours?

Et en vérité, ce que je vis là, jamais je n'ai rien vu de semblable. Je vis un jeune berger qui se tordait, râlant, convulsé, grimaçant, et un lourd serpent noir qui lui pendait hors de la bouche.

Vis-je jamais sur un visage tant de dégoût et d'épouvante blême? Il avait sans doute dormi? Et le serpent était entré dans son gosier — et y avait planté ses dents.

Ma main tirait, tirait sur le serpent : — en vain! Elle n'arrachait pas le serpent du gosier. Alors quelque chose cria en moi : « Mords! Mords!

La tête! Mords-lui la tête! » — tel fut le cri qui sortit de moi, mon épouvante, ma haine, mon dégoût, ma pitié, tout ce que j'ai de bon et de mauvais en un seul cri sortirent de moi.

Braves qui m'entourez! Chercheurs, explorateurs et ceux d'entre vous qui s'aventurèrent avec des voiles perfides sur des mers inexplorées! Vous qui avez le goût des énigmes!

Devinez donc l'énigme que je contemplai ce jour-là, expliquez-moi la vision du plus seul des solitaires!

Car c'était une vision et une prévision : — qu'ai-je donc vu ce jour-là en parabole? Et *qui* est celui qui doit venir un jour?

Qui est le pâtre à qui le serpent est entré dans le gosier? Qui est l'homme qui sentira ramper dans son gosier le serpent le plus lourd et le plus noir?

— Mais le pâtre a mordu comme mon cri le lui conseillait; il a mordu d'un bon coup de dent! Il cracha loin de lui la tête du serpent : — et bondit.

Il n'était plus ni pâtre ni homme — il était métamorphosé, auréolé, et *il riait!* Jamais encore un homme n'a ri sur terre *comme il riait!*

O mes frères, j'ai entendu un rire qui n'était pas le rire d'un homme — et maintennat une soif me dévore, un désir qui ne s'apaisera jamais.

Mon désir de ce rire me dévore : oh! comment supporterai-je encore de vivre? Et comment supporterai-je maintenant de mourir?

Ainsi parlait Zarathoustra.

De la béatitude à contrecœur.

Zarathoustra passa la mer avec ces énigmes et ces paroles amères dans le cœur. Mais quand il fut à quatre jours des Iles bienheureuses et de ses amis, il avait surmonté toute sa douleur : vainqueur, il se tenait de nouveau de pied ferme sur son destin. Et alors Zarathoustra parla ainsi à sa conscience pleine d'allégresse :

De nouveau je suis seul et je veux l'être, seul avec le ciel pur et le large; et de nouveau c'est l'après-midi autour de moi.

C'était un après-midi la première fois que je trouvai mes amis, un après-midi aussi une autre fois : — à l'heure où toute lumière se fait plus silencieuse.

Car les morceaux de bonheur qui sont encore en route entre le ciel et la terre cherchent maintenant asile dans une âme de lumière : c'est de bonheur que la lumière maintenant se tait.

O après-midi de ma vie! Un jour, mon bonheur est descendu dans la vallée pour y chercher asile : alors il a trouvé ces âmes franches et accueillantes.

O après-midi de ma vie! Que n'ai-je pas sacrifié pour avoir une seule chose : cette plantation vivante de mes pensées et cette aurore de mon plus haut espoir!

Un jour le créateur chercha les compagnons et enfants de *son* espoir : et voici, il advint qu'il ne put les trouver si ce n'est en les créant d'abord lui-même.

Ainsi me voici au milieu de mon œuvre, allant vers mes enfants et les ayant quittés : à cause de ses enfants, Zarathoustra doit s'accomplir lui-même.

Car tout au fond, on n'aime que son enfant et son œuvre ;

et un grand amour de soi est signe de fécondité : c'est ce que j'ai trouvé.

Mes enfants verdissent encore en leur premier printemps, tout près les uns des autres et secoués ensemble par le vent, arbres de mon jardin et de mon meilleur terroir.

Et en vérité! Où de tels arbres sont réunis, là *sont* les Iles bienhreuses!

Mais un jour je les arracherai et les planterai chacun pour soi : afin que chacun apprenne la solitude et le défi et la prudence.

Noueux et tordu, doué d'une dureté flexible, chacun d'eux devra se dresser près de la mer en phare vivant de la vie invincible.

Là-bas où les tempêtes se jettent dans la mer et où la trompe de la montagne boit l'eau, chacun sera de garde jour et nuit, afin d'être éprouvé et reconnu.

Éprouvé et reconnu, pour que l'on sache s'il est de mon espèce et de ma race — s'il est maître d'une volonté longue, taciturne même quand il parle, et s'il cède de façon à *prendre* en donnant :

— afin qu'il devienne un jour mon compagnon, créant et chômant avec Zarathoustra : — l'un de ceux qui inscriront ma volonté sur mes tables : pour l'accomplissement plus parfait de toutes choses.

Et à cause de lui et de ses semblables, il me faut moi-même m'accomplir : c'est pourquoi je me dérobe maintenant à mon bonheur et m'offre à tous les malheurs : pour ma dernière épreuve et ma dernière connaissance.

Et en vérité, il était temps pour moi de partir; et l'ombre du voyageur et le temps le plus long et l'heure la plus calme, tous m'ont dit : « Il est grand temps! »

Le vent soufflait par le trou de la serrure et m'a dit : « Viens! La porte s'est ouverte sournoisement devant moi et m'a dit : « Va ! »

Mais j'étais enchaîné à mon amour pour mes enfants : le désir m'avait tendu ce piège, le désir d'amour, d'un amour tel que je serais la proie de mes enfants et perdu par eux.

Désirer — pour moi c'est déjà : m'être perdu. *Je vous ai, mes enfants!* Dans cet avoir, tout doit être certitude, rien ne doit être désir.

Mais le soleil de mon amour me couvait, Zarathoustra cuisait dans son propre jus — alors des ombres et des doutes sont passés au-dessus de moi.

Déjà je désirais le froid et l'hiver : « Oh que le froid et l'hiver me fassent de nouveau grelotter et claquer des dents! » soupirais-je : — alors des brumes glacées s'élevèrent de moi.

Mon passé brisa ses tombes, mainte douleur enterrée vivante se réveilla : elle n'avait fait que dormir tout son soûl, dissimulée sous des linceuls.

Ainsi tout me disait par des signes : « Il est temps! » Mais — je n'entendais pas : jusqu'au moment où mon gouffre bougea et où je fus mordu par ma pensée.

Ah, pensée insondable qui est *ma* pensée! Quand trouverai-je la force de t'entendre creuser et de ne plus trembler?

Quand je t'entends creuser, le cœur me bat jusqu'à la gorge! Même ton silence veut m'étrangler, toi qui te tais insondablement!

Jamais encore je n'ai osé t'appeler à la surface : c'est bien assez de t'avoir portée en moi! Je n'ai pas encore été assez fort pour la dernière audace du lion et sa dernière malice.

Ta pesanteur m'a toujours été chose assez terrible : mais un jour je trouverai la force et la voix du lion qui te feront monter à la surface!

Quand j'en serai venu à bout, je viendrai encore à bout d'une chose plus grande; et une *victoire* sera le sceau de mon accomplissement!

Entre-temps j'erre encore sur des mers incertaines; le hasard me flatte, la mauvaise langue; je regarde en avant et en arrière — et je ne vois toujours pas la fin.

L'heure de mon dernier combat n'est pas encore venue — ou bien me vient-elle en ce moment? En vérité, en vérité, la mer et la vie alentour me regardent avec une beauté perfide!

O après-midi de ma vie! O bonheur avant le soir! O port en haute mer! O paix dans l'incertitude! Comme je me méfie de vous tous!

En vérité, je me méfie de votre beauté perfide! Je suis semblable à l'amant qui se méfie d'un sourire trop velouté!

De même qu'il pousse devant lui sa bien-aimée, tendre encore dans sa dureté, le jaloux, de même je pousse devant moi cette heure bienheureuse.

Loin de moi, heure bienheureuse! Tu m'as apporté la béatitude malgré moi! Je suis ici docile à ma douleur la plus profonde : — tu es venue au mauvais moment!

Loin de moi, heure bienheureuse! Cherche plutôt refuge là-bas, chez mes enfants! Hâte-toi! Et bénis-les avant le soir avec *mon* bonheur!

Déjà le soir approche : le soleil disparaît. Mon bonheur — s'en est allé!

Ainsi parlait Zarathoustra. Et il attendit son malheur toute la nuit; mais il attendit en vain. La nuit resta claire et calme, et le bonheur lui-même s'approcha de plus en plus de lui. Vers le matin cependant Zarathoustra se mit à rire en son cœur et dit d'un ton ironique : « Le bonheur me court après. Cela vient de ce que je ne cours pas après les femmes. Or le bonheur est une femme. »

Avant le lever du soleil.

O ciel au-dessus de moi, ciel pur! Profond! Abîme de lumière! En te contemplant je frissonne de désirs divins.

Me jeter dans ta hauteur — c'est là *mon* abîme! Me cacher dans ta pureté, c'est là *mon* innocence!

Le dieu est voilé par sa beauté : c'est ainsi que tu caches tes étoiles. Tu ne parles pas : c'est ainsi que tu me révèles ta sagesse.

Muet au-dessus de la mer agitée, tu t'es levé aujourd'hui pour moi, ton amour et ta pudeur apportent une révélation à mon âme agitée.

Tu es venu à moi, beau et voilé de ta beauté, tu me parles sans mot dire, évident dans ta sagesse :

Oh comment ne devinerais-je pas toute la pudeur de ton âme! Tu es venu à moi avant le soleil, à moi le plus solitaire.

Nous sommes amis : le chagrin et l'épouvante et la profondeur nous sont communs; même le soleil nous est commun.

Nous ne nous parlons pas parce que nous savons trop de choses : — nous nous regardons en silence, par des sourires nous nous communiquons notre savoir.

N'es-tu pas la lumière qui accompagne ma flamme? N'es-tu pas l'âme sœur de mon intelligence?

Ensemble nous avons tout appris; ensemble nous avons appris à monter vers nous-mêmes, au-dessus de nous-mêmes, et à sourire d'un air serein :

— sereins, nous sourions avec des yeux clairs et très loin devant nous, quand, au-dessous de nous, la contrainte et le but et la faute se condensent, comme la pluie.

Et quand je marchais seul : *de quoi* mon âme avait-elle faim sur les sentiers nocturnes et trompeurs? Et quand je gravissais les montagnes, qui, si ce n'est toi, cherchais-je sur les sommets?

Et toutes mes courses et ascensions : ce n'était qu'un besoin et un expédient pour le maladroit : — toute ma volonté ne veut rien d'autre que *voler*, voler pour entrer *en toi!*

Et qui ai-je haï plus que les nuages qui passent et tout ce qui te souille? Et je haïssais même ma propre haine parce qu'elle te souillait!

J'en veux aux nuages qui passent, à ces chats sauvages qui s'approchent en tapinois : ils me prennent et ils te prennent ce qui nous est commun : le Oui énorme et sans limites, l'Amen que nous disons à tout.

Nous en voulons à ces médiateurs et préparateurs de mélanges : les nuages qui passent : ces tièdes qui n'ont appris ni à bénir ni à maudire du fond du cœur.

J'aime encore mieux rester dans le tonneau sous un ciel calfeutré, rester sans ciel dans l'abîme que de te voir, ciel de lumière, souillé par les nuages qui passent!

Et souvent j'ai eu envie de les clouer avec des éclairs d'or et, pareil au tonnerre, de battre de la timbale sur leur ventre de chaudron :

— timbalier furieux, parce qu'ils me volent ton Oui et ton Amen, ciel pur au-dessus de moi, ciel clair, abîme de lumière! — parce qu'ils te volent *mon* Oui et *mon* Amen.

Car je préfère encore le fracas et l'orage et les malédictions du temps à ce calme de chat prudent et sceptique; et parmi les hommes aussi ceux que je hais le mieux sont les furtifs et les tièdes, les nuages qui passent doutant et hésitant.

Et « qui ne peut pas bénir doit *apprendre* à maudire! » — cette doctrine claire m'est tombée du ciel clair, même dans les nuits noires cette étoile brille à mon ciel.

Or je bénis et je dis oui pourvu que tu m'entoures, ciel pur!

Clarté! Abîme de lumière! — Je porte jusque dans les abîmes la bénédiction de mon Oui.

Je suis devenu celui qui bénit et affirme : et pour cela j'ai lutté longtemps, j'ai été un lutteur afin d'avoir un jour les mains libres pour bénir.

Et voici ma bénédiction : être au-dessus de chaque chose comme son propre ciel, comme son toit rond, sa cloche d'azur et sa certitude éternelle : et bienheureux qui bénit ainsi!

Car toutes choses sont baptisées aux fontaines de l'éternité et par-delà le bien et le mal; mais le bien et le mal eux-mêmes ne sont que des ombres passagères, d'humides tristesses et des nuages fuyants.

En vérité je bénis et je ne blasphème pas quand j'enseigne : « Au-dessus de toutes choses il y a le ciel hasard, le ciel innocence, le ciel à-peu-près, le ciel exubérance. »

« Par hasard » — c'est là la plus ancienne noblesse du monde, je l'ai rendue à toutes choses, je les ai délivrées de l'esclavage du but.

Cette liberté et cette joie du ciel, je les ai mises comme une cloche d'azur sur toutes choses en enseignant qu'au-dessus d'elles et par elles, aucune « volonté éternelle » — n'affirmait sa volonté.

Cette exubérance et cette folie, je les ai mises à la place de cette volonté en enseignant : « De toutes choses une seule est toujours impossible — le bon sens! »

Un peu de raison, un grain de sagesse disséminé d'étoile en étoile — ce levain est mêlé à toutes choses : au nom de la folie la sagesse est mêlée à toutes choses!

Un peu de sagesse est bien possible : mais j'ai trouvé en toutes choses cette bienheureuse certitude : c'est qu'elles aiment encore mieux *danser* sur les pieds du hasard!

O ciel au-dessus de moi, ciel pur et haut! Ceci est maintenant pour moi ta pureté, qu'il n'existe pas d'éternelle araignée de raison tissant éternellement sa toile :

— que tu sois un plancher où dansent les danseurs divins, une table divine pour les dés et les joueurs divins!

Mais tu rougis? Ai-je dit des choses inexprimables? Ai-je blasphémé en voulant te bénir?

Ou bien est-ce la honte d'être deux qui te fait rougir? Me

dis-tu de m'en aller et de me taire parce que maintenant — *le jour* vient?

Le monde est profond et plus profond que le jour ne l'a jamais pensé. Tout ne doit pas être dit avec des mots devant le jour. Mais le jour vient : séparons-nous donc!

Ainsi parlait Zarathoustra.

De la vertu qui amoindrit.

1.

Lorsque Zarathoustra fut revenu sur la terre ferme, il n'alla pas tout droit vers sa montagne et sa caverne, mais il fit beaucoup de détours et de questions, s'informant de ceci et de cela, de sorte qu'il dit de lui-même en plaisantant : « Voici un fleuve qui fait bien des méandres pour remonter à sa source! » Car il voulait apprendre ce que *l'homme* était devenu pendant son absence : s'il était devenu plus grand ou plus petit. Et un jour il aperçut une rangée de maisons neuves; alors il s'étonna et dit :

Que signifient ces maisons? En vérité, elles n'ont pas été élevées par une grande âme en symbole d'elle-même!

Un enfant stupide les aurait-il tirées de sa boîte à jouets? Puisse donc un autre enfant les remettre dans sa boîte!

Et ces chambres et ces mansardes : des hommes peuvent-ils en sortir et y entrer? Elles me semblent faites pour des poupées de soie; ou pour des gourmands qui se laissent aussi croquer.

Et Zarathoustra s'arrêta et réfléchit. Puis il dit, peiné : « *Tout est devenu plus petit!* »

Je vois partout des portes plus petites : les hommes de mon espèce peuvent encore y passer, mais en courbant la tête!

Oh! quand retournerai-je dans ma patrie, où je ne serai plus forcé de me courber — de me courber *devant les petits!* — et Zarathoustra soupira et regarda au loin.

Mais le même jour, il fit son discours sur la vertu qui amoindrit.

2.

Je passe au milieu de ce peuple et je garde les yeux ouverts : ils ne me pardonnent pas de ne pas envier leurs vertus.

Ils cherchent à me mordre parce que je leur dis : aux petites gens, les petites vertus sont nécessaires — et parce que j'admets difficilement que les petites gens soient *nécessaires!*

Je ressemble toujours au coq dans une basse-cour étrangère, auquel les poules elles-mêmes donnent des coups de bec; mais je n'en tiens pas rigueur à ces poules.

Je suis poli avec elles comme avec tous les petits ennuis; sortir ses piquants contre les petits me paraît être une sagesse de hérisson.

Ils parlent tous de moi quand ils sont autour de l'âtre, le soir; — ils parlent de moi, mais personne ne pense — à moi!

C'est là le nouveau silence que j'ai appris à connaître : leur tapage autour de moi étend un manteau au-dessus de mes pensées.

Il font du tapage entre eux : « Que nous veut ce sombre nuage? Veillons à ce qu'il ne nous apporte pas une épidémie! »

Et dernièrement une femme retint son enfant qui voulait venir à moi : « Éloignez les enfants, cria-t-elle, de tels yeux brûlent les âmes d'enfants. »

Ils toussent quand je parle : ils s'imaginent que la toux est une objection contre les grands vents — ils ne devinent rien du tumulte de mon bonheur!

« Nous n'avons pas encore de temps pour Zarathoustra », c'est là leur objection; mais qu'importe un temps qui n'a « pas de temps » pour Zarathoustra?

Quand même ils feraient mon éloge : comment pourrais-je m'endormir sur leur éloge? Leur éloge est pour moi comme un cilice : il me pique encore quand je l'enlève.

Et j'ai aussi appris ceci parmi eux : celui qui loue fait comme s'il rendait ce qu'on lui a donné, mais en réalité il veut qu'on lui donne davantage!

Demandez à mon pied si votre genre flatteur et séducteur

lui plaît. En vérité, à cette cadence et sur ce tic-tac, il ne peut ni danser ni rester immobile.

Ils voudraient me louer et me séduire par l'appât de la petite vertu; ils voudraient entraîner mon pied au tic-tac du petit bonheur.

Je passe au milieu de ce peuple et je garde les yeux ouverts : ils sont devenus plus *petits* et rapetissent sans cesse : — *cela vient de leur doctrine du bonheur et de la vertu.*

C'est qu'ils sont modestes même dans la vertu — car ils veulent leurs aises. Et seule une vertu modérée se concilie avec les aises.

Certes, ils apprennent à leur manière à marcher et à aller de l'avant : j'appelle cela *clopiner*. C'est ainsi qu'ils deviennent un obstacle pour tous ceux qui sont pressés.

Et il y en a qui vont en avant tout en regardant en arrière, la nuque raidie : à ceux-là je me cogne volontiers.

Les pieds et les yeux ne doivent pas mentir, ni se donner le démenti l'un l'autre. Mais il y a beaucoup de mensonges parmi les petites gens.

Certains d'entre eux veulent, mais la plupart sont seulement voulus. Certains sont vrais, mais la plupart sont de mauvais comédiens.

Il y a parmi eux des acteurs sans le savoir et des acteurs sans le vouloir — les bons sont toujours rares, surtout les bons comédiens.

La virilité est rare ici : c'est pourquoi les femmes deviennent viriles. Car seul celui qui est assez homme peut *sauver la femme* dans la femme!

Et voici la pire des hypocrisies que j'ai trouvées parmi eux : même ceux qui commandent simulent les vertus de ceux qui servent.

« Je sers, tu sers, nous servons », — ainsi prie l'hypocrisie des maîtres, — et malheur quand le premier maître n'est *que* le premier serviteur!

Ah, mon regard curieux s'est égaré même dans leurs hypocrisies; et j'ai bien deviné leur bonheur de mouches et leurs bourdonnements devant des vitres ensoleillées.

Je vois tant de bonté, tant de faiblesse. Tant de justice et de compassion, tant de faiblesse.

Ils sont ronds, droits et bons les uns envers les autres, ronds, droits et bons comme les grains de sable envers d'autres grains de sable.

Embrasser modestement un petit bonheur — c'est ce qu'ils appellent « résignation! », et avec cela ils louchent déjà d'un air modeste vers un nouveau petit bonheur.

Le plus souvent dans leur ingénuité ils ne veulent au fond qu'une chose : que personne ne leur fasse mal. C'est pourquoi ils sont prévenants avec n'importe qui et font du bien à tout le monde.

Mais c'est là de la *lâcheté :* bien que cela s'appelle « vertu ».

Et s'il leur arrive de parler sur un ton rude, à ces petites gens : je n'entends dans leur voix que de l'enrouement, le moindre courant d'air en effet les enroue!

Ils sont habiles, leur vertu a des doigts habiles, mais il leur manque des poings : leurs doigts ne savent pas se cacher derrière des poings.

La vertu, c'est pour eux ce qui rend modeste et docile : grâce à elle ils ont fait du loup un chien, et de l'homme lui-même, le meilleur animal domestique de l'homme.

« Nous avons placé notre chaise au *milieu* — c'est ce que me dit leur sourire complaisant — aussi loin des gladiateurs mourants que des truies joyeuses. »

Mais c'est là de la *médiocrité* : bien que cela s'appelle modération.

3.

Je passe au milieu de ce peuple et je laisse tomber mainte parole : mais ils ne savent ni prendre ni retenir.

Ils s'étonnent que je ne sois pas venu pour blâmer la débauche et le vice; et en vérité, je ne suis pas venu non plus pour mettre en garde contre les pickpockets!

Ils s'étonnent que je ne sois pas prêt à affiner et à aiguiser leur astuce : comme s'ils n'avaient pas encore assez de ces malins dont la voix grince à mes oreilles comme un crayon d'ardoise!

Et quand je crie : « Maudissez tous ces lâches démons qui sont en vous et voudraient gémir et joindre les mains et adorer » : alors ils s'exclament : « Zarathoustra est impie! »

Ce sont surtout leurs maîtres de résignation qui le crient — mais justement, c'est à eux qu'il me plaît de corner à l'oreille : « Oui! Je suis Zarathoustra l'impie! »

Ces maîtres de résignation! Partout où il y a petitesse et maladie et teigne, ils rampent comme des poux; et seul mon dégoût m'empêche de les écraser.

Allons! Ceci est mon sermon pour *leurs* oreilles : je suis Zarathoustra l'impie, qui dit : « Qui est plus impie que moi, que je me réjouisse d'être initié par lui? »

Je suis Zarathoustra l'impie : où trouverai-je mon pareil? Et sont mes pareils tous ceux qui se donnent leur volonté eux-mêmes et rejettent toute résignation.

Je suis Zarathoustra l'impie : je fais aussi bouillir dans *ma* marmite tous les hasards. Et c'est seulement quand le hasard est cuit à point que je lui fais bon accueil et qu'il devient *ma* nourriture.

Et en vérité, maint hasard est venu à moi en maître : mais ma *volonté* lui a parlé plus impérieusement encore — et déjà il était à genoux et me suppliait;

— me suppliait de lui donner asile et chaleur chez moi, et me pressait de paroles flatteuses : « Vois donc, Zarathoustra, seul l'ami vient voir l'ami! »

Mais pourquoi parler quand personne n'a *mes* oreilles! Je vais donc le crier à tous les vents :

Vous ne cessez de rapetisser, petites gens! Vous vous émiettez, vous qui prenez vos aises! Pour finir, elles causeront votre perte;

— toutes vos petites vertus, toutes vos petites omissions, toute votre petite résignation!

Trop de ménagements, trop d'abandons : tel est votre terrain. Mais pour qu'un arbre devienne *grand*, il faut qu'il puisse prendre durement racine en embrassant de durs rochers!

Même vos omissions tissent la toile de l'avenir humain; même votre néant est une toile d'araignée et une araignée qui vit du sang de l'avenir.

Et quand vous prenez, c'est comme si vous voliez, ô petits vertueux; pourtant, même entre coquins l'*honneur* dit : « On ne doit voler que là où on ne peut pas piller. »

« Cela se donne » — c'est encore un dogme de la résignation.

Mais je vous le dis, à vous qui aimez vos aises : *cela se prend* et prendra de vous de plus en plus!

Ah, que ne cessez-vous de vouloir à moitié, que ne vous décidez-vous pour la paresse comme pour l'action!

Ah, que ne comprenez-vous ma parole : « Faites après tout ce que vous voulez, mais soyez d'abord de ceux *qui peuvent vouloir!* »

Aimez si vous voulez votre prochain comme vous-mêmes — mais soyez d'abord de ceux qui *s'aiment eux-mêmes!*

— qui aiment avec le grand amour, avec le grand mépris! Ainsi parle Zarathoustra l'impie.

Mais pourquoi parler quand personne n'a *mes* oreilles! Il est encore une heure trop tôt pour moi.

Je suis mon propre précurseur parmi ce peuple, mon propre chant du coq dans les rues obscures.

Mais *leur* heure vient! Et vient aussi la mienne! D'heure en heure, ils deviennent plus petits, plus pauvres, plus stériles — pauvre herbe! Pauvre terrain!

Et bientôt ils seront devant moi comme de l'herbe sèche, comme une steppe, et en vérité, fatigués d'eux-mêmes — et plus altérés de *feu* que d'eau!

O heure bénie de la foudre! O secret d'avant midi! — un jour je ferai d'eux des feux permanents et des messagers aux langues de feu :

— Un jour ils annonceront avec des langues de feu : Il vient, il est proche, *le Grand Midi!*

Ainsi parlait Zarathoustra.

Sur le mont des oliviers.

L'hiver, triste compagnon, est assis chez moi; mes mains sont bleues de la poignée de la main de son amitié.

Je le respecte, ce triste compagnon, mais j'aime à le laisser seul. J'aime à lui échapper, et en courant *bien*, on lui échappe!

Avec des pieds chauds et des pensées chaudes, je cours là où le vent s'arrête — vers le coin ensoleillé de mon jardin d'oliviers.

Là, je me moque de mon hôte rigoureux et je lui sais gré

d'être chez moi à attraper les mouches et de faire taire bien des petits bruits.

C'est qu'il ne supporte pas d'entendre bourdonner une mouche, ou pis encore, deux; il met de la solitude jusque dans la rue, si bien que, la nuit, la lune elle-même y prend peur.

C'est un dur compagnon — mais je le respecte et je n'adore pas le dieu bedonnant du feu, comme font les douillets.

Plutôt encore claquer un peu des dents que d'adorer les idoles! — ainsi le veut ma nature. Et j'en veux spécialement à tous les dieux du feu, qui sont ardents, fumants et confinés.

Qui j'aime, je l'aime mieux en hiver qu'en été; je me moque mieux de mes ennemis et plus bravement, depuis que l'hiver est installé dans ma maison.

Bravement, en vérité, même quand je me *tapis* dans mon lit : — là mon bonheur tapi rit encore et s'ébat; il rit encore mon rêve mensonger.

Moi, ramper? jamais de ma vie je n'ai rampé devant les puissants; et si j'ai jamais menti, j'ai menti par amour. C'est pourquoi je suis content même dans mon lit d'hiver.

Un lit médiocre me réchauffe mieux qu'un lit riche, car je suis jaloux de ma pauvreté. Et c'est en hiver qu'elle m'est le plus fidèle.

Je commence chaque jour par une méchanceté, je me moque de l'hiver en prenant un bain froid : ce qui fait grogner mon ami sévère.

J'aime aussi à le chatouiller avec une petite bougie : pour qu'il délivre enfin le ciel de son demi-jour livide.

Je suis surtout méchant le matin : de bonne heure, quand le seau résonne contre le puits et que les chevaux lancent leur hennissement chaud dans les rues grises :

J'attends alors impatiemment que le ciel s'éclaire enfin, ce ciel d'hiver à barbe de neige, ce vieillard à tête chenue;

— ce ciel d'hiver, ce taciturne, qui souvent même tait son soleil!

Est-ce de lui que j'ai appris les longs silences clairs? Ou bien les a-t-il appris de moi? Ou chacun de nous les a-t-il inventés lui-même?

Toutes les bonnes choses ont une origine multiple, — toutes les bonnes choses enjouées sautent de joie dans l'existence : comment ne le feraient-elles — qu'une fois?

Un bonne chose enjouée, c'est aussi garder longtemps le silence, et, tel le ciel d'hiver, montrer un visage clair et un œil rond :

— comme lui taire son soleil et son inflexible volonté de soleil, en vérité, je les ai *bien* appris, cet art et cette gaieté de l'hiver!

C'est mon art et ma plus chère méchanceté, d'avoir appris à mon silence à ne pas se trahir par le silence.

En faisant tonner paroles et dés, je dupe les observateurs solennels : ma volonté et mon but doivent échapper à ces mouchards sévères.

Pour que personne ne puisse sonder mon fond et ma dernière volonté, je me suis inventé le long silence clair.

J'ai rencontré plus d'un malin : il couvrait son visage et troublait son eau, afin que personne ne pût le percer à jour et le pénétrer jusqu'au fond.

Mais c'est à lui justement qu'allaient les méfiants et les casseurs de noix les plus malins : à lui, justement, qu'on prenait le poisson le mieux caché!

Pour moi au contraire, les clairs, les braves, les transparents — sont les plus malins d'entre les taciturnes : car leur fond est si *profond* que l'eau la plus claire elle-même — ne le *trahit* pas.

Silencieux ciel d'hiver à la barbe de neige, tête blanche à l'œil rond au-dessus de moi! O symbole céleste de mon âme et de sa pétulançe!

Et ne suis-je pas *forcé* de me cacher, tel quelqu'un qui a avalé de l'or — afin que l'on ne m'ouvre pas l'âme?

Ne suis-je pas *forcé* de monter sur des échasses pour qu'ils ne *voient pas* mes longues jambes, tous ces envieux chagrins qui sont autour de moi?

Ces âmes enfumées, renfermées, usées, moisies, aigries — comment leur envie *supporterait-elle* mon bonheur!

C'est pourquoi je ne leur montre que la glace et l'hiver de mes sommets, et *non pas* tous les soleils dont ma montagne se fait une écharpe!

Ils n'entendent siffler que mes tempêtes hivernales, et ne savent *pas* que je navigue aussi sur des mers chaudes, pareil aux vents du sud langoureux, chauds et lourds.

Ils s'apitoient sur mes accidents et sur mes hasards — mais

ma parole est : « Laissez venir à moi le hasard : il est innocent comme un petit enfant! »

Comment *pourraient-ils* supporter mon bonheur si je ne mettais autour de lui des accidents, de la misère d'hiver, des bonnets de peau d'ours et des pans de ciel de neige?

— si je n'avais moi-même pitié de leur pitié, de la pitié de ces envieux chagrins!

— si moi-même je ne soupirais et ne grelottais devant eux, en me *laissant* patiemment envelopper de leur pitié?

Ceci est la sage gaieté et la bienveillance de mon âme, qu'elle ne *dissimule* pas ses hivers et ses vents glacés; elle ne cache pas non plus ses engelures.

La solitude de l'un est la fuite du malade; la solitude de l'autre est la fuite *devant* les malades.

Qu'ils m'entendent donc claquer des dents et soupirer à cause du froid, tous ces pauvres coquins envieux qui m'entourent! En soupirant ainsi et en claquant des dents, je peux fuir leurs chambres chauffées.

Qu'ils soupirent donc et s'apitoient sur mes engelures : « Pour finir la glace de la connaissance va le *geler*! » — ainsi gémissent-ils.

Pendant ce temps, j'ai chaud aux pieds et parcours en tous sens ma montagne d'oliviers : dans le coin ensoleillé de ma montagne d'oliviers, je chante et me moque de toute pitié.

Ainsi chantait Zarathroustra.

En passant.

Ainsi, cheminant lentement parmi bien des peuples et à travers mainte ville, Zarathoustra rentrait par des voies détournées dans ses montagnes et sa caverne. Et voici qu'à l'improviste il arriva à la porte de la *grande ville* : mais là, un fou écumant, les bras étendus, se jeta sur lui et lui barra le chemin. C'était ce fou que le peuple appelait « le singe de Zarathoustra »: car il avait copié la tournure et le ton de ses discours et faisait volontiers des emprunts au trésor de sa sagesse. Or le fou parla ainsi à Zarathoustra :

O Zarathoustra, voici la grande ville : tu n'as rien à y chercher et tout à y perdre.

Pourquoi voudrais-tu patauger dans cette boue? Aie donc pitié de tes pieds! Crache plutôt sur la porte et — rebrousse chemin!

C'est ici l'enfer pour les pensées du solitaire : ici les grandes pensées sont jetées vivantes à l'eau bouillante et réduites en petits morceaux.

Ici tous les grands sentiments pourrissent : seuls ont le droit de cliqueter les petits sentiments au bruit sec de crécelle!

Ne sens-tu pas déjà l'odeur des abattoirs et des gargotes de l'esprit? Les vapeurs qui montent de l'esprit égorgé ne font-elles pas fumer cette ville?

Ne vois-tu pas les âmes pendre comme des chiffes molles et sales? — Et de ces chiffes, ils font encore des journaux!

N'entends-tu pas que l'esprit est devenu jeu de mots? Il crache une répugnante rinçure de mots!

— Et de cette rinçure, ils font encore des journaux.

Ils se pourchassent les uns les autres et ne savent pas où ils vont. Ils s'excitent les uns les autres et ne savent pas pourquoi. Ils font tinter leur fer-blanc, ils font sonner leur or.

Ils ont froid et cherchent la chaleur dans l'eau-de-vie; ils ont chaud et cherchent la fraîcheur dans les esprits glacés; l'opinion publique leur donne la fièvre et les frappe d'un mal chronique.

Toutes les débauches et les vices sont ici chez eux; mais il y a aussi des gens vertueux, il y a beaucoup de vertus en titre et adroites :

Beaucoup de vertus adroites pourvues de doigts pour écrire et d'une chair dure pour s'asseoir et attendre, des vertus comblées de petites décorations et de filles qui sont des poupées sans derrière bourrées de son.

Et puis, il y a aussi beaucoup de dévotion, beaucoup de pieuse lèche et d'encens devant le Dieu des Armées.

« D'en haut » pleuvent en effet l'étoile et le gracieux crachat; c'est vers le haut que se tend toute poitrine sans crachat.

La lune a son halo et la cour a ses cuistres, mais vers tout ce qui vient de la cour s'élèvent les prières du peuple-mendiant et de toute vertu-mendiante adroite.

« Je sers, tu sers, nous servons » — telle est la prière de toute vertu adroite au prince : afin qu'en récompense de ses services, l'étoile s'épingle enfin sur sa poitrine étroite.

Mais la lune tourne autour des choses terrestres : et le Prince tourne autour des biens les plus terrestres : et c'est l'or des épiciers.

Le Dieu des Armées n'est pas le Dieu de l'or en barre; le Prince propose, mais l'épicier — dispose!

Au nom de tout ce qui est clair et fort et bon en toi, ô Zarathoustra! Crache sur cette ville d'épiciers et retourne sur tes pas!

Ici tout sang coule dans toute veine en pourrissant, tiédissant, écumant; crache sur la grande ville qui est le dépotoir où toutes les lies mélangent leur écume.

Crache sur cette ville d'âmes écrasées et de poitrines étroites, de regards en vrille, de doigts gluants.

Sur cette ville d'importuns, d'impertinents, d'écrivassiers et de braillards, d'ambitieux surexcités :

où s'amasse tout ce qui est carié, mal famé, lubrique, lugubre blet, ulcéré, rebelle :

— crache sur la grande ville et retourne sur tes pas!

Mais ici Zarathoustra interrompit le nain écumant et lui ferma la bouche.

« Tais-toi à la fin! s'écria Zarathoustra, il y a longtemps que tes propos et tes manières me dégoûtent!

Pourquoi as-tu vécu si longtemps au voisinage du marécage que tu en es devenu toi-même grenouille et crapaud?

Un sang marécageux, pourri et écumant ne coule-t-il pas aussi dans tes veines pour que tu aies appris ainsi à coasser et à médire?

Pourquoi n'es-tu pas allé dans la forêt? Pourquoi n'as-tu pas labouré la terre? La mer n'est-elle pas pleine d'îles vertes?

Je méprise ton mépris; et si tu me mets en garde, pourquoi ne te mets-tu pas en garde toi-même?

Mon mépris et mon oiseau crieur d'alarme, c'est de l'amour seul qu'ils doivent sortir pour prendre leur vol : mais non point du marécage!

On t'appelle mon singe, ô fou écumant : mais je t'appelle mon porc grognant — ton grognement finira par me gâter mon éloge de la folie!

Qu'est-ce donc, ce qui d'abord t'a fait grogner? Personne

ne t'a assez *flatté* : c'est pourquoi tu t'es assis à côté de ces ordures, afin d'avoir beaucoup de raisons de grogner.

— beaucoup de raisons d'exercer ta *vengeance*! Car je t'ai bien deviné, fou vaniteux, toute ton écume est de la vengeance!

Mais ton propos de fou *me* suit, même quand tu as raison! Et quand la parole de Zarathoustra aurait mille fois *raison* : tu ferais toujours du *tort* en te servant de ma parole! »

Ainsi parla Zarathoustra; puis il regarda la grande ville, soupira et se tut longtemps. Enfin il prononça ces mots :

Moi aussi, cette grande ville me dégoûte, pas seulement ce fou. Ici comme là, il n'y a rien à corriger, rien à aggraver.

Malheur à cette grande ville! — Et je voudrais déjà voir la colonne de feu qui l'incendiera!

Car ces colonnes de feu doivent précéder le grand midi. Mais ceci a son temps et son destin propre.

A toi cependant, fou, je donne cet enseignement en guise d'adieu : quand on ne peut plus aimer, il faut — *passer*!

Ainsi parla Zarathoustra et il passa devant le fou et la grande ville.

Des renégats.

1.

Ah, est-ce déjà fané et gris tout ce qui naguère sur cette prairie était encore vert et diapré? Et combien de miel d'espoir ai-je porté d'ici à ma ruche? déjà tous ces jeunes cœurs sont devenus vieux — et pas même vieux! seulement fatigués, vulgaires, accommodants : — ils expliquent cela en disant : « Nous sommes redevenus pieux. »

Naguère encore je les voyais de bonne heure sortir sur des pieds courageux; mais leurs pieds se sont fatigués de la connaissance, et voici qu'ils calomnient jusqu'à leur courage du matin!

En vérité, maint d'entre eux levait les jambes comme un danseur, le rire caché dans ma sagesse lui faisait signe : —

puis il s'est ravisé. Je viens de le voir faire amende honorable, en courbant le dos.

Jadis ils voltigeaient autour de la lumière et de la liberté pareils aux mouches et aux jeunes poètes. Un peu plus vieux, un peu plus froids : et déjà ce sont des calotins et des cagots casaniers.

Le courage leur a-t-il manqué parce que la solitude m'a englouti comme aurait fait une baleine? Leur oreille s'est-elle tendue *en vain*, pleine d'attente et de désir, pour entendre mes trompettes et mes appels de héraut?

— Ah! Ils sont toujours rares ceux dont le cœur garde longtemps courage et impétuosité; et ce sont aussi ceux dont l'esprit est patient. Mais le reste est *lâche*.

Le reste : ce sont toujours les plus nombreux, les gens communs, les superflus, ceux qui sont de trop — et tous sont lâches!

Quiconque est de mon espèce trouvera sur son chemin des aventures semblables aux miennes : en sorte que ses premiers compagnons seront des cadavres et des pitres.

Quant à ses deuxièmes compagnons — ils se diront ses *fidèles* : une vivante multitude, beaucoup d'amour, beaucoup de folie, beaucoup d'adoration juvénile.

Celui qui est de mon espèce parmi les hommes, qu'il n'aille pas attacher son cœur à ces fidèles; qu'il n'aille pas croire à ces printemps et à ces prairies diaprées, celui qui connaît l'espèce humaine et sa lâche frivolité!

S'ils *pouvaient* faire autrement, ils *voudraient* aussi autre chose. Les hommes de la demi-mesure gâchent tout ce qui est entier. Que les feuilles se fanent — y a-t-il lieu de s'en plaindre?

Laisse-les aller, laisse-les tomber, ô Zarathoustra, et ne te plains pas! Souffle plutôt sur eux avec les vents bruissants!

— souffle sur ces feuilles, ô Zarathoustra; afin que tout ce qui est *fané* te fausse encore plus vite compagnie!

2.

« Nous sommes redevenus pieux » — c'est ce que confessent ces renégats; et beaucoup d'entre eux sont encore trop lâches pour en faire l'aveu.

Ceux-là, je les regarde en *face* — je leur dis en face et face au rouge de leurs joues : vous êtes de ceux qui recommencent à *prier*!

Or c'est une honte de prier! Non pour tout le monde, mais pour toi, et pour moi, et pour quiconque a sa conscience dans la tête. Pour *toi*, c'est une honte de prier!

Tu le sais bien : le lâche démon qui est en toi et aimerait bien joindre les mains et se croiser les bras et vivre plus commodément : — ce lâche démon te dit : « *Il y a* un Dieu! »

Mais en ceci, tu rejoins ceux qui craignent la lumière, ceux à qui la lumière ne laisse pas de répit; maintenant il te faut chaque jour plonger la tête plus bas dans la nuit et la brume.

Et, en vérité, tu as bien choisi ton heure : car, justement, les oiseaux de nuit recommencent à sortir. L'heure est venue de ceux qui craignent la lumière, l'heure de repos, la veille de fête où l'on ne « chôme » pas.

Je l'entends et je le sens : l'heure est venue de la chasse et de la procession, non certes de la chasse infernale, mais de celle des sournois qui prient à voix basse, espions impotents et domptés;

— de la chasse aux couards pleins d'âme : toutes les souricières des cœurs sont de nouveau posées! Et chaque fois que je tire un rideau, il s'en échappe un petit phalène.

Était-il blotti contre un autre petit phalène? Car je sens partout de petites communautés cachées; et là où il y a des mansardes, on trouve de nouveaux bigots et une odeur de bigot.

Ils veillent longtemps ensemble le soir et disent : « Laissez-nous redevenir comme de petits enfants et dire : « Bon Dieu! » — alors qu'ils ont la bouche et l'estomac gâtés par les pieux confiseurs.

Ou bien ils passent de longues soirées à regarder une astucieuse araignée porte-croix qui, à l'affût, prêche l'astuce aux araignées elles-mêmes et leur enseigne ceci : « Il fait bon tisser sa toile sous les croix. »

Ou bien ils passent des jours entiers à pêcher à la ligne dans des marais et croient par là être *profonds*; mais je ne le dis pas même superficiel, celui qui pêche là où il n'y a pas de poisson!

Ou bien, pieux et contents, ils apprennent à jouer de la

harpe auprès d'un faiseur de chansons qui aimerait bien jouer de la harpe jusque dans le cœur des jeunes petites femmes: — car il s'est fatigué des vieilles petites femmes et de leurs chœurs de louanges.

Ou bien ils apprennent à avoir le frisson chez un demi-fou savant qui attend dans des chambres obscures que les esprits lui apparaissent — et que son esprit à lui l'abandonne tout à fait!

Ou bien ils écoutent les flonflons d'un vieux musicien roué à qui les vents lugubres ont enseigné la mélancolie des sons : maintenant il siffle en copiant le vent et prêche la mélancolie sur un ton lugubre.

Et certains d'entre eux sont même devenus veilleurs de nuit : ils savent maintenant souffler dans la corne et circuler la nuit et réveiller de vieilles choses depuis longtemps endormies.

De ces vieilles choses, j'ai entendu cinq mots cette nuit au mur du jardin : ils venaient de ces vieux veilleurs de nuit secs et tristes.

« Pour un père, il ne veille pas assez sur ses enfants : des pères humains font cela mieux que lui! »

« Il est trop vieux! Il ne veille plus du tout sur ses enfants » — répondit l'autre veilleur de nuit.

« *A-t-il* donc des enfants? Personne ne peut le prouver s'il ne le prouve pas lui-même! Je voudrais depuis longtemps qu'il le prouvât une fois sérieusement. »

« Prouver? Comme si celui-là avait jamais prouvé quelque chose! Prouver lui coûte; il tient beaucoup à ce que l'on *croie* en lui. »

« Oui! Oui! La foi le rend heureux, la foi en lui! C'est dans la nature des vieilles gens et nous faisons de même! »

— Ainsi se parlaient les deux hiboux veilleurs de nuit, puis ils soufflèrent tristement dans leurs cornes : c'est arrivé cette nuit près des murs du jardin.

Quant à moi, mon cœur se tordait de rire et voulait s'évader et ne savait où aller et me dilatait la rate.

En vérité, ce sera ma mort, j'étoufferai de rire à voir des ânes ivres et à entendre des veilleurs de nuit douter ainsi de Dieu.

Le temps n'est-il pas *depuis longtemps* révolu même pour

tous ces doutes? Qui a donc le droit de réveiller ces ténébreuses vieilles choses endormies?

Il y a longtemps que les vieux dieux se sont éteints : — et en vérité, ils eurent une bonne et joyeuse fin pour des dieux!

Ils ne sont pas entrés dans le « crépuscule » pour mourir — on ment quand on le dit! Bien plutôt : ils sont tout simplement *morts — de rire.*

C'est ce qui arriva lorsqu'un dieu lui-même prononça le mot le plus impie — la parole : « Il n'y a qu'un Dieu! Tu n'auras pas d'autre dieu à côté de moi! »

— Une vieille barbe méchante de Dieu, un Dieu jaloux s'est donc oublié à ce point :

Et alors tous les dieux ont pouffé et se sont écriés en branlant sur leurs chaises : « N'est-ce pas justement le propre de la divinité qu'il n'y ait pas un dieu, mais des dieux? »

Que celui qui a des oreilles entende.

Ainsi parla Zarathoustra dans la ville qu'il aimait et qui portait le surnom de la « Vache bigarrée ». Car il n'avait plus de là que deux jours de marche pour retourner à sa caverne et retrouver ses animaux; cependant, son âme ne cessait d'exulter de se sentir si près du retour.

Le retour.

O Solitude! O ma patrie solitude! Trop longtemps j'ai vécu farouchement en de farouches pays étrangers pour ne pas revenir à toi avec des larmes!

Maintenant menace-moi du doigt comme menacent les mères, et souris-moi comme sourient les mères, dis-moi seulement : « Et qui est-il, celui qui est parti un jour comme un ouragan?

« — qui a crié en partant : trop longtemps j'ai tenu compagnie à ma solitude, c'est ainsi que j'ai désappris le silence! Sans doute l'as-tu appris maintenant?

« O Zarathoustra, je sais tout; et qu'au sein de la multitude, tu t'es senti plus *abandonné*, toi l'unique, que tu ne le fus jamais près de moi!

« Abandon et solitude ne sont pas la même chose : c'est

cela que tu as appris maintenant! Et que toujours tu seras farouche et étranger parmi les hommes :

« — farouche et étranger même s'ils t'aiment : car ils veulent d'abord que tout leur soit épargné!

« Mais ici, tu es chez toi, tu peux t'épancher entièrement et dire toutes tes raisons, ici nul n'a honte des sentiments secrets et renfermés.

« Ici, toutes les choses viennent caresser ta parole et te flattent : car elles veulent monter sur ce dos. Ici, tous les symboles te servent de monture pour aller vers toutes les vérités.

« Ici, tu peux parler franchement et loyalement à toutes les choses et, en vérité, c'est un baume pour leurs oreilles que quelqu'un leur parle — sans détour!

« Mais toute autre chose est l'abandon. Car te souviens-tu, ô Zarathoustra? Le jour où ton oiseau criait au-dessus de toi, quand tu étais dans la forêt, perplexe et ignorant, presque un cadavre :

« — le jour où tu as dit : que mes animaux me conduisent! J'ai trouvé plus de danger parmi les hommes que parmi les animaux : — c'était de l'abandon!

« Et te souviens-tu, ô Zarathoustra? Lorsque tu étais assis sur ton île, fontaine de vin parmi les seaux vides, donnant et dépensant, distribuant et versant à ceux qui avaient soif :

« — jusqu'à ce que tu fusses enfin seul altéré parmi les hommes ivres, et que tu gémisses dans la nuit : « N'y a-t-il pas plus de bonheur à prendre qu'à donner? Et à voler plus qu'à prendre? » — C'était de l'abandon!

« Et te souviens-tu, ô Zarathoustra? Lorsque ton heure la plus silencieuse vint à toi et te chassa de toi-même, lorsqu'elle te dit dans un murmure méchant : « Parle et brise-toi! »

— lorsqu'elle te dégoûta de ton attente et de ton silence et découragea ton humble courage : c'était de l'abandon! »

O solitude! Toi ma patrie solitude! Comme ta voix qui me parle est bienheureuse et tendre!

Nous ne nous interrogeons pas l'un l'autre, nous ne nous plaignons pas l'un l'autre, ensemble nous franchissons ouvertement les portes ouvertes.

Car tout est ouvert et clair chez toi; les heures elles-mêmes ont ici un pas plus léger. C'est que, dans le noir, le temps est plus lourd à porter que dans la lumière.

Ici toutes les paroles et toutes les portes de l'être s'ouvrent d'un coup à moi : tout l'être veut devenir parole, tout devenir veut que je lui apprenne à parler.

En bas, cependant, toute parole est vaine! La meilleure sagesse est d'oublier et de passer : — c'est là ce que j'ai appris!

Celui qui chez les hommes voudrait tout comprendre devrait tout attaquer. Mais pour cela j'ai les mains trop propres.

Rien que leur haleine me dégoûte déjà; ah, pourquoi ai-je vécu si longtemps parmi leur vacarme et leur mauvaise haleine!

O bienheureux silence autour de moi! O senteurs pures autour de moi! O comme le silence respire le souffle pur à pleins poumons! O comme il tend l'oreille, ce bienheureux silence!

Mais en bas, tout parle et rien n'est entendu. On peut annoncer sa sagesse à sons de cloche : les épiciers du marché la couvriront du bruit de leurs sous!

Tous parlent chez eux, personne ne sait plus comprendre. Tout tombe à l'eau, rien ne tombe plus dans les puits profonds.

Tout parle chez eux, rien ne réussit ni ne s'achève. Tout caquette, mais qui veut encore rester dans son nid pour couver tranquillement ses œufs?

Tout parle chez eux, tout est broyé en mots. Et ce qui hier encore était trop dur pour le temps lui-même et pour ses dents : aujourd'hui cela pend, raclé et rongé, de la gueule de l'homme d'à présent.

Tout parle chez eux, tout est trahi. Et ce qui jadis se nommait secret et intimité des âmes profondes appartient aujourd'hui aux trompettes de la rue et autres braillards papillonnants.

O être humain, étrange créature! Vacarme dans les rues obscures! Te voilà de nouveau derrière moi : mon plus grand danger est derrière moi!

Mon plus grand danger s'est toujours caché dans les ménagements et dans la pitié; et tout être humain veut être ménagé et toléré.

Dissimulant mes vérités, la main folle et le cœur épris,

riche en petits mensonges de pitié — c'est ainsi que j'ai toujours vécu parmi les hommes.

J'étais assis parmi eux, déguisé, prêt à me méconnaître afin de pouvoir les supporter, et me disant volontiers : « Fou que tu es, tu ne connais pas les hommes! »

On oublie ce que l'on sait des hommes à vivre parmi les hommes : il y a trop de premiers plans en tout homme — à quoi bon avoir des yeux qui voient loin, des yeux qui cherchent le lointain!

Et quand ils me méconnaissaient : dans ma folie je les ménageais plus que moi-même : habitué que j'étais à être dur envers moi-même et, souvent encore, me vengeant sur moi-même de ces ménagements.

Piqué par des mouches venimeuses et creusé comme la pierre par les nombreuses gouttes de la méchanceté : c'est ainsi que j'étais assis parmi eux et me disant encore : « Tous ces petits ne sont pas responsables de leur petitesse! »

Les mouches les plus venimeuses, je les ai surtout trouvées chez ceux qui s'appellent « les bons » : ils piquent en toute innocence, ils mentent en toute innocence; comment seraient-ils *capables* d'être justes envers moi!

Quiconque vit parmi les bons, la pitié lui enseigne à mentir. La pitié rend l'air irrespirable à toutes les âmes libres. Car la bêtise des bons est insondable.

Me cacher et cacher ma richesse — c'est cela que j'ai appris en bas : car chacun d'entre eux, je l'ai trouvé pauvre d'esprit. Ce fut le mensonge de ma pitié de savoir pour chacun d'eux :

— que je voyais et sentais ce qui en fait d'esprit lui *suffisait* et ce qui déjà était *trop!*

Leurs sages guindés : je les ai dits sages, non guindés, c'est ainsi que j'ai appris à avaler les mots. Leurs fossoyeurs : je les ai appelés chercheurs et savants — c'est ainsi que j'ai appris à échanger les mots.

En creusant leurs fosses, les fossoyeurs attrapent des maladies. Sous les vieilles ruines trainent des vapeurs malsaines. Il ne faut pas remuer la fange. Il faut vivre sur les montagnes.

Avec des narines dilatées de bonheur, je respire de nouveau l'air libre des montagnes! Mon nez est enfin délivré de l'odeur de toute présence humaine!

Chatouillée par des souffles piquants comme des vins mousseux, mon âme *éternue* — éternue et s'acclame elle-même en disant : « A ta santé! »

Ainsi parlait Zarathoustra.

Des trois maux.

1.

En rêve, dans mon dernier rêve du matin, je me trouvais aujourd'hui sur une pointe de terre — au-delà du monde, je tenais une balance et je pesais le monde.

O pourquoi l'aurore est-elle venue trop tôt à moi : son ardeur m'a réveillé, la jalouse! Elle est toujours jalouse de mon ardent rêve du matin.

Mesurable pour celui qui a le temps, pesable pour un bon peseur, à la portée d'ailes puissantes, transparent pour de divins chercheurs : — c'est ainsi que mon rêve a trouvé le monde :

Mon rêve, un navigateur audacieux, mi-vaisseau, mi-bourrasque, silencieux comme le papillon, impatient comme le faucon noble : quelle patience et quel loisir il a eus aujourd'hui pour peser le monde!

Ma sagesse l'aurait-elle aujourd'hui secrètement encouragé, ma sagesse de jour riante et éveillée qui se moque de tous les « mondes infinis »? Car elle dit : « Où il y a la force, le *nombre* est maître : c'est lui qui a le plus de force. »

Avec quelle assurance mon rêve a regardé ce monde fini, ni curieux de l'avenir, ni avide du passé, ni craintif, ni implorant :

— comme si une pomme entière s'offrait à ma main, une pomme d'or mûre, à la peau douce, fraîche et veloutée : — c'est ainsi que le monde s'offrait à moi :

— comme si un arbre me faisait signe, un arbre aux larges branches, puissant, tordu, offrant dossier et escabeau au voyageur fatigué : ainsi le monde se dressait sur mon cap :

— comme si des mains gracieuses venaient vers moi avec un coffret — un coffret ouvert pour le ravissement d'un œil respectueux et pudique : ainsi le monde s'est offert aujourd'hui à moi :

— pas assez énigme pour en chasser l'amour de l'homme, pas assez mot de l'énigme pour endormir la sagesse de l'homme : — une bonne chose humaine, tel me fut aujourd'hui le monde dont on raconte tant de mal!

Combien je suis reconnaissant à mon rêve du matin d'avoir ainsi pesé le monde à la première heure! Il est venu à moi comme une bonne chose humaine, ce rêve et réconfort du cœur!

Et enfin de l'imiter en plein jour et d'apprendre la meilleure de ses leçons : je vais maintenant poser sur la balance les trois plus mauvaises choses et les peser bien humainement.

Celui qui a enseigné à bénir a aussi enseigné à maudire : quelles sont les trois choses les plus maudites en ce monde? C'est elles que je vais mettre sur la balance.

Volupté, *despotisme*, *égoïsme:* ces trois choses ont été jusqu'à présent les plus maudites et les plus calomniées — je vais peser ces trois choses bien humainement.

Allons! Voici mon cap et voici la mer : il roule vers moi, moutonneux et caressant, le vieux monstre que j'aime, le vieux monstre fidèle aux cent têtes de chien.

Allons! C'est ici que je tiendrai ma balance, sur l'océan houleux : et je choisis aussi un témoin qui me regarde faire — toi, arbre solitaire à la senteur forte et à la vaste cime, arbre que j'aime!

Sur quel pont le présent va-t-il vers l'avenir? Quelle est la loi qui force le haut à rejoindre le bas? Et qu'est-ce qui commande au sommet le plus haut de continuer à *croître?*

Voici, la balance est en équilibre et immobile : j'y ai jeté trois lourdes questions, l'autre plateau porte trois lourdes réponses.

2.

Volupté : une épine et un pieu pour tous les contempteurs du corps en pénitence, maudite comme « monde » par tous les visionnaires de l'au-delà : car elle raille et nargue tous les professeurs de trouble et d'erreur.

Volupté : pour la racaille c'est le feu lent qui la consume; pour tout bois vermoulu, pour tout torchon puant, c'est le fourneau du rut bouillonnant.

Volupté : pour les cœurs libres innocente et libre, c'est le bonheur champêtre de la terre, l'exaltation reconnaissante de tout l'avenir pour le présent.

Volupté : pour les âmes flétries un poison douceâtre, mais pour qui a la volonté du lion, c'est le grand cordial, le vin des vins que l'on ménage respectueusement.

Volupté : le grand bonheur, le symbole du bonheur suprême et du suprême espoir. Car à bien des choses le mariage est promis, et plus que le mariage,

— à bien des choses plus étrangères à elles-mêmes que ne l'est l'homme à la femme : — et qui a jamais compris tout à fait *à quel point* l'homme et la femme sont étrangers l'un à l'autre!

Volupté : cependant je veux mettre des clôtures autour de mes pensées et même autour de mes mots : de peur que les porcs et les exaltés ne fassent irruption dans mes jardins!

Besoin de domination : le fouet brûlant des cœurs durs les plus endurcis,. le martyre terrible qui se réserve lui-même pour les plus cruels; la sombre flamme des bûchers vivants.

Besoin de domination : le frein méchant que l'on met aux peuples les plus vains; le railleur de toutes les vertus incertaines; qui monte tous les chevaux et toutes les fiertés.

Besoin de domination : le tremblement de terre qui fait éclater et disjoint tout ce qui est pourri et creux; le destructeur roulant grondant et punissant des tombeaux recrépis; le point d'interrogation fulgurant près des réponses prématurées.

Besoin de domination : sous le regard duquel l'homme rampe et se courbe et s'asservit et s'avilit plus que le serpent et le porc : — jusqu'à ce qu'enfin le grand mépris crie en lui.

Besoin de domination : le terrible maître qui enseigne le grand mépris et prêche aux villes et aux empires : « *Va* au diable! » — jusqu'à ce qu'ils s'écrient eux-mêmes : « *Je* vais au diable! »

Besoin de domination : mais qui, tentant, monte aussi vers les purs et les solitaires et jusqu'à de présomptueux sommets, brûlant comme un amour qui peint sur le ciel la pourpre de félicités tentantes.

Besoin de domination : mais qui l'appellerait *besoin* quand c'est le haut qui a envie de descendre jusqu'au pouvoir! En vérité, il n'y a rien de fiévreux ni de maladif dans ce besoin et cette descente!

Que le sommet solitaire ne s'isole pas et ne se contente pas éternellement de soi; que la montagne descende dans la vallée et que les vents des sommets soufflent dans les bas-fonds :

Oh, qui donc trouverait le vrai nom de baptême et de vertu d'un pareil désir! « La vertu qui donne » — c'est ainsi qu'un jour Zarathoustra nomma l'innommable.

Et alors il advint aussi — et en vérité cela arriva pour la première fois — que sa parole fit l'éloge de l'égoïsme, du bon et sain égoïsme qui jaillit d'une âme puissante :

— d'une âme puissante dont fait partie le corps élevé, le beau corps victorieux et réconfortant autour duquel toute chose se transforme en miroir :

— le corps souple et persuasif, le danseur dont le symbole et le résumé sont l'âme qui tire sa joie d'elle-même. La joie égoïste de tels corps et de telles âmes s'appelle elle-même : « vertu ».

En parlant de bien et de mal, cette joie égoïste s'abrite elle-même comme sous le feuillage d'un bois sacré; avec les noms de son bonheur, elle bannit loin d'elle toutes les choses méprisables.

Elle bannit loin d'elle tout ce qui est lâche; elle dit : « Le Mal — c'est ce qui est lâche! » Méprisable lui paraît celui qui se tourmente et soupire et gémit, et celui qui glane jusqu'aux plus petits avantages.

Elle méprise aussi toutes les sagesses geignardes : car en vérité, il y a aussi une sagesse qui fleurit dan le noir, une sagesse d'ombres nocturnes qui soupire toujours : « Tout est vanité! »

Elle fait peu de cas de la méfiance craintive et de tous ceux qui exigent des serments au lieu de regards et de poignées de main : comme de toute sagesse par trop méfiante — car c'est le fait des âmes lâches.

Elle fait moins de cas encore de l'obséquieux, du chien qui se couche tout de suite sur le dos, de l'homme humble : et il y a aussi une sagesse qui est humble et servile et brave et obséquieuse.

Elle hait vraiment jusqu'au dégoût celui qui ne veut jamais se défendre, qui ravale les crachats venimeux et les mauvais regards, le trop patient, le souffre-tout, le content de tout : car c'est là nature de laquais.

Que l'on courbe l'échine par peur des dieux et des coups de pied divin ou devant les hommes et de stupides opinions humaines : il crache au visage de toute nature servile, ce bienheureux égoïsme!

Mauvais : il appelle ainsi tout ce qui est brisé, plié, rampant, les yeux clignotants et soumis, les cœurs opprimés, et ce faux esprit conciliant qui baise lâchement à pleine bouche.

Et pseudo-sagesse : c'est ainsi qu'il appelle les mots d'esprit des laquais, des vieillards et des épuisés; et surtout toute la folie qui fait trop d'esprit, la néfaste folie des prêtres!

Quant aux faux sages, aux prêtres, aux fatigués de ce monde, à ceux dont l'âme tient de la femme et de l'esclave — oh! quel mauvais tour ils jouent depuis toujours à l'égoïsme!

Et jouer un mauvais tour à l'égoïsme, cela serait justement être et s'appeler vertu! Et « sans égoïsme » — ils avaient de bonnes raisons pour vouloir l'être eux-mêmes, tous ces lâches fatigués du monde, toutes ces araignées!

Mais pour eux tous vient maintenant le jour, le tournant, l'épée du juge, *le grand midi* : et bien des choses seront manifestes !

Et quiconque sanctifie le Moi et béatifie l'égoïsme, en vérité, celui-là dit ce qu'il sait et parle en prophète : « *Voici, il vient, il est proche le grand midi!* »

Ainsi parlait Zarathoustra.

De l'esprit de pesanteur.

1.

Mon langage — est celui du peuple : je parle de façon trop grossière et trop cordiale pour les élégants. Mais ma parole paraît plus étrange encore aux plumitifs et aux écrivassiers.

Ma main — est une main de fou : malheur à toutes les tables et à toutes les murailles, et à tout ce qui a place pour une enjolivure, pour un gribouillage de fou!

Mon pied — est un sabot de cheval; grâce à lui je trotte et je galope à travers champs, par monts et par vaux, et j'ai tant de joie à courir vite que j'en ai le diable au corps.

Mon estomac — est sans doute un estomac d'aigle? Car ce qu'il préfère est la viande d'agneau. Mais en tout cas, c'est un estomac d'oiseau.

Nourri de choses innocentes et de peu, prêt à voler et impatient de prendre enfin mon vol — telle est ma nature : comment par là ne tiendrais-je pas de l'oiseau?

Et je tiens de l'oiseau surtout parce que je suis l'ennemi de l'esprit de pesanteur : et vraiment, l'ennemi mortel, l'ennemi juré, l'ennemi originel! Oh! dans quelles directions ma haine ne s'est-elle pas déjà envolée et égarée!

Je pourrais même chanter une chanson là-dessus — et je *vais* la chanter : bien que je sois seul dans une maison vide et que je ne puisse chanter que pour mes propres oreilles.

Il est vrai, il y a d'autres sortes de chanteurs, qui n'ont le gosier mélodieux, la main éloquente, l'œil expressif et le cœur éveillé que lorsque la maison est pleine : — je ne ressemble pas à ceux-là.

2.

Celui qui, un jour, apprendra aux hommes à voler, aura déplacé toutes les bornes; les bornes elles-mêmes lui échapperont et voleront en l'air, il baptisera de nouveau la terre et la nommera « la légère ».

L'autruche court plus vite que le plus rapide des chevaux, mais même elle cache encore lourdement sa tête dans la terre lourde : ainsi l'homme qui ne sait pas encore voler.

Lourdes lui semblent la terre et la vie; et ainsi le veut l'esprit de pesanteur! Mais qui veut devenir léger et se changer en oiseau doit s'aimer lui-même : — telle est ma doctrine.

Non pas de l'amour des malades et des fiévreux : car chez ceux-là l'amour-propre lui-même sent mauvais!

Il faut apprendre à s'aimer soi-même — telle est ma doctrine — d'un amour sain et bien portant : afin de se supporter soi-même et de ne pas vagabonder.

Ce vagabondage se baptise « amour du prochain » : c'est avec ce mot qu'on a jusqu'à présent le mieux dissimulé et le mieux menti, et mieux que personne ceux qui étaient à charge à tout le monde.

Et apprendre à s'aimer, en vérité ce n'est pas là un commandement pour aujourd'hui et pour demain. C'est au contraire de tous les arts le plus subtil, le plus rusé, le dernier et le plus patient.

Car pour son possesseur, toute possession est bien cachée; et de tous les trésors, le dernier qu'on découvre est celui qui vous appartient — c'est là l'œuvre de l'esprit de pesanteur.

Dès le berceau, on nous donne des paroles et des valeurs lourdes — « bien » et « mal » — tel est le nom de cette dot. A cause d'elle on nous pardonne de vivre.

Et l'on fait venir à soi les petits enfants afin de les empêcher à temps de s'aimer eux-mêmes : c'est là l'œuvre de l'esprit de pesanteur.

Et nous — nous traînons fidèlement ce qu'on nous donne à porter sur des épaules dures et des montagnes arides! Et quand nous suons, on nous dit : « Oui, la vie est dure à porter! »

Mais l'homme seul est lourd à porter pour lui-même! Cela vient de ce qu'il traîne sur son dos trop de choses qui ne lui appartiennent pas. Pareil au chameau, il s'agenouille et se laisse bien charger.

Surtout l'homme fort et patient que le respect habite : il se charge de trop de valeurs et de mots lourds qui ne lui appartiennent pas — et il voit la vie comme un désert!

Et en vérité! Bien des choses qui vous appartiennent sont elles aussi lourdes à porter! Et bien des choses à l'intérieur de l'homme sont comme l'huître, répugnantes et visqueuses, difficiles à saisir.

— de sorte qu'une noble écaille noblement ornée doit plaider pour lui. Mais cet art aussi il faut l'apprendre : avoir une écaille et une belle apparence et un sage aveuglement!

Or on se trompe encore sur bien des choses en l'homme, parce que certaines écailles sont insignifiantes, et tristes, et trop écailles. Beaucoup de bonté et de force cachées ne sont pas devinées; les plus fins morceaux ne trouvent pas d'amateurs!

Les femmes le savent, ces fins morceaux : un peu plus grasses, un peu plus maigres — oh! que de fatalités tiennent à si peu de chose!

L'homme est difficile à découvrir et plus que pour quiconque, pour lui-même. Souvent l'esprit ment au sujet de l'âme C'est là l'œuvre de l'esprit de pesanteur.

Mais il s'est découvert lui-même, celui qui dit : Voici mon Bien et mon Mal : par là il a fait taire le nain et la taupe qui disent : « Bien pour tous, mal pour tous. »

En vérité, je n'aime pas non plus ceux qui trouvent toutes choses bonnes et disent de ce monde qu'il est le meilleur. Je les appelle les contents-de-peu-et-de-tout.

Ce contentement qui sait goûter de tout : ce n'est pas du meilleur goût! Je respecte les langues et les estomacs récalcitrants et difficiles, qui ont appris à dire « Moi » et « Oui » et « Non ».

Mais tout mâcher et tout digérer — c'est là une vraie conduite de porc! Toujours dire oui-da — seul l'âne l'a appris et quiconque a le même esprit.

Le jaune profond et le rouge chaud : c'est là ce que veut *mon* goût, — il mêle du sang à toutes les couleurs. Mais qui blanchit sa maison à la chaux me révèle une âme badigeonnée.

Les uns sont amoureux des momies, les autres des fantômes; et tous sont également ennemis de la chair et du sang — oh! comme je les ai en aversion. Car j'aime le sang.

Et je ne veux pas vivre où chacun crache et bave : c'est là *mon* goût — j'aimerais encore mieux vivre parmi les voleurs et les parjures. Personne n'a la bouche pleine d'or.

Mais les lécheurs me dégoutent plus encore; et la bête la plus répugnante que j'aie trouvée parmi les hommes, je l'ai appelée parasite : elle ne voulait pas aimer et pourtant voulait vivre de l'amour.

J'appelle infortunés tous ceux qui n'ont qu'un choix : devenir des bêtes méchantes ou de méchants dompteurs : je ne bâtirais pas ma maison chez eux.

J'appelle aussi infortunés ceux qui toujours doivent *attendre* — je les ai en aversion : tous ces douaniers, épiciers, rois, et autres gardiens d'états et de boutiques.

En vérité, moi aussi j'ai appris à attendre, et à fond — mais seulement à m'attendre moi-même. Et par-dessus tout j'ai appris à me tenir debout et à marcher et à courir et à sauter et à grimper et à danser.

Et ceci est ma doctrine : qui veut un jour apprendre à voler, il doit d'abord apprendre à se tenir debout et à marcher et à grimper et à danser : l'art de voler ne s'attrape pas au vol!

J'ai appris à escalader plus d'une fenêtre avec des échelles de corde, avec des jambes agiles j'ai grimpé sur de hauts mâts : être assis sur les hauts mâts de la connaissance, je n'ai pas trouvé que ce fût un mince bonheur.

— flamber sur de hauts mâts comme de petites flammes : petite lumière, certes, mais grande consolation pour les vaisseaux échoués et pour les naufragés!

Je suis arrivé à ma vérité par bien des chemins et de bien des manières; le sommet d'où mon œil se perd dans le lointain, je ne l'ai pas atteint par une unique échelle.

Et c'est toujours à contrecœur que j'ai demandé mon chemin — cela n'a jamais été de mon goût! Je préférais interroger et essayer les chemins eux-mêmes.

Essayer et interroger, ce fut là ma démarche : et en vérité, il faut encore apprendre à répondre à une telle interrogation! Cependant — ceci est mon goût :

— ni bon, ni mauvais, mais *mon* goût, dont je n'ai ni à rougir ni à me cacher.

« Voilà quel est à présent *mon* chemin — où est le vôtre? » répondais-je à ceux qui me demandaient « le chemin ». Car *le* chemin n'existe pas!

Ainsi parlait Zarathoustra.

Des vieilles et des nouvelles

1.

Je suis assis ici et j'attends, entouré de vieilles tables brisées et de tables à demi écrites. Quand viendra mon heure?

— l'heure de mon déclin, de ma fin : car je veux une fois encore retourner auprès des hommes.

C'est cela que j'attends : car d'abord je dois être averti que *mon* heure est venue par des signes — le lion qui rit accompagné d'une volée de pigeons.

En attendant je parle tout seul comme quelqu'un qui a le temps. Personne ne me raconte rien de nouveau : je me raconte donc mes histoires moi-même.

2.

Lorsque je suis venu chez les hommes, je les ai trouvés assis sur une vieille prétention : tous croyaient savoir depuis longtemps ce qui est bien et mal pour l'homme.

Tous les propos sur la vertu, ils y voyaient une vieille chose fatiguée; et qui voulait bien dormir, parlait encore de « bien » et de « mal » avant d'aller se coucher.

J'ai troublé cette somnolence en enseignant : Ce qui est bien et ce qui est mal, — *personne ne le sait encore*, — si ce n'est celui qui crée!

Or c'est celui qui donne un but aux hommes et à la terre, son sens et son avenir : celui-là seul fait en sorte que quelque chose soit bien et que quelque chose soit mal.

Et je leur ai ordonné de renverser leurs vieilles chaires, où seule trônait cette vieille prétention; je leur ai ordonné de rire de leurs grands maîtres de vertu et de leurs saints et de leurs poètes et de leurs sauveurs universels.

Je leur ai ordonné de rire de leurs sages moroses et de tous ceux qui, noirs épouvantails menaçants, se sont jamais perchés sur l'arbre de la vie.

Je me suis assis sur leur grande route bordée de tombeaux, en compagnie de la charogne et des vautours — et j'ai ri de tout leur passé et de sa splendeur blette et décrépite.

En vérité, pareil à leurs prédicateurs de carême et à leurs fous, j'ai crié haro sur ce qu'ils ont de grand et de petit — car ce qu'ils ont de meilleur est encore si petit! Et que même ce qu'ils ont de pire soit si petit! — c'est cela qui me faisait rire.

Mon sage désir jaillissait de moi avec des cris et des rires, mon désir qui est né sur les montagnes, une sauvage sagesse vraiment! — mon grand désir qui bat des ailes.

Et souvent au milieu de mes rires, il m'a emporté loin vers les sommets : alors je volais en frémissant comme une flèche lancée dans une extase ivre de soleil :

— loin, dans un avenir lointain qu'aucun rêve n'a encore vu, en des midis plus chauds qu'aucun poète n'a rêvé, là où les Dieux dansants ont honte de tous les vêtements :

— afin que je parle en paraboles, que je boite et bégaye comme les poètes : et en vérité, j'ai honte de devoir encore être poète!

Où tout devenir me semblait danse et exubérance divines, où je voyais le monde lâché et relâché et se réfugiant en lui-même :

— comme une éternelle fuite et recherche de soi accomplie par de nombreux Dieux, comme l'acte bienheureux de Dieux nombreux qui se contredisent, s'entendent de nouveau et se retrouvent.

Où tout temps me paraissait être la bienheureuse dérision des instants où la nécessité était la liberté elle-même, jouant dans la félicité avec le dard de la liberté :

Où je retrouvais aussi mon vieux démon et ennemi mortel, l'esprit de pesanteur et tout ce qu'il a créé : contrainte, principe, nécessité et conséquence et but et volonté et bien et mal :

Car ne faut-il pas qu'elles soient, les choses *sur* lesquelles on peut danser et passer en dansant? A cause des légers et des plus légers, ne faut-il pas qu'ils soient, les taupes et les nains pesants?

3.

C'est là aussi que j'ai ramassé sur ma route le mot « Surhomme », et cette pensée que l'homme est quelque chose qui doit être surmonté,

— que l'homme est un pont et non un but : se louant de son midi et de son soir, chemins vers de nouvelles aurores :

— la parole de Zarathoustra sur le Grand Midi, et ce que j'ai encore suspendu au-dessus de l'homme comme de nouveaux couchants de pourpre.

En vérité, je leur ai fait voir de nouvelles étoiles en même temps que de nouvelles nuits; et sur les nuages et sur le jour et la nuit, j'ai encore étendu le rire comme une tente bariolée.

Je leur appris tout mon art et le but de ma poursuite : condenser et réunir en un ce qui chez l'homme est fragment et énigme et terrible hasard.

Poète, devin et rédempteur du hasard, je leur ai appris à travailler l'avenir et, en créant, à délivrer tout ce qui *fut*.

Délivrer le passé en l'homme et transformer le « c'était » jusqu'à ce que la volonté puisse dire : « Mais je l'ai voulu ainsi! C'est ainsi que je le voudrai! »

— C'est ceci que j'ai appelé leur salut, ceci seulement que je leur ai appris à appeler salut.

Maintenant j'attends *mon* salut — afin d'aller à eux pour la dernière fois.

Car une fois encore je veux aller chez les hommes : c'est *parmi* eux que je veux me perdre et leur faire en mourant le plus riche de mes dons!

J'ai appris cela du soleil quand il se couche, l'astre trop riche : l'or de sa richesse inépuisable, il le répand alors sur la mer.

— de sorte que le plus pauvre des pêcheurs rame encore avec une rame d'or! J'ai vu cela un jour et, devant ce spectacle, je n'ai pas pu me rassasier de mes larmes.

Zarathoustra veut disparaître comme le soleil : il est assis là et attend, entouré de vieilles tables brisées — et de tables nouvelles — à demi écrites.

4.

Regardez, voici une nouvelle table : mais où sont mes frères qui la porteront avec moi dans la vallée et dans les cœurs de chair?

Voici ce que réclame mon grand amour pour les plus lointains : *n'épargne pas ton prochain* ! L'homme est quelque chose qui doit être surmonté.

On peut arriver à se surmonter par bien des voies et bien des moyens : c'est *ton* affaire! Mais seul un farceur pense : « On peut aussi *sauter* par-dessus l'homme. »

Surmonte-toi toi-même jusque dans ton prochain : et

n'accepte pas qu'on te donne un droit dont tu peux t'emparer!

Ce que tu fais, personne ne peut te le rendre. Voici, la rétribution n'existe pas.

Qui ne peut point se commander, il lui faut obéir. Et il est plus d'un qui *sait* se commander, mais il s'en faut de beaucoup qu'il sache aussi s'obéir!

5.

Telle est la nature des âmes nobles : elles ne veulent rien avoir *pour rien*, et moins que toute autre chose, la vie.

Qui vient de la populace veut vivre pour rien, mais nous autres à qui la vie s'est donnée — nous ne cessons de réfléchir à ce que nous pourrions donner de mieux *en échange!*

Et en vérité, c'est une noble parole que celle-ci : « Les promesses que la vie *nous* fait, *nous* voulons les tenir à l'égard de la vie! »

On ne doit pas vouloir jouir là où on ne donne pas à jouir. Et puis — on ne doit pas *vouloir* jouir!

Car la jouissance et l'innocence sont les deux choses les plus pudiques : elles ne veulent pas être cherchées. On doit les *avoir* — mais mieux vaut encore *chercher* la faute et la douleur!

6.

O mes frères, qui est un premier-né est toujours sacrifié. Or nous sommes des premiers-nés.

Tous nous saignons sur des autels secrets, tous nous brûlons et rôtissons en l'honneur de vieilles idoles.

Ce que nous avons de meilleur est encore jeune : cela tente les vieux gosiers. Notre chair est tendre, notre peau n'est qu'une peau d'agneau — comment ne tenterions-nous pas de vieux prêtres idolâtres!

Il habite encore *en nous*, le vieux prêtre idolâtre qui fait rôtir pour son festin ce que nous avons de meilleur. Ah, mes frères, comment des premiers-nés ne seraient-ils pas sacrifiés?

Mais ainsi le veut notre nature. Et j'aime ceux qui ne veulent pas se conserver. Ceux qui sombrent, je les aime de toute mon âme : car ils passent de l'autre côté.

7.

Être vrai — bien peu le *peuvent*! Et ceux qui le peuvent sont bien loin de le vouloir! Et moins que tous les autres, les bons.

O ces bons! — *Les hommes bons ne disent jamais la vérité* : être bon de cette façon est pour l'esprit une maladie.

Ils cèdent, ces bons, ils se rendent, leur cœur répète ce qu'on lui dit, leur fond obéit : mais qui obéit *ne s'entend pas lui-même*!

Tout ce que les bons disent mauvais doit se rassembler afin que naisse une vérité : ô mes frères, êtes-vous aussi assez méchants pour *cette* vérité?

L'audace téméraire, la longue méfiance, le non cruel, le dégoût, l'incision qui tranche dans le vif — comme il est rare que tout cela se rassemble! Et cependant ce sont de telles semences qui produisent la vérité!

Jusqu'à présent toute *science* a poussé *à côté* de la mauvaise conscience! Brisez, brisez-moi ces vieilles tables, vous qui cherchez la connaissance!

8.

Lorsque des poutres sont jetées sur l'eau, que des passerelles et des garde-fous enjambent le fleuve : en vérité il ne trouve pas de crédit celui qui dit : « Tout suit le courant. »

Les lourdauds eux-mêmes le contredisent : « Comment? disent les lourdauds, tout suivrait le courant? Mais les poutres et les garde-fous sont *au-dessus* du courant!

« Au-dessus du courant tout est solide, toutes les valeurs des choses, les ponts, les concepts, tout le « bien » et le « mal » — tout cela est *solide*. »

Mais que vienne l'hiver rude, le dompteur de la bête Fleuve : les plus malins eux-mêmes apprennent à se méfier et, en vérité, les lourdauds ne sont plus seuls à dire : « Tout ne devrait-il pas *s'arrêter?* »

« Au fond tout est arrêté » — c'est là une vraie doctrine d'hiver, une bonne chose pour les temps stériles, une bonne consolation pour les hibernants et les casaniers.

« Au fond tout est immobile » : — mais le vent du dégel dit le *contraire!*

Le vent du dégel, un taureau qui ne laboure pas — un taureau furieux, un destructeur qui brise la glace à l'aide de ses cornes furieuses! Or la glace — *brise les passerelles!*

O mes frères, *tout maintenant ne suit-il pas le courant?* Les garde-fous et les passerelles ne sont-ils pas tombés à l'eau? Qui se retiendrait encore au « bien » et au « mal »?

« Malheur à nous! Gloire à nous! Le vent du dégel souffle! » — Voilà, mes frères, ce que vous devez prêcher à travers toutes les rues!

9.

Il existe une vieille chimère qui s'appelle « bien et mal ». Jusqu'à présent la roue de cette chimère a tourné autour des devins et des astrologues.

On croyait jadis aux devins et aux astrologues : et c'est pourquoi l'on croyait aussi que « tout est fatalité : tu dois parce qu'il faut ».

Ensuite on se méfia de tous les devins et de tous les astrologues : et c'est pourquoi l'on crut que « tout est liberté : tu dois parce que tu veux » !

O mes frères, les étoiles et l'avenir n'ont été jusqu'à présent que des chimères, dont on n'a jamais rien su : c'est pourquoi le « bien » et le « mal » ne sont jusqu'à présent que des chimères dont on ignore tout!

10.

« Tu ne voleras point! Tu ne tueras point! » — jadis on tenait ces paroles pour sacrées ; devant elles on courbait le genou et la tête, on ôtait ses souliers.

Mais je vous le demande : où y eut-il jamais meilleurs

voleurs et meilleurs assassins au monde que le furent ces mots sacrés?

La vie elle-même ne contient-elle pas le vol et le meurtre? Et en sanctifiant ces paroles, n'a-t-on pas tué la *vérité* elle-même?

Ou bien était-ce prêcher la mort que de sanctifier tout ce qui contredisait et décourageait la vie? — O mes frères, brisez, brisez-moi ces vieilles tables!

11.

Ceci est ma pitié pour tout le passé que je vois : il est livré,

— à la grâce, à l'esprit, aux chimères de toutes les générations qui viennent et prennent ce qui fut comme pont pour elles-mêmes!

Un grand tyran pourrait venir, un démon malin qui forcerait tout le passé avec sa grâce et sa disgrâce : jusqu'à en faire un pont et un signal et un héraut et un chant de coq.

Mais ceci est l'autre danger et mon autre pitié : — qui est de la populace, ses souvenirs remontent jusqu'au grand-père — mais avec le grand-père finit le temps.

Ainsi tout le passé est sacrifié : car il pourrait se faire que le bas peuple devînt maître et noyât le temps dans ses eaux basses.

C'est pourquoi, mes frères, il faut *une nouvelle noblesse* qui soit l'ennemie de toute populace et de tout tyran et écrive avec des lettres nouvelles le mot « noble » sur de nouvelles tables.

Car il faut beaucoup de nobles et de nombreuses espèces de nobles pour qu'il y ait une *noblesse!* Ou bien, comme je l'ai dit jadis en parabole : « La divinité consiste justement en ce qu'il y a des dieux, mais pas de Dieu! »

12.

O mes frères, je vous consacre et je vous destine à une nouvelle noblesse : vous serez pour moi les géniteurs et les éleveurs et les semeurs de l'avenir,

— en vérité, non point à une noblesse que vous pourriez

acheter tout comme les épiciers avec de l'or d'épicier : car ce qui a son prix a peu de valeur!

Désormais, ce qui vous fera honneur ne sera pas votre origine, mais votre but! Votre volonté et votre pas qui vous dépassent vous-même — que ceci soit votre nouvel honneur!

En vérité, votre honneur n'est pas d'avoir servi un prince — qu'importent encore les princes! — ou d'être devenu le rempart de ce qui est afin de le consolider!

Ce n'est pas de descendre d'une race devenue courtisane à la cour, ni d'avoir appris, tel le flamant, à rester debout des heures durant dans des étangs sans profondeur,

— car rester debout est un mérite chez les courtisans; et tous les courtisans s'imaginent qu'une des félicités qui les attendent après leur mort sera le *droit de rester assis* !

Ce n'est pas non plus le fait qu'un esprit, qu'ils nomment saint, ait conduit vos aïeux en des terres promises dont je ne fais *pas* l'éloge : car dans ce pays où le pire des arbres, la croix, a poussé, il n'y a rien qui mérite l'éloge!

— et en vérité, où que ce « saint Esprit » ait conduit ses chevaliers, ces troupes étaient toujours précédées de chèvres et d'oies, de fous et de toqués!

O mes frères, votre noblesse ne doit pas regarder en arrière, mais au-*dehors!* Vous devez être des exilés loin de vos patries et des pays de vos ancêtres!

Vous devez aimer le *pays de vos enfants* : cet amour sera votre nouvelle noblesse — île inexplorée dans la plus lointaine des mers! La chercher et la chercher encore, c'est ce que j'ordonne à vos voiles!

Vous *réparerez* par vos enfants le tort d'être les enfants de vos pères : c'est *ainsi* que vous sauverez tout le passé! Je mets au-dessus de vous cette nouvelle table!

13.

« Pourquoi vivre? Tout est vanité! Vivre — c'est battre de la paille. Vivre — c'est brûler et ne pas avoir chaud. »

De tels bavardages vieillots passent encore pour de la « sagesse »; mais comme ils sont vieux et sentent le moisi, on ne les en honore que mieux. Le pourri aussi anoblit.

Des enfants pouvaient parler ainsi : ils *craignent* le feu parce qu'il les a brûlés! Il y a beaucoup d'enfantillage dans les vieux livres de la sagesse!

Et de quel droit celui qui « bat la paille » calomnie-t-il ce qu'il fait! On devrait bâillonner ce fou!

Ces gens-là se mettent à table et n'apportent rien, pas même la bonne faim : — et les voici qui blasphèment : « Tout est vanité! »

Mais bien manger et bien boire, ô mes frères, en vérité ce n'est pas un art vain! Brisez, brisez-moi les tables de ces rabat-joie!

14.

« Tout est pur au pur » — ainsi parle le peuple. Mais moi je vous dis : « Tout est porc au porc! »

C'est pourquoi les exaltés et les sournois qui baissent la tête et ont le cœur mal placé prêchent : « Le monde lui-même est un monstre fangeux. »

Car tous ceux-là ont l'esprit malpropre; mais surtout ceux qui n'ont ni trêve ni répit qu'ils n'aient vu le monde *par-derrière* — les visionnaires de l'au-delà!

A ceux-là je dis en plein visage, quoique ce ne soit pas d'un heureux effet : le monde ressemble à l'homme en ceci qu'il a un derrière — *c'est vrai!*

Il y a dans le monde beaucoup de fange : *c'est vrai!* Mais ce n'est pas une raison pour que le monde lui-même soit un monstre de fange!

Il y a de la sagesse à dire que beaucoup de choses dans le monde sentent mauvais : le dégoût lui-même donne des ailes et des forces capables de deviner les sources!

Le meilleur a encore quelque chose de dégoûtant, et le meilleur est encore quelque chose qui doit être surmonté!

O mes frères, il y a beaucoup de sagesse à dire qu'il y a beaucoup de fange dans le monde!

15.

J'ai entendu de pieux visionnaires de l'au-delà dire à leur conscience des paroles comme celles-ci, et en vérité, sans malice ni perfidie, quoiqu'il n'y ait rien de plus perfide au monde, ni rien de pire.

« Laissez donc le monde être le monde! Ne levez pas même un doigt contre lui! »

« Laissez donc celui qui en a envie étrangler les gens, les égorger et les découper et les écorcher : ne levez pas même un doigt pour l'en empêcher. Ils apprendront ainsi à renoncer au monde. »

« Et ta propre raison — tu dois toi-même la ravaler et l'étouffer; car cette raison est de ce monde — ainsi tu apprendras toi-même à renoncer au monde. »

Brisez, ô mes frères, brisez-moi ces vieilles tables des dévots! Broyez dans vos bouches ces paroles des calomniateurs du monde!

16.

Qui apprend beaucoup désapprend tous les désirs violents » — c'est ce qu'on chuchote aujourd'hui dans toutes les rues sombres.

« La sagesse fatigue, *rien* — ne vaut la peine; tu ne convoiteras point! » — cette nouvelle table, je l'ai trouvée suspendue jusque sur les marchés publics.

Brisez, mes frères, brisez-moi aussi cette nouvelle table! Elle a été mise là par les dégoûtés du monde et les prédicateurs de la mort, et aussi par les argousins : car voici, c'est aussi un appel à la servilité!

Ils ont mal appris, et pas le meilleur, et tout trop tôt, et tout trop vite : ils ont mal *mangé*, c'est ce qui leur a gâté l'estomac.

— car l'esprit est un estomac gâté : il *conseille* la mort! Car en vérité, mes frères, l'esprit *est* un estomac!

La vie est une fontaine de joie, mais pour celui chez qui parle l'estomac gâté, père de la tristesse, toutes, les fontaines sont empoisonnées.

Connaître : c'est une *joie* pour qui a la volonté du lion! Mais qui cède à la fatigue n'est plus lui-même que « voulu », il est le jouet de toutes les vagues.

Et c'est ainsi que font tous les hommes faibles : ils se

perdent sur leurs chemins. Et leur fatigue finit par demander : « Pourquoi avons-nous jamais pris des chemins! *Tous se valent!* »

Ceux-là trouvent agréable qu'on leur prêche : « Rien ne vaut la peine. Vous ne devez pas vouloir! » Or c'est là un appel à la servilité.

O mes frères, Zarathoustra vient comme un coup de vent frais pour tous les fatigués du chemin; il fera encore éternuer bien des nez!

Mon souffle libre passe à travers les murs, et jusque dans les prisons et les esprits prisonniers!

Vouloir délivre : car vouloir c'est créer : c'est là ce que j'enseigne. Et vous ne devez apprendre *que* pour créer!

Et c'est de moi seulement que vous devez apprendre à *apprendre*, à bien apprendre! — Que celui qui a des oreilles entende!

17.

Voici la barque — elle conduit peut-être de l'autre côté, dans le grand néant. — Mais qui voudrait monter à bord de ce « peut-être »?

Aucun de vous ne veut s'embarquer sur la barque de la mort! Mais alors comment pouvez-vous être las du monde?

Las du monde! Et vous n'avez même pas été enlevés à la terre! Je vous ai toujours trouvés plein de convoitise pour la terre, amoureux même de votre propre lassitude terrestre!

Ce n'est pas pour rien que votre lèvre pend : — un petit désir terrestre s'y accroche encore! Et dans votre œil — n'y a-t-il pas encore un petit nuage de joie terrestre non oubliée?

Il y a sur terre beaucoup de bonnes inventions, les unes utiles, les autres agréables : c'est à cause d'elles qu'il faut aimer la terre.

Et il y a là tant de choses si bien trouvées qu'elles sont comme le sein de la femme : utiles et agréables à la fois.

Mais vous autres, hommes las du monde! Vous autres paresseux! On devrait vous caresser avec des triques! C'est à coups de trique qu'il faut vous redonner des jambes!

Car : si vous n'êtes pas des malades et des gringalets usés, il faut que vous soyez des fainéants malins ou des chats jouisseurs, gourmands et vils. Et si vous ne voulez pas vous remettre à *courir* gaiement — alors mourez!

On ne peut vouloir être le médecin des incurables : c'est ce qu'enseigne Zarathoustra quand il s'écrie : — alors mourez!

Mais il faut plus de *courage* pour faire une fin que pour écrire un nouveau vers : tous les médecins et les poètes le savent.

18.

O mes frères, il y a des tables créées par la fatigue et des tables créées par la paresse, la paresse qui pourrit : bien qu'elles parlent le même langage, elles ne veulent pas être entendues de la même oreille.

Voyez cet homme qui meurt de soif! Un empan le sépare encore de son but mais, n'en pouvant plus, il a fait la mauvaise tête et s'est couché dans la poussière : ce brave!

Maintenant le soleil le brûle et les chiens lèchent sa sueur : mais il s'entête à rester là et préfère mourir de soif,

— mourir de soif à un empan de son but! En vérité, vous devrez encore le tirer par les cheveux pour le faire monter à son ciel, ce héros!

Mieux vaut le laisser là où il s'est couché afin que le sommeil, le sommeil consolateur, vienne le surprendre avec le frémissement d'une pluie rafraîchissante :

Laissez-le couché jusqu'à ce qu'il s'éveille de lui-même, jusqu'à ce qu'il désavoue sa fatigue et ce que sa fatigue a enseigné par lui.

Mais, mes frères, chassez loin de lui les chiens, les sournois paresseux et toute cette vermine grouillante :

— toute cette vermine grouillante des « gens cultivés » qui se régalent de la sueur des héros!

19.

Je trace autour de moi des cercles et de saintes frontières; ils sont de moins en moins nombreux ceux qui montent avec moi sur des montagnes de plus en plus hautes : j'élève une chaîne dont les monts sont de plus en plus sacrés.

Mais où que vous vouliez monter avec moi, ô mes frères, veillez à ce qu'aucun *parasite* ne vous suive!

Parasite : c'est un vers rampant et soumis qui veut s'engraisser de vos replis malades et blessés.

Et c'est son art de deviner les âmes qui montent là où elles sont fatiguées : c'est dans votre tourment et votre découragement, dans votre pudeur délicate qu'il bâtit son nid répugnant.

Où le fort habite, là où le noble est trop indulgent — c'est là qu'il bâtit son nid répugnant : le parasite se loge où l'homme grand a de petits replis malades.

Quelle est la plus haute espèce de tout être, et quelle est la plus basse? Le parasite est la plus basse, mais celui qui est de la plus haute espèce a le plus de parasites à nourrir.

Car l'âme qui a la plus longue échelle et peut descendre le plus bas — comment ne porterait-elle pas le plus grand nombre de parasites?

— l'âme la plus vaste, celle qui peut courir et s'égarer et errer en elle-même; l'âme la plus nécessaire, celle qui de joie se jette dans le hasard :

— l'âme qui est, celle qui plonge dans le devenir; l'âme qui a, celle qui *veut* entrer dans le vouloir et le désir :

— l'âme qui se fuit elle-même, qui se rattrape elle-même dans le cercle le plus vaste; l'âme la plus sage que la folie persuade avec le plus de douceur :

— l'âme qui s'aime le plus elle-même, celle en qui toutes les choses ont leur courant et leur contre-courant, leur flux et leur reflux : — ô comment l'âme la plus haute n'aurait-elle pas les pires parasites?

20.

O mes frères, suis-je donc cruel? Mais je vous dis : ce qui tombe, il faut encore le pousser!

Tout ce qui est d'aujourd'hui — cela tombe et déchoit : qui voudrait le retenir? Mais moi — moi je veux encore le pousser!

Connaissez-vous la volupté qui fait rouler les pierres dans des gouffres aux pentes raides? — Ces hommes d'aujourd'hui, voyez donc comme ils roulent dans mes gouffres!

Je suis un prélude pour de meilleurs joueurs, ô mes frères! Un exemple! *Imitez* mon exemple!

Et l'homme à qui vous n'apprenez pas à voler, apprenez-lui — *à tomber plus vite!*

21.

J'aime les braves : mais il ne suffit pas d'être traîneur de sabre — il faut encore savoir qui l'on pourfend!

Et il y a souvent plus de bravoure à se contenir et à passer : afin de se réserver pour un ennemi plus digne!

Vous ne devez avoir que des ennemis dignes de haine, mais point d'ennemis dignes de mépris : vous devez être fiers de votre ennemi : c'est ce que j'ai enseigné jadis.

Réservez-vous, ô mes amis, pour votre ennemi le plus digne : c'est pourquoi il y en a beaucoup devant lesquels il vous faudra passer,

— il y a surtout toute cette racaille qui vous casse les oreilles avec le peuple et les nations.

Que votre œil ne se laisse pas souiller par leur « pour » et par leur « contre »! Il y a là beaucoup de raisons, beaucoup de torts; celui qui en est le témoin s'emporte.

Être témoin et taper dans le tas — cela revient au même : allez-vous-en donc dans les bois et laissez dormir votre épée!

Allez *votre* chemin! Et laissez peuples et nations suivre le leur! — en vérité ce sont des chemins obscurs, où ne luit même plus l'éclair d'un espoir!

L'épicier peut bien régner, puisque tout ce qui brille encore n'est que — de l'or d'épicier! Il est passé, le temps des rois : ce qui aujourd'hui s'appelle peuple ne mérite pas de rois.

Voyez donc comme ces peuples eux-mêmes imitent maintenant les épiciers : pour ramasser les plus petits avantages, ils épluchent toutes les ordures!

Ils se guettent, s'épient mutuellement pour se voler quelque chose — c'est ce qu'ils appellent « bon voisinage ». O bienheureux temps lointain où un peuple se disait : « Je m'établirai en *maître* sur les peuples ! »

Car, mes frères, le meilleur doit régner, le meilleur *veut* aussi régner ! Et où la doctrine dit autre chose, elle *manque* — du meilleur.

2.

Si ces *gens-là*, avaient le pain pour rien, malheur ! Que pourraient-ils réclamer ! Leur entretien — est le seul sujet dont ils sachent s'entretenir ; qu'ils aient donc la vie dure !

Ce sont des bêtes de proie : il y a encore du vol dans leur « travail », de la supercherie dans leur « gain » ! C'est pourquoi ils doivent avoir la vie dure !

Il faut donc qu'ils deviennent de meilleures bêtes de proie, des bêtes plus fines, plus subtiles, plus *semblables à l'homme* : car l'homme est la meilleure des bêtes de proie.

L'homme a déjà volé à toutes les bêtes leurs vertus : c'est pourquoi de toutes les bêtes, l'homme est celle qui a eu la vie la plus dure.

Seuls les oiseaux sont encore au-dessus de lui. Et si l'homme apprenait à voler, hélas ! *vers quelles hauteurs* — sa rapacité ne s'envolerait-elle pas !

23.

C'est ainsi que je veux l'homme et la femme : l'un apte à la guerre, l'autre apte à enfanter, mais tous deux aptes à danser de la tête et des pieds.

Et qu'il soit perdu pour nous, le jour où nous n'avons pas dansé ! Et qu'elle soit fausse pour nous, la vérité que n'accompagne pas un éclat de rire !

24.

Le mariage que vous contractez : veillez à ce qu'il ne soit pas une mauvaise *conclusion* ! Vous avez conclu trop vite : il s'ensuit — une rupture !

Et mieux vaut encore rompre que plier ou mentir! Une femme m'a dit : « Il est vrai que j'ai brisé les liens du mariage, mais le mariage m'avait brisée d'abord! »

C'est toujours parmi les mal-assortis que j'ai trouvé le pire esprit de vengeance : ils s'en prennent à tout le monde de ce qu'ils ne marchent plus séparément.

C'est pourquoi je veux que les gens honnêtes se disent l'un à l'autre : « Nous nous aimons : laissez-nous *voir* si nous continuerons. A moins que notre promesse doive être une *bévue*?

« Donnez-nous un délai et un petit mariage, afin que nous voyions si nous sommes aptes au grand mariage! C'est une grande chose que d'être toujours à deux! »

Tel est le conseil que je donne à tous les gens honnêtes; et que serait mon amour du Surhomme et de tout ce qui doit venir si je conseillais et parlais autrement!

Vous n'avez pas seulement à propager votre espèce, mais à croître *en hauteur* — ô mes frères, que le jardin du mariage vous aide à croître!

25.

Celui qui a acquis la science des origines premières, voici, il finira par chercher les sources de l'avenir et les nouvelles origines.

O mes frères, il ne faudra pas attendre longtemps pour que de *nouveaux* peuples jaillissent, pour que des sources nouvelles bruissent dans de nouvelles profondeurs.

Car le tremblement de terre — il comble bien des puits, il cause beaucoup de morts par la soif : mais il fait venir aussi au jour des forces intérieures et des sources secrètes.

Le tremblement de terre révèle de nouvelles sources. Dans le tremblement de terre qui emporte les vieux peuples, de nouvelles sources font leur apparition.

Et celui qui s'écrie : « Voici une fontaine pour bien des altérés, un cœur pour bien des désirs nostalgiques, une volonté pour bien des outils » : — autour de lui s'assemble *un peuple*, c'est-à-dire : beaucoup d'hommes qui font un essai.

Qui peut commander, qui doit obéir — *c'est cela qu'on met*

à l'essai! Ah, au prix de combien de recherches longues, de conseils et d'échecs et d'études et de nouveaux essais!

La société humaine : j'enseigne qu'elle est un essai — une longue recherche : mais ce qu'elle cherche est celui qui commande!

— un essai, ô mes frères! Pas un « contrat »! Brisez, brisez-moi ce mot fait pour les mous et les tièdes!

26.

O mes frères! Chez qui est donc le plus grand danger de tout l'avenir humain? N'est-il pas chez les bons et chez les justes?

— chez ceux qui disent et sentent dans leur cœur : « Nous savons déjà ce qui est bon et juste, d'ailleurs nous l'avons; malheur à ceux qui cherchent encore dans ce domaine! »

Et quelque ravage que puissent faire les méchants : le ravage causé par les bons est le pire des ravages!

Et quelque ravage que puissent faire les calomniateurs du monde : le ravage causé par les bons est le pire des ravages!

O mes frères, quelqu'un un jour a regardé dans le cœur des bons et des justes, et il a dit : « Ce sont les Pharisiens. » Mais il ne fut pas compris.

Les bons et les justes eux-mêmes ne pouvaient pas le comprendre : leur esprit est prisonnier de leur bonne conscience. La bêtise des bons est d'une insondable malice.

Mais ceci est la vérité : les bons sont forcés d'être des Pharisiens — ils n'ont pas le choix!

Les bons sont *forcés* de crucifier celui qui s'invente sa propre vertu! Telle est la vérité!

Mais le deuxième qui a découvert leur pays, le pays, le cœur et le sol des bons et des justes, fut celui qui a demandé : « Qui haïssent-ils le plus? »

C'est le créateur qu'ils haïssent le plus : celui qui brise les tables et les vieilles valeurs, le destructeur, — qu'ils appellent criminel.

Car les bons — ne *peuvent* pas créer : ils sont toujours le commencement de la *fin* :

— ils crucifient celui qui inscrit de nouvelles valeurs sur de nouvelles tables, ils sacrifient l'avenir à leur profit — ils crucifient tout l'avenir des hommes!

Les bons — ils furent toujours le commencement de la fin.

27.

O mes frères, avez-vous aussi compris cette parole? Et ce que j'ai dit un jour du « dernier homme »?

Où est le plus grand danger de tout l'avenir humain? N'est-il pas chez les bons et les justes?

Brisez, brisez-moi les bons et les justes! — Oh mes frères, avez-vous aussi compris cette parole?

28.

Vous me fuyez? Vous avez peur? Vous tremblez devant cette parole?

O mes frères, en vous disant de briser les bons et les tables des bons : c'est alors seulement que j'ai embarqué l'homme sur sa pleine mer.

Et maintenant seulement lui vient la grande frayeur, le grand regard jeté-autour-de-soi, la grande maladie, le grand dégoût, le grand mal de mer.

Les bons vous ont montré des littorals trompeurs et de fausses sécurités : vous êtes nés dans les mensonges des bons et vous vous y sentiez en sûreté. Les bons ont faussé et falsifié toutes choses jusqu'en leur fond.

Mais celui qui a découvert la terre « homme » a découvert en même temps la terre « avenir des hommes ». Soyez maintenant mes marins, des marins hardis et patients!

Partez à temps et marchez droit, ô mes frères, apprenez à marcher droit! La mer est en furie : beaucoup veulent s'accrocher à vous pour se redresser.

La mer est en furie : Tout est dans la mer. Allez! En route, vieux cœurs de marins!

Qu'importe la patrie! Nous voulons faire voile vers cette terre qui est *le pays de nos enfants!* C'est vers ce pays que notre grand désir s'élance, plus violent que la mer!

29.

« Pourquoi si dur ? — dit un jour le charbon de cuisine au diamant ; ne sommes-nous pas proches parents ? »

Pourquoi si mous ? O mes frères, je vous le demande : n'êtes-vous donc pas — mes frères ?

Pourquoi si mous, si mollissants et fléchissants ? Pourquoi y a-t-il tant de dénégations et de reniements dans votre cœur ? Si peu de destin dans votre regard ?

— Et si vous ne voulez pas être des destins et des inexorables : comment pourriez-vous vaincre avec moi ?

Et si votre dureté ne veut pas lancer des éclairs et séparer et déchiqueter : comment pourriez-vous un jour créer avec moi ?

Car les créateurs sont durs. Et vous devez trouver du bonheur à modeler les siècles comme de la cire, du — bonheur à écrire la volonté des siècles comme sur de l'airain — à être plus dur, plus noble que l'airain. Le plus noble n'est jamais que l'absolument dur.

Je place cette nouvelle table au-dessus de vous, ô mes frères : *durcissez-vous !*

30.

O toi ma volonté ! Tournant de toute misère, ô toi ma nécessité ! Préserve-moi de toutes les petites victoires !

Providence de mon âme que je nomme destin ! Toi en moi ! Au-dessus de moi ! Garde-moi et réserve-moi pour un grand destin !

Et ta dernière grandeur, ô ma volonté, réserve-la pour ton dernier but — afin d'être inflexible dans ta victoire ! Hélas, qui n'a pas succombé à sa victoire !

Ah, quel est celui dont le regard ne s'est pas voilé dans ce crépuscule enivré ! Celui dont le pied n'a pas glissé et qui a su rester debout — dans la victoire !

— afin qu'un jour je sois prêt et mûr dans le grand midi :

prêt et mûr comme l'airain chauffé à blanc, comme le nuage gros d'orage et le pis gonflé de lait :

— prêt à moi-même et à ma volonté la mieux cachée; un arc désirant sa flèche, une flèche désirant son étoile :

— une étoile, prête et mûre dans son midi, ardente et transpercée, heureuse de la flèche-soleil qui la détruit :

— soleil elle-même et inflexible volonté de soleil, prête à détruire dans la victoire!

O volonté, tournant de toute misère, ô toi *ma* nécessité! Réserve-moi pour une grande victoire!

Ainsi parlait Zarathoustra.

Le convalescent.

1.

Un matin, peu de temps après son retour dans sa caverne, Zarathoustra quitta sa couche comme un fou, se mit à crier d'une voix terrible et se conduisit comme s'il y avait encore sur sa couche quelqu'un qui ne voulait pas se lever; et la voix de Zarathoustra résonnait si fort que ses animaux effrayés s'approchèrent de lui et que de tous les trous et de tous les recoins qui avoisinaient la caverne toutes les bêtes prirent la fuite — volant, voltigeant, rampant, sautant, aussi vite que le leur permettaient leurs pattes et leurs ailes. Mais Zarathoustra prononça ces mots :

Debout, pensée vertigineuse, sors de mes profondeurs! Je suis ton chant du coq et ton aube monstre endormi : debout, debout! Ma voix perçante finira bien par te réveiller!

Détache les liens qui ferment tes oreilles : écoute! Car je veux t'entendre. Debout! Debout! Il y a assez de tonnerre ici pour que les tombes elles-mêmes apprennent à entendre!

Frotte-toi les yeux pour en chasser le sommeil et toute faiblesse et tout aveuglement! Écoute-moi avec tes yeux : ma voix est un remède même pour les aveugles de naissance.

Et une fois réveillé, je te forcerai à l'être éternellement. Ce n'est pas mon genre de tirer les arrière-grand-mères de leur sommeil pour leur dire — de se rendormir!

Tu bouges, tu t'étires, tu râles? Debout! Debout! Je ne veux pas que tu râles — mais que tu me parles! Zarathoustra t'appelle, l'impie.

Moi, Zarathoustra, le défenseur de la vie, le défenseur de la douleur, le défenseur du cercle — je t'appelle, toi ma plus profonde pensée!

Salut à moi! Tu viens — je t'entends! Mon abîme parle, j'ai retourné vers la lumière ma dernière profondeur.

Salut à moi! Approche! Donne-moi la main — ah! Laisse! Ah! Ah! — Dégoût, dégoût, dégoût! — Malheur à moi!

2.

Mais à peine Zarathoustra eut-il dit ces mots qu'il s'écroula, tel un mort, et resta longtemps comme privé de vie. Lorsqu'il revint à lui il était pâle et tremblant, il resta couché et ne voulut longtemps ni manger ni boire. Il resta en cet état pendant sept jours; ses animaux cependant ne le quittèrent ni le jour ni la nuit, si ce n'est que l'aigle sortait parfois pour chercher de la nourriture. Et ce qu'il avait pu trouver en maraudant, il le posait sur la couche de Zarathoustra : si bien qu'à la fin Zarathoustra fut couché sur un lit de baies rouges et jaunes, de raisins, de pommes d'api, d'herbes odorantes et de pommes de pin. Mais à ses pieds étaient étendus deux agneaux, que l'aigle avait à grand-peine dérobés à leur berger.

Enfin, au bout de sept jours, Zarathoustra se dressa sur sa couche, prit une pomme d'api, la flaira et trouva son odeur agréable. Alors ses animaux crurent que l'heure était venue de lui parler.

« O Zarathoustra, dirent-ils, voici sept jours que tu gis ainsi, les paupières lourdes : ne veux-tu pas enfin te remettre sur tes pieds?

« Sors de ta caverne : le monde t'attend comme un jardin. Le vent joue avec de lourds parfums qui veulent venir à toi et tous les ruisseaux veulent te suivre.

— Toutes les choses aspirent à te voir parce que tu es resté seul pendant sept jours — sors de ta caverne! Toutes les choses veulent être tes médecins!

« Une nouvelle certitude est peut-être venue à toi, aigre et lourde? Tu étais couché comme une pâte qui lève, ton âme s'est dilatée et a débordé de toutes parts. »

— O mes animaux, répondit Zarathoustra, continuez à bavarder ainsi et laissez-moi écouter! Vos bavardages me réconfortent : là où l'on bavarde, le monde est déjà devant moi comme un jardin.

Comme il est charmant que les mots et les sons existent! Les mots et les sons ne sont-ils pas des arcs-en-ciel et des ponts illusoires jetés entre des choses à jamais séparées?

A toute âme il faut un autre monde : pour toute âme toute autre âme est un arrière-monde.

C'est entre ce qui se ressemble le plus que l'apparence ment le plus joliment : car le plus petit fossé est le plus difficile à franchir.

Pour moi — comment y aurait-il un En-dehors-de-moi? Il n'y a pas de dehors! Mais tous ces sons nous le font oublier; comme il est doux que nous oubliions!

Les noms et les sons ne sont-ils pas donnés aux choses afin que l'homme trouve son réconfort dans les choses? C'est une charmante folie que la parole : avec elle l'homme danse sur toutes les choses.

Quel charme il y a dans toute parole et dans tout le mensonge des sons! Avec les sons notre amour danse sur des arcs-en-ciel diaprés!

« O Zarathoustra, dirent alors les animaux, pour ceux qui pensent comme nous, ce sont les choses elles-mêmes qui dansent : cela vient et se tend la main et rit et fuit — et revient.

Tout va, tout revient; la roue de l'être marche sans fin. Tout meurt, tout renaît, l'an de l'être est éternellement en cours.

Tout se brise, tout est rassemblé; éternellement se bâtit la même maison de l'être. Tout se sépare, tout se retrouve; l'anneau de l'être reste éternellement fidèle à soi-même.

L'être commence dans chaque instant : autour de chaque *ici* gravite la sphère *là-bas*. Le milieu est partout. Le sentier de l'éternité est une ligne brisée. »

— O bouffons que vous êtes, ô moulins à paroles! répondit

Zarathoustra en souriant de nouveau, comme nous savez bien ce qui devait s'accomplir en sept jours :

— et comme ce monstre s'est glissé dans ma gorge pour m'étouffer! Mais d'un coup de dent, je lui ai coupé la tête et l'ai crachée loin de moi.

Et vous — vous en avez déjà fait une rengaine? Cependant je suis là, fatigué d'avoir mordu et craché, malade encore de ma propre délivrance.

Et vous avez assisté à tout cela? Oh, mes animaux, êtes-vous donc cruels, vous aussi? Avez-vous voulu être les spectateurs de ma grande douleur, ainsi que font les hommes? Car l'homme est le plus cruel des animaux.

C'est en assistant à des tragédies, à des combats de taureaux et à des crucifixions qu'il s'est jusqu'à présent senti le plus heureux sur terre; et quand il s'est inventé l'enfer, voici, ce fut là son ciel sur terre.

Quand le grand homme crie : — le petit accourt sur-le-champ; et la convoitise lui fait pendre la langue hors du gosier. C'est ce qu'il appelle sa « pitié ».

Le petit homme, surtout le poète, — avec quel zèle il accuse en paroles la vie! Écoutez-le, mais tâchez d'entendre la voix qui se mêle à toute accusation!

Ces accusateurs de la vie : la vie a raison d'eux avec une simple œillade : « Tu m'aimes, dit l'effrontée; attends encore un peu, je n'ai pas le temps de m'occuper de toi. »

L'homme est pour lui-même le plus cruel des animaux; et chez tous ceux qui s'appellent « pécheurs » et « porteurs de croix » et « pénitents », tâchez d'entendre la volupté qui se mêle à ces accusations et à ces plaintes!

Et moi-même — veux-je être par là l'accusateur de l'homme? Ah, mes animaux, la seule chose que j'ai apprise jusqu'ici, c'est que pour son plus grand bien le pire est nécessaire à l'homme.

— que le plus grand mal est la meilleure force de l'homme, la pierre la plus dure pour le suprême créateur; qu'il faut que l'homme devienne meilleur *et* plus méchant :

Je n'ai pas été attaché à *cette* croix qui est de savoir que l'homme est mauvais, mais j'ai crié comme personne encore :

« Ah, pourquoi sa pire méchanceté est-elle encore si petite? Pourquoi son plus grand bien est-il encore si petit? »

Le grand dégoût de l'homme — c'est *lui* qui m'a étouffé et m'est entré dans le gosier : et ce qu'a prédit le prophète : « Tout est indifférent, rien ne vaut la peine, le savoir étouffe. »

Un long crépuscule allait en boitant devant moi, une tristesse mortellement lasse, mortellement ivre, qui disait dans un bâillement :

« Il reviendra éternellement, l'homme dont tu es fatigué, l'homme petit » — ainsi bâillait ma tristesse et elle traînait la jambe et ne pouvait pas s'endormir.

La terre humaine se transformait pour moi en caverne, sa poitrine s'affaissait, toute vie devenait pour moi pourriture humaine et ossements et passé vermoulu.

Mes soupirs étaient installés sur toutes les tombes humaines et ne pouvaient plus se lever; mes soupirs et mes questions coassaient et étranglaient et rongeaient et se plaignaient jour et nuit.

« Hélas, l'homme reviendra éternellement! Le petit homme reviendra éternellement! »

Un jour, je les avais vus tous les deux nus, le plus grand et le plus petit des hommes : ils étaient par trop semblables — trop humains même le plus grand!

Trop petit le plus grand! — ce fut là mon dégoût de l'homme! Et l'éternel retour même pour le plus petit! — Ce fut là mon dégoût de toute existence!

Ah, dégoût, dégoût, dégoût! — Ainsi parlait Zarathoustra, soupirant et frissonnant; car il se souvenait de sa maladie. Mais alors ses animaux ne le laissèrent pas continuer.

« N'en dis pas davantage, convalescent! — ainsi lui répondirent ses animaux, va plutôt dehors, où le monde t'attend pareil à un jardin.

Va rejoindre les roses et les abeilles et les volées de pigeons! Et surtout les oiseaux-chanteurs : afin que tu apprennes d'eux le *chant!*

Car le chant convient au convalescent; l'homme bien portant, lui, peut parler. Et s'il lui faut des chants, ce ne sera pas ceux du convalescent. »

— O bouffons et moulins à paroles que vous êtes, taisez-vous donc! répondit Zarathoustra en souriant de ses animaux. Comme vous savez bien quelle consolation je me suis inventée en sept jours!

Qu'il me faille de nouveau chanter — telle est *la* consolation que je me suis inventée et *cette* guérison : voulez-vous donc déjà faire une rengaine de cela aussi? »

— « N'en dis pas plus, répondirent derechef ses animaux : ou plutôt, ô convalescent, fabrique-toi d'abord une lyre, une nouvelle lyre!

Car vois-tu, Zarathoustra! Tes chants nouveaux exigent de nouvelles lyres!

Chante et déborde, ô Zarathoustra, guéris ton âme par de nouveaux chants : afin de porter ton grand destin, qui jamais encore ne fut le destin d'un homme!

Car tes animaux savent bien, ô Zarathoustra, qui tu es et qui tu dois devenir : voici, *tu es le prophète de l'éternel retour* — tel est maintenant *ton* destin!

Que tu doives être le premier à enseigner cette doctrine — comment ce grand destin ne serait-il pas aussi ton plus grand danger et ta maladie?

Vois, nous savons ce que tu enseignes : que toutes les choses reviennent éternellement et nous-mêmes avec elles, et que nous avons déjà existé une infinité de fois, et toutes les choses avec nous.

Tu enseignes qu'il y a une grande année du devenir, une sorte de monstre de grande année : semblable à un sablier, il lui faut sans cesse se retourner de nouveau, afin de s'écouler et de s'achever de nouveau :

— de sorte que toutes ces années sont semblables à elles-mêmes en grand comme en petit, et que dans cette grande année, nous sommes aussi semblables à nous-mêmes, dans les grandes choses comme dans les plus infimes.

Et si maintenant tu voulais mourir, ô Zarathoustra : voici, nous savons ce que tu te dirais à toi-même : — mais tes animaux te supplient de ne pas mourir encore!

Tu dirais et sans trembler, ou plutôt en soupirant d'aise : car tu serais délivré d'un poids lourd et accablant, ô toi qui es le plus patient!

« Maintenant je meurs et je cesse d'être, dirais-tu, en un clin d'œil je ne serai plus rien. Les âmes sont aussi mortelles que les corps.

Mais un jour reviendra l'enchevêtrement des causes qui me tiennent enlacé — c'est par lui que je serai recréé!

Moi-même je fais partie des causes de l'éternel retour!

Je reviendrai avec ce soleil, avec cette terre, avec cet aigle, avec ce serpent — *non pas* pour une vie nouvelle ou meilleure ou semblable :

— je reviendrai éternellement pour cette même vie identique à elle-même en grand comme petit — afin d'enseigner de nouveau l'éternel retour de toutes choses,

— afin de proclamer de nouveau la parole du grand midi de l'homme et de la terre, afin d'annoncer de nouveau aux hommes la venue du Surhomme.

« J'ai dit ma parole, ma parole me brise : ainsi le veut mon éternel destin — je péris en annonciateur!

« L'heure est venue où celui qui disparaît se bénit lui-même. Ainsi *s'achève* le déclin de Zarathoustra. »

Lorsque les animaux eurent parlé ainsi, ils se turent et attendirent que Zarathoustra leur répondît quelque chose : mais Zarathoustra n'entendait pas qu'ils se taisaient. Il était paisiblement étendu, les yeux fermés, pareil à un dormeur quoiqu'il ne dormît pas : car il s'entretenait avec son âme. Quand ils le virent aussi taciturne, le serpent et l'aigle respectèrent le grand silence qui l'entourait et s'en furent discrètement.

Du grand désir.

O mon âme, je t'ai appris à dire « aujourd'hui » comme « jadis » et « autrefois », et à danser ta ronde par-dessus tout, ici et là et au-delà.

O mon âme, je t'ai délivrée de tous les recoins, je t'ai débarrassée de la poussière, des araignées et du demi-jour.

O mon âme, je t'ai débarrassée de la pudeur mesquine et des vertus véreuses et je t'ai persuadée de t'offrir nue aux regards du soleil.

Avec l'ouragan qui a mon « esprit » j'ai soufflé sur ta mer houleuse, j'en ai chassé tous les nuages, j'ai même étranglé l'étrangleur qui se nomme « péché ».

O mon âme, je t'ai donné le droit de dire « non » comme la tempête et de dire « oui » comme dit le plein ciel : te voici, maintenant, calme comme la lumière, et tu traverses les tempêtes qui nient.

O mon âme, je t'ai rendu la liberté d'agir sur le créé et l'incréé, et qui connaît comme toi la volupté de l'avenir?

O mon âme, je t'ai enseigné le mépris qui ne vient pas comme un ver rongeur, le grand mépris aimant qui n'aime jamais tant que lorsqu'il méprise le plus.

O mon âme, je t'ai appris la persuasion de telle sorte que tu persuades les causes elles-mêmes : pareille au soleil qui persuade même la mer de monter jusqu'à lui.

O mon âme, je t'ai ôté tout besoin d'obéir, de plier le genou et de dire : maître; je t'ai moi-même donné le nom de « trêve de misère » et de « destin ».

O mon âme, je t'ai donné de nouveaux noms et des jouets bariolés, je t'ai appelée « destin » et « contour des contours » et « nombril du temps » et « cloche d'azur ».

O mon âme, j'ai donné à ton sol toute la sagesse à boire, tous les vins de la sagesse, les vins nouveaux et aussi les vins inconcevablement vieux et forts.

O mon âme, j'ai versé sur toi tout soleil et toute nuit et tout silence et tout désir : — alors tu as grandi en moi comme un cep de vigne.

O mon âme, te voici maintenant riche et lourde, un cep de vigne aux mamelles gonflées, aux grappes d'or brunes et serrées :

— serrée et pressée par ton bonheur, en attente devant ton trop-plein et honteuse même de ton attente.

O mon âme, il n'y a nulle part une âme qui soit plus aimante et plus prenante et plus vaste! Où le passé et l'avenir seraient-ils plus rapprochés que chez toi?

O mon âme, je t'ai tout donné, et toutes mes mains se sont vidées pour toi : — et maintenant! Maintenant tu me dis en souriant, pleine de mélancolie : « Qui de nous deux doit dire merci?

— n'est-ce pas au donateur de remercier celui qui a bien voulu prendre? Donner n'est-il pas un besoin? N'est-ce pas pitié — que de prendre? »

O mon âme, je comprends le sourire de ta mélancolie : ton excès de richesse lui-même tend maintenant des mains pleines de désir!

Ta plénitude jette ses regards sur la mer qui gronde, et

cherche et attend; le désir de la surabondance luit dans le ciel souriant de tes yeux!

Et en vérité, ô mon âme! Qui donc verrait ton sourire sans fondre en larmes? Les anges eux-mêmes fondent en larmes à cause de la trop grande bonté de ton sourire!

C'est ta bonté, ton excès de bonté qui ne veut ni se plaindre ni pleurer : et pourtant, ô mon âme, ton sourire soupire après les larmes et ta bouche tremblante après les sanglots.

« Toute larme n'est-elle pas une plainte? Et toute plainte une accusation? » Ainsi te parles-tu à toi-même et c'est pourquoi, ô mon âme, tu préfères sourire plutôt que de répandre ta douleur,

— répandre en flots de larmes toute la douleur que tu éprouves à cause de ta plénitude, et de la passion qui pousse la vigne vers le vigneron et vers la serpe du vigneron!

Mais si tu ne veux pas pleurer, si tu ne veux pas noyer dans les larmes ta mélancolie de pourpre, il faudra que *tu chantes*, ô mon âme! — Vois, je souris moi-même, moi qui maintenant te prédis ceci :

— il te faudra chanter d'une voix mugissante, jusqu'à ce que toutes les mers se taisent pour entendre ton désir,

— jusqu'à ce que le vaisseau vogue sur les mers tranquilles et nostalgiques, le vaisseau, la merveille dorée dont l'or fait frétiller autour de lui toutes les bonnes choses étranges et inquiétantes :

— et toutes sortes d'animaux, grands et petits, et tout ce qui a d'étranges pieds légers pour pouvoir courir sur des sentiers de violettes,

— vers la merveille dorée, vers le vaisseau volontaire et vers son maître : mais le maître est le vigneron qui attend avec sa serpe de diamant,

— ton grand libérateur, ô mon âme, l'ineffable pour qui seuls les chants de l'avenir trouveront des noms! Et en vérité, ton souffle a déjà l'odeur des chants de l'avenir,

— déjà tu brûles et rêves, déjà tu bois avidement à tous les puits sonores et profonds de la consolation, déjà ta mélancolie repose dans la béatitude des chants de l'avenir!

O mon âme, je t'ai tout donné, même mon dernier bien, et toutes mes mains se sont vidées pour toi : — voici, c'est *en te disant de chanter* que je t'ai donné mon dernier bien!

En te disant de chanter, parle maintenant, parle : *qui* de nous deux maintenant doit — dire merci? — Mais mieux encore chante pour moi, chante, ô mon âme! Et laisse-moi dire merci!

Ainsi parlait Zarathoustra.

L'autre air de danse.

1.

« Je viens de regarder dans tes yeux, ô vie : dans ton œil de nuit j'ai vu de l'or scintiller — de volupté mon cœur s'est arrêté de battre :

— j'ai vu une barque d'or scintiller sur des eaux nocturnes, une barque d'or qui tanguait, s'enfonçait, s'emplissait et faisait de nouveau un signe!

Sur mon pied enragé de danse tu as jeté un regard berceur qui riait, questionnait, se pâmait :

Deux fois seulement tes petites mains ont agité tes claquettes — et déjà mon pied ivre de danse se balançait.

Mes talons se cambraient, mes orteils écoutaient pour te comprendre — le danseur n'a-t-il pas l'ouïe dans les orteils?

J'ai bondi vers toi : mais mon bond t'a fait reculer; et tu as dardé sur moi la langue de tes cheveux épars et fuyants!

D'un bond je me suis écarté de toi et de tes serpents : mais déjà tu étais là, à demi détournée, l'œil plein de désirs.

Avec tes regards louches tu m'enseignes des chemins tortueux; sur des chemins tortueux, mon pied apprend — la perfidie!

Proche, je te crains, lointaine, je t'aime; ta fuite m'attire, ta recherche m'arrête : — je souffre, mais que ne souffrirais-je pas pour l'amour de toi!

Toi dont la froideur allume, dont la haine séduit, dont la fuite engage, dont la raillerie — émeut :

— qui ne te haïrait, toi qui lies, enveloppes, tentes, cherches, trouves! Qui ne t'aimerait, innocente, impatiente, évaporée pécheresse aux yeux d'enfant!

Où m'entraînes-tu maintenant, prodige et démon? Et voici que tu me fuis de nouveau, charmant lutin et ingrate!

Je te suis en dansant, je te suis même où tu laisses peu de traces. Où es-tu? Donne-moi la main? Ou bien un doigt seulement!

Voici des cavernes et des fourrés : nous allons nous perdre. — Halte! Arrête! Ne vois-tu pas voleter hiboux et chauves-souris?

Hibou! Chauve-souris! Veux-tu me narguer? Où sommes-nous? Ce hurlement et ce glapissement, c'est des chiens que tu l'as appris.

Tu me montres gentiment tes petites dents blanches, de ta petite crinière bouclée tes yeux méchants sautent sur moi!

C'est une danse par monts et par vaux : je suis le chasseur — veux-tu être mon chien ou mon chamois?

A côté de moi maintenant! Et vite, méchante sauteuse! Plus haut! Et de l'autre côté! — Hélas! En sautant je suis moi-même tombé!

Ah, vois comme je suis couché, regarde jolie folle, comme j'implore ta grâce! J'aimerais bien suivre avec toi — de plus aimables sentiers!

— les sentiers de l'amour à travers de silencieux buissons bariolés! Ou là-bas le long du lac où nagent et dansent des poissons rouges!

Tu es fatiguée? Voir là-bas des bergers et des couchers de soleil : n'est-il pas beau de dormir quand les bergers jouent de la flûte?

Tu es si fatiguée? Je te porterai là-bas, laisse seulement pendre tes bras! Et si tu as soif — j'aurais bien quelque chose pour toi, mais ta bouche ne voudra pas le boire!

— O ce maudit serpent souple et agile, ô cette sorcière qui vous glisse entre les doigts! Où es-tu allée? Mais ta main a laissé sur ma joue deux tâches, deux tâches rouges!

Je suis vraiment las d'être toujours ton berger moutonnier! Sorcière! Jusqu'à présent j'ai chanté pour toi, maintenant tu vas *crier* pour moi!

Tu vas danser et crier au rythme de mon fouet? Au moins je n'ai pas oublié le fouet? — Non!

2.

Alors la vie me répondit en bouchant ses délicates oreilles :

« Oh Zarathoustra! Ne fais donc pas claquer ton fouet avec un bruit si terrible! Tu le sais bien : le bruit tue les pensées — et justement il me vient de si tendres pensées.

« Nous deux, nous sommes de vrais bons à rien, impropres au mal comme au bien. Par-delà le bien et le mal nous avons trouvé notre île et notre vert pâturage — nous deux, tout seuls! Rien que pour cela nous devons nous aimer l'un l'autre!

Et quoique nous ne nous aimions pas du fond du cœur — faut-il donc s'en vouloir si l'on ne s'aime pas du fond du cœur?

Et que j'ai de l'inclination pour toi et souvent trop, tu le sais : la raison en est que je suis jalouse de ta sagesse. Ah, cette vieille folle délirante de sagesse!

Si ta sagesse un jour te faussait compagnie, ah! mon amour aurait tôt fait de te quitter aussi. »

Alors la vie regarda pensivement derrière elle et de tous côtés et dit tout bas ; « O Zarathoustra, tu ne m'es pas assez fidèle!

Il s'en faut de beaucoup que tu m'aimes autant que tu le dis; je le sais, tu penses que tu me quitteras bientôt.

Il y a une cloche lourde, lourde, un vieux bourdon : elle sonne la nuit et ses sons montent jusque dans ta caverne :

— quand tu entends cette cloche sonner l'heure de minuit, tu songes à me quitter entre une heure et minuit :

— tu y songes, ô Zarathoustra, je sais que tu veux bientôt me quitter! »

« Oui, répondis-je en hésitant, mais tu sais aussi — » Et je lui dis quelque chose à l'oreille, au milieu des méches folles de ses cheveux jaunes et emmêlés.

« *Tu sais cela*, ô Zarathoustra? Personne ne le sait. »

Et nous nous sommes regardés et nous avons contemplé la verte prairie où passait la fraîcheur du soir, et ensemble nous avons pleuré. — Mais en cet instant la vie m'était plus chère que ne le fut jamais toute ma sagesse.

Ainsi parlait Zarathoustra.

3.

Un!

O homme! Prends garde!

Deux!

Que dit le profond minuit?

Trois!

« J'ai dormi, j'ai dormi,

Quatre!

« D'un rêve profond je me suis éveillé.

Cinq!

« Le monde est profond,

Six!

« Et plus profond que ne le pensait le jour.

Sept!

« Profond est son mal,

Huit!

« Joie — plus profonde encore que la peine du cœur.

Neuf!

« La lourdeur dit : Passe!

Dix!

« Mais toute joie veut l'éternité,

Onze!

« — veut la profonde, profonde éternité!

Douze!

Les sept sceaux.

(Ou : Le Chant du Oui et de l'Amen.)

1.

Si je suis devin, et plein de cet esprit divinatoire qui chemine entre deux mers sur un col élevé, qui, lourd nuage, chemine entre l'avenir et le passé, — hostile à tous les bas-fonds étouffants et à tout ce qui est fatigué et ne peut ni vivre ni mourir :

prêt à l'éclair dans son sein obscur et au rayon de lumière sauveur, gros d'éclairs qui disent Oui!, lancent leur Oui dans un rire prêt à des éclairs prophétiques :

— mais bienheureux celui qui est ainsi fécondé! Et en vérité il lui faut rester longtemps accroché comme un lourd orage à la montagne, celui qui allumera un jour la lumière de l'avenir!

Oh! comment ne convoiterais-je pas l'éternité et le suprême anneau nuptial — l'anneau du retour?

Jamais encore je n'ai trouvé la femme dont je voudrais des enfants, si ce n'est cette femme que j'aime : car je t'aime, ô éternité!

Car je t'a.me, ô éternité!

2.

Si jamais ma colère a brisé des tombes, reculé des frontières et jeté de vieilles tables brisées dans des abîmes abrupts :

Si jamais mes sarcasmes ont dispersé des paroles pourries, si je suis venu comme un balai chez les araignées et comme une trombe dans les vieux caveaux moisis :

Si je me suis jamais assis, plein d'allégresse, là où les vieux dieux sont ensevelis, bénissant et aimant le monde auprès des monuments des vieux calomniateurs du monde :

— Car j'aime jusqu'aux églises et aux tombeaux des dieux quand le ciel laisse passer son œil clair à travers leurs toits en ruine; comme l'herbe et le pavot rouge, j'aime à m'asseoir sur des églises en ruine.

Oh! comment ne convoiterias-je pas l'éternité et le suprême anneau nuptial — l'anneau du retour?

Jamais encore je n'ai trouvé la femme dont je voudrais des

enfants, si ce n'est cette femme que j'aime : car je t'aime, ô éternité!

Car je t'aime, ô éternité!

3.

Si jamais un souffle est venu à moi, un souffle du souffle créateur, de cette nécessité céleste qui force les hasards à danser des rondes d'étoiles :

Si jamais j'ai ri du rire de l'éclair créateur que le long tonnerre de l'action suit en grondant, mais docilement :

Si jamais j'ai joué aux dés avec les dieux à la table divine de la terre, en sorte que la terre tremblait et se brisait et crachait des fleuves de feu :

— car la terre est une table divine, tremblante de mots créateurs nouveaux et de coups de dés divins :

Oh! comment ne convoiterais-je pas l'éternité et le suprême anneau nuptial — l'anneau du retour?

Jamais encore je n'ai trouvé la femme dont je voudrais des enfants, si ce n'est cette femme que j'aime : car je t'aime, ô éternité!

Car je t'aime, ô éternité!

4.

Si jamais j'ai bu de longs traits à cette cruche écumante pleine d'épices et de mixtures où toutes les choses sont bien mélangées :

Si jamais ma main a mêlé le lointain au plus proche, le feu à l'esprit, la joie à la peine et le pire au meilleur :

Si je suis moi-même un grain de ce sable rédempteur qui permet à toutes choses de bien se mélanger dans la cruche :

— car il y a un sel qui lie le bien au mal; et le pire mal lui-même est digne de servir d'épice et de faire une dernière fois déborder l'écume :

Oh! comment ne convoiterais-je pas l'éternité et le suprême anneau nuptial — l'anneau du retour?

Jamais encore je n'ai trouvé la femme dont je voudrais des

enfants, si ce n'est cette femme que j'aime : car je t'aime ô, éternité!

Car je t'aime, ô éternité!

5.

Si j'aime la mer et tout ce qui ressemble à la mer, et plus encore quand elle me contredit avec rage :

Si je porte en moi cette joie inquiète qui pousse la voile vers des terres inconnues, s'il y a une joie de marin dans ma joie :

Si jamais mon allégresse s'écria : « La côte a disparu, — voici que ma dernière chaîne est tombée,

— l'infini gronde autour de moi, le temps et l'espace brillent au loin, allons! En route! Vieux cœur! »

Oh! comment ne convoiterais-je pas l'éternité et le suprême anneau nuptial — l'anneau du retour!

Jamais encore je n'ai trouvé la femme dont je voudrais des enfants, si ce n'est cette femme que j'aime : car je t'aime, ô éternité!

Car je t'aime, ô éternité!

6.

Si ma vertu est une vertu de danseur, si j'ai souvent sauté des deux pieds dans des extases d'or et d'émeraude :

ma méchanceté est une méchanceté qui rit et se sent chez elle sous des buissons de roses et des haies de lys :

— car dans le rire toutes les choses méchantes sont ensemble, mais sauvées et sanctifiées par leur propre félicité :

Et si mon alpha et mon oméga tient en ceci que toute chose lourde doit se faire légère, que tout corps doit devenir chasseur, que tout esprit doit se changer en oiseau : et en vérité, ceci est mon alpha et mon oméga!

Oh! comment ne convoiterais-je pas l'éternité et le suprême anneau nuptial — l'anneau du retour?

Jamais encore je n'ai trouvé la femme dont je voudrais des

enfants, si ce n'est cette femme que j'aime : car je t'aime, ô éternité!

Car je t'aime, ô éternité!

7.

Si jamais j'ai déployé au-dessus de moi des firmaments tranquilles, si j'ai volé de mes propres ailes dans mon propre ciel :

si j'ai nagé en me jouant dans de profonds et lumineux lointains, si ma liberté s'est fait une sagesse d'oiseau :

— mais ainsi parle la sagesse de l'oiseau : « Voici, il n'y a ni haut ni bas! Jette-toi de tous côtés, en avant, en arrière, homme léger! Ne parle plus! Chante!

— les mots ne sont-ils pas faits pour les êtres pesants? Pour l'homme léger tous les mots ne sont-ils pas mensonge? Chante! Ne parle plus! »

Oh! comment ne convoiterais-je pas l'éternité et le suprême anneau nuptial — l'anneau du retour?

Jamais encore je n'ai trouvé la femme dont je voudrais des enfants, si ce n'est cette femme que j'aime : car je t'aime, ô éternité!

Car je t'aime, ô éternité!

QUATRIÈME ET DERNIÈRE PARTIE (1884-85)

« Hélas, où y eut-il sur terre plus de grandes folies que parmi les compatissants?
Et qu'est-ce qui a causé plus de souffrances sur terre que les folies des compatissants?
Malheur à ceux qui aiment sans avoir une hauteur située plus haut que leur pitié!
Un jour, le Diable me parla ainsi : « Dieu a aussi son enfer : c'est son amour des hommes. »
Et dernièrement je l'ai entendu dire ces mots : « Dieu est mort; Dieu est mort de sa pitié pour les hommes. »
(*Ainsi parlait Zarathoustra*, II, p. 107.)

L'offrande du miel.

Et de nouveau des mois et des années passèrent sur l'âme de Zarathoustra, et il n'y prit pas garde; cependant ses cheveux blanchissaient. Un jour qu'il était assis sur une pierre devant sa caverne et regardait silencieusement au loin, — car de cet endroit on voyait la mer au loin, bien loin au-delà de tortueux abîmes, — ses animaux tournèrent autour de lui d'un air pensif et vinrent enfin se placer devant lui.

« O Zarathoustra, dirent-ils est-ce ton bonheur que tu cherches des yeux? » — « Qu'importe le bonheur, répondit-il, il y a longtemps que je n'aspire plus au bonheur, j'aspire à mon œuvre. » — « O Zarathoustra, reprirent les animaux, tu dis cela comme quelqu'un qui est saturé du bien. N'es-tu pas couché dans un lac de bonheur couleur d'azur? » — « Bouffons, répondit Zarathoustra en riant, comme vous avez bien choisi la parabole! Mais vous savez aussi que mon bonheur est lourd et ne ressemble pas à une source qui coule : il me presse et ne veut pas me quitter et se colle à moi comme de la poix fondue. »

Alors ses animaux tournèrent encore autour de lui d'un air pensif et de nouveau vinrent se placer devant lui.

« O Zarathoustra, dirent-ils, c'est donc *pour cela* que tu deviens toi-même de plus en plus jaune et foncé, bien que ta chevelure veuille paraître blanche et semblable au chanvre? Regarde donc, tu es assis dans ta poix! » — « Que dites-vous là, mes animaux, dit Zarathoustra en riant, en vérité j'ai blasphémé en parlant de poix. Ce qui m'arrive arrive à tous les fruits qui mûrissent. C'est *le miel* dans mes veines qui m'épaissit le sang et rend aussi mon âme plus silencieuse. » — « Il doit en être ainsi, ô Zarathoustra, répondirent les animaux en se pressant autour de lui; mais ne veux-tu pas aujourd'hui monter sur une haute montagne! L'air est pur et, aujourd'hui, on voit le monde plus distinctement que jamais. » — « Oui, mes animaux, répondit Zarathoustra, vos conseils sont excellents et tout à fait selon mon cœur : je monterai aujourd'hui sur une haute montagne! Mais faites en sorte que j'y trouve du miel à ma portée, du miel d'or en rayons, du bon miel blanc, jaune, frais comme de la glace. Car sachez-le, je veux là-haut faire l'offrande du miel... »

Mais lorsque Zarathoustra fut arrivé au sommet, il renvoya ses animaux qui l'avaient accompagné et constata que désormais il était seul — alors il se mit à rire de tout son cœur, regarda autour de lui et parla ainsi :

J'ai parlé d'offrandes et d'offrandes de miel, mais ce n'était qu'une ruse de mes paroles et, en vérité, une utile folie! Ici je puis déjà parler plus librement que devant des cavernes d'ermites et leurs animaux domestiques!

Qu'ai-je parlé d'offrande! Je gaspille ce qui m'est donné, moi gaspilleur aux mille mains : comment me permettrais-je encore d'appeler cela — offrande!

Et quand j'ai eu envie de miel, je n'avais envie que de l'appât, du sirop douceâtre, de l'orgeat dont sont friands les ours grognons et les oiseaux étranges, les oiseaux grincheux et méchants :

— du meilleur appât, celui dont les chasseurs et les pêcheurs ont besoin. Car si le monde est comme une jungle obscure et le jardin de plaisance de tous les farouches chasseurs, je le vois bien plus encore, et avec plus de plaisir, comme une riche mer sans fond,

— comme une mer pleine de poissons et de crabes multicolores qui donnerait aux dieux eux-mêmes l'envie de se faire pécheurs et d'y jeter leurs filets : tant le monde est riche en merveilles, grandes et petites!

Surtout le monde des hommes, la mer des hommes : — c'est vers elle que je lance maintenant ma ligne d'or, à elle que je dis : Ouvre-toi, abîme humain!

Ouvre-toi et jette-moi tes poissons et tes crabes scintillants! Avec mon meilleur appât je pêche aujourd'hui les plus prodigieux poissons-hommes!

— C'est mon bonheur lui-même que je répands et disperse au loin, entre le levant, le midi et le couchant, pour voir si beaucoup de poissons-hommes n'apprendront pas à se prendre et à mordre à mon bonheur,

jusqu'à ce que, mordant à mes hameçons pointus et bien cachés, ils soient contraints de venir *à ma hauteur*, les plus bariolés des goujons des grandes profondeurs à la hauteur du plus méchant de tous les pêcheurs d'hommes.

Car je suis cela de fond en comble et dès l'origine, tirant, attirant, soulevant, élevant, un éleveur, un dresseur et un censeur qui ne s'est pas dit en vain jadis : « Deviens celui que tu es! »

Que les hommes montent donc *vers moi* désormais : car j'attends encore le signe qui m'annoncera que le temps de ma descente est venu ; je ne descends pas encore, comme je le dois, pour me perdre parmi les hommes.

C'est ce signe que j'attends ici, rusé et moqueur sur de hautes montagnes, ni impatient ni patient, mais plutôt comme quelqu'un qui a désappris la patience, parce qu'il ne se résigne plus à rien.

Car mon destin me laisse du temps : peut-être m'a-t-il oublié? Ou bien, assis à l'ombre derrière une grosse pierre, est-il occupé à attraper des mouches?

En vérité, je suis reconnaissant à mon destin éternel de ne pas me pourchasser et me bousculer, de me laisser le temps de faire des farces et des méchancetés : c'est ainsi qu'aujourd'hui je suis venu pêcher sur cette haute montagne.

Un homme a-t-il jamais pris du poisson sur de hautes montagnes? Et quand même ce que je fais et veux ici serait une folie : mieux vaut la commettre que de rester en bas et d'y devenir solennel et vert et jaune à force d'attendre,

— un furieux écartelé par l'attente, un ouragan sacré

soufflant des montagnes en hurlant, un impatient qui crie dans les vallées : « Écoutez-moi ou je vous fouetterai avec les verges de Dieu! »

Non que j'en tienne rigueur à ces courroucés : je les trouve assez bons pour en rire! Il faut bien qu'ils soient impatients, ces grands tambours tapageurs qui ont la parole aujourd'hui ou jamais!

Moi et mon destin cependant — nous ne parlons pas à « aujourd'hui », nous ne parlons pas non plus à « jamais » : nous saurons bien avoir de la patience et du temps et plus de temps qu'il n'en faut pour parler. Car il devra venir un jour et ne pourra pas passer sans s'arrêter.

Qui devra venir un jour et ne pourra pas passer sans s'arrêter? Notre grand hasard, qui est notre grand et lointain règne de l'homme, le règne de Zarathoustra qui dure mille ans.

A quelle distance peut-il être ce « lointain » ? Que m'importe! Mais il n'en est pas moins solide pour moi — je me tiens solidement des deux pieds sur ce sol,

— sur un sol éternel, sur une dure pierre originelle, sur les plus hauts et les plus durs des monts originels où tous les vents se rejoignent comme à la frontière des tempêtes, demandent où? et d'où? et par où?

Ris, ris donc, ma claire et saine méchanceté! Jette du haut des montagnes le scintillement de tes éclats de rire moqueur! Appâte-moi avec ton scintillement les plus beaux des poissons-hommes!

Et ce qui dans toutes les mers m'appartient, mon à-moi et pour-moi en toutes choses — pêche-le pour moi, amène-le vers moi : c'est ce que j'attends, moi le plus méchant de tous les pêcheurs!

Au large, au large, mon hameçon! Descends, enfonce-toi, appât de mon bonheur! Égoutte ta plus douce rosée, miel de mon cœur! Mords, mon hameçon, au ventre de toutes les tristesses noires!

Au large, au large, mon œil! Oh! que de mers autour de moi, que de vagues lueurs d'avenirs humains! Et au-dessus de moi — quel calme rose! Quel silence serein!

Le cri de détresse.

Le lendemain Zarathoustra était de nouveau assis sur sa pierre, devant la caverne, tandis que ses animaux allaient de par le monde à la recherche de nouvelles nourritures — et aussi de miel nouveau : car Zarathoustra avait consommé et gaspillé le vieux miel jusqu'à la dernière goutte. Mais comme il était assis là, un bâton à la main, dessinant sur le sol l'ombre de son propre corps, réfléchissant et en vérité! ni sur lui-même ni sur son ombre — il fut soudain saisi de frayeur et sursauta : car il voyait une autre ombre à côté de la sienne. Et comme il se retournait et se levait rapidement, voici, il vit le devin debout à côté de lui, le même qu'il avait une fois nourri et désaltéré à sa table, le prophète de la grande fatigue qui enseignait : « Tout se vaut, rien ne vaut la peine, le monde n'a pas de sens, le savoir étouffe. » Mais depuis lors son visage s'était transformé; et quand Zarathoustra le regarda en face, son cœur fut de nouveau effrayé : tant ce visage était parcouru de sinistres présages et d'éclairs livides.

Le devin, qui avait saisi ce qui se produisait dans l'âme de Zarathoustra, se passa la main sur le visage comme pour l'effacer : Zarathoustra en fit autant. Et quand tous les deux se furent ainsi ressaisis et réconfortés en silence, ils se donnèrent les mains pour se signifier qu'ils voulaient se reconnaître.

« Sois le bienvenu, dit Zarathoustra, ô prophète de la grande fatigue! Tu n'auras pas été en vain mon hôte et mon commensal. Aujourd'hui encore mange et bois dans ma maison et pardonne au vieil homme réjoui qui s'attable en ta compagnie! » — « Un vieil homme réjoui? répondit le devin en secouant la tête : mais qui que tu sois ou veuilles être, ô Zarathoustra, tu ne le seras pas plus longtemps là-haut — dans peu de temps ta barque ne sera plus à l'abri! » — « Suis-je donc à l'abri? » demanda Zarathoustra en riant. — « Les vagues montent et montent autour de ta montagne, répondit le devin, les vagues de la détresse et de la grande affliction : bientôt elles soulèveront aussi ta barque et t'emporteront. » — Alors Zarathoustra se tut et s'étonna. — « N'entends-tu rien encore? continua le devin, un bruissement et un grondement ne montent-ils pas de l'abîme? » — Zarathoustra se tut encore et écouta : alors il entendit un long, long cri que les abîmes se jetaient et se renvoyaient, car aucun d'eux ne voulait le garder tant il était lugubre.

« Prophète de malheur, dit enfin Zarathoustra, c'est un cri de détresse et un cri d'homme; sans doute sort-il de quelque mer noire. Mais que m'importe la détresse de l'homme! Le dernier péché qui m'a été réservé — sais-tu bien comment il s'appelle? »

« — *Pitié!* » répondit le devin du fond de son cœur débordant, et il leva les deux mains. — « O Zarathoustra, je viens pour t'inciter à commettre ton dernier péché! »

A peine eut-il dit ces paroles que le cri retentit de nouveau, plus long et plus anxieux qu'auparavant, et déjà beaucoup plus proche. « Entends-tu? Entends-tu, ô Zarathoustra? s'écria le devin, c'est à toi que le cri s'adresse, c'est toi qu'il appelle : viens, viens, viens, il est temps, il est grand temps! »

Zarathoustra cependant se taisait, troublé et bouleversé; enfin il demanda, comme quelqu'un qui hésite en lui-même : « Et qui est celui qui m'appelle là-bas? »

« Mais tu le sais, répondit vivement le devin, pourquoi t'en caches-tu? *C'est l'homme supérieur* qui t'appelle à son secours! »

« L'homme supérieur? s'écria Zarathoustra saisi d'épouvante : que veut-il? Que veut-il? L'homme supérieur! Que fait-il ici? » — et sa peau se couvrit de sueur.

Mais le devin ne répondit pas à l'angoisse de Zarathoustra, il écoutait et écoutait encore, penché vers l'abîme. Comme le silence s'y prolongeait, il porta ses regards sur Zarathoustra et le vit debout et tremblant.

« O Zarathoustra, commença-t-il d'une voix pleine de tristesse, tu n'as pas l'air de quelqu'un que son bonheur fait tourner; il te faudra danser pour ne pas perdre pied!

Et quand même tu voudrais danser et faire tous tes bonds devant moi : personne n'aurait le droit de me dire : « Regarde, voici le dernier homme joyeux qui danse! »

Celui qui le chercherait ici viendrait en vain sur ces hauteurs : il trouverait sans doute des cavernes et des arrière-cavernes, des cachettes pour des gens cachés, mais ni puits de bonheur, ni trésors cachés, ni de nouveaux filons d'or.

Du bonheur! — comment ferait-on pour trouver le bonheur chez de pareils ensevelis, chez de pareils ermites! Dois-je aller chercher le dernier bonheur sur de lointaines îles bienheureuses perdues au milieu de mers oubliées?

Mais tout se vaut, rien ne vaut la peine, chercher ne sert à rien, et puis, il n'y a plus d'Iles bienheureuses! »

Ainsi soupira le devin; mais à son dernier soupir, Zarathoustra retrouva sa sérénité et son assurance, comme quelqu'un qui remonte à la lumière en sortant d'un gouffre profond. « Non! Non! Trois fois non! dit-il d'une voix forte en se caressant la barbe. — Je sais cela mieux que toi! Il y a encore des Iles bienheureuses! N'en parle pas, sac-à-tristesse geignard!

« Cesse de patauger, nuage du matin prêt à crever! Ne me vois-tu pas déjà transpercé de ta tristesse comme un chien?

Maintenant je me secoue et te fausse compagnie, afin d'être de nouveau sec : tu n'as pas lieu de t'en étonner! Ai-je l'air discourtois? Mais ce lieu est *ma* cour.

Quant à ton homme supérieur; soit! soit! je vais le chercher en hâte dans ces forêts : c'est *de là* qu'est venu son cri. Peut-être est-il poursuivi par une bête féroce.

Il est dans *mon* domaine : je ne veux pas qu'il lui arrive malheur chez moi! Et en vérité, il y a beaucoup de bêtes féroces chez moi. »

En disant ces mots Zarathoustra s'apprêta à partir. Alors le devin dit : « O Zarathoustra, tu es un drôle!

Je le sais bien : tu veux te débarrasser de moi! Tu aimes encore mieux courir les bois et poursuivre les animaux féroces!

Mais à quoi cela te servira-t-il? C'est pourtant moi que tu retrouveras le soir; je serai assis dans ta propre caverne, patient et lourd comme une bûche — et je t'attendrai. »

« Qu'il en soit ainsi! s'écria Zarathoustra en s'en allant : et ce qui est à moi dans ma caverne t'appartient aussi, à toi mon hôte!

Mais si tu devais encore y trouver du miel, eh bien, lèche-le jusqu'à la dernière goutte, ours grognon, et adoucis-toi l'âme! Car ce soir, nous serons tous deux de bonne humeur.

— de bonne humeur et contents que cette journée soit finie! Et toi-même tu danseras au son de mes chants comme si tu étais mon ours savant.

« Tu ne le crois pas? Tu secoues la tête? Allons! Allons! Vieil ours! Pourtant moi aussi je suis — devin. »

Ainsi parlait Zarathoustra.

Entretien avec les rois.

1.

Zarathoustra marchait depuis une heure à peine dans ses montagnes et ses forêts quand, soudain, il aperçut une singulière procession. Juste sur le chemin qu'il voulait suivre s'avançaient deux rois ornés de couronnes et de ceintures de pourpre et bariolés comme des flamants : ils poussaient devant eux un âne chargé de fardeaux : « Que veulent ces rois dans mon royaume? » dit à son cœur Zarathoustra étonné, et prestement il se cacha derrière un buisson. Mais lorsque les rois arrivèrent près de lui, il dit à mi-voix, comme quelqu'un qui parle tout seul : « Étrange! Étrange! A quoi cela rime-t-il? Je vois deux rois — et un seul âne! »

Alors les deux rois s'arrêtèrent, sourirent, se tournèrent du côté d'où venait la voix, puis se regardèrent : « On pense bien aussi ces choses-là chez nous, dit le roi de droite, mais on ne les dit pas. »

Cependant le roi de gauche haussa les épaules et répondit : « C'est sans doute un gardeur de chèvres. Ou un ermite qui a vécu trop longtemps parmi les arbres et les rochers. N'avoir pas de société du tout, cela aussi gâte les bonnes mœurs. »

« Les bonnes mœurs? rétorqua l'autre roi, fâché et amer. Qui donc fuyons-nous? N'est-ce pas les « bonnes mœurs »? Notre « bonne société »?

En vérité, plutôt vivre parmi les ermites et les gardeurs de chèvres qu'au milieu de notre populace dorée, fausse, outrageusement fardée — quoiqu'elle se nomme « la bonne société »,

— quoiqu'elle se nomme « noblesse ». Mais là tout est faux et pourri, et avant tout le sang, grâce à de vieilles maladies malignes et à des guérisseurs plus mauvais encore.

Ce qu'il y a de mieux et ce que j'aime le mieux aujourd'hui est encore un paysan solide, grossier, rusé, têtu et endurant : c'est aujourd'hui l'espèce la plus noble.

Le paysan est aujourd'hui ce qu'il y a de meilleur; et les paysans devraient régner! Mais c'est le royaume de la populace — je ne m'en laisse plus conter. Cependant la populace s'appelle : micmac.

Micmac populacier : là-dedans tout est dans tout pêle-mêle, le saint et le gredin et le hobereau et le juif et tous les bestiaux de l'arche de Noé.

Bonnes mœurs! Tout est chez nous faux et pourri. Personne ne sait plus vénérer : c'est justement cela que nous fuyons. Ce sont des chiens doucereux et importuns, ils mettent de la dorure sur des feuilles de palmier.

J'étouffe de dégoût parce que nous autres rois, nous sommes nous-mêmes devenus faux, surchargés d'ornements et déguisés sous le vieux faste jauni de nos ancêtres, médailles d'apparat pour les plus bêtes et les plus rusés et pour quiconque aujourd'hui trafique du pouvoir!

Nous ne *sommes* pas les premiers — et pourtant il nous faut les *représenter :* enfin nous sommes rassasiés et dégoûtés de cette filouterie.

Nous avons fui la racaille, tous ces braillards et ces pisse-copie, ces mouches à viande, cette puanteur des boutiques, ces frétillements de l'ambition, ces haleines fétides — : pouah, vivre parmi la racaille,

— pouah, représenter les premiers parmi la racaille! Ah! dégoût! Dégoût! Dégoût! Qu'importe encore de nous autres rois!»

« Ta vieille maladie te reprend, dit alors le roi de gauche, le dégoût te reprend, mon pauvre frère. Mais tu le sais cependant, il y a quelqu'un qui nous écoute. »

Alors Zarathoustra qui, entendant ces propos, avait ouvert tout grands les yeux et les oreilles, se leva, sortit de sa cachette, se dirigea vers les rois et commença ainsi :

« Celui qui vous écoute, qui aime à vous écouter, ô rois, il porte le nom de Zarathoustra.

« Je suis Zarathoustra, celui qui a dit un jour : « Qu'importe encore les rois! » Pardonnez-moi si je me suis réjoui quand je vous ai entendu vous dire : « Qu'importe de nous autres rois! »

« Mais ce lieu est *mon* royaume et mon gouvernement : que pouvez-vous bien chercher dans mon royaume? Mais peut-être avez-vous *trouvé* en chemin ce que je *cherche* : je veux dire l'homme supérieur. »

Lorsque les rois entendirent ces paroles, ils se frappèrent la poitrine et dirent d'une seule voix : « Nous sommes reconnus. »

« Avec le glaive de cette parole, tu découpes les ténèbres les plus épaisses de notre cœur. Tu as découvert notre détresse, car voici! nous sommes en route pour trouver l'homme supérieur.

— l'homme qui est plus haut que nous : bien que nous soyons des rois. C'est à lui que nous amenons cet âne. Car l'homme le plus haut doit être aussi le maître le plus haut sur terre.

Il n'y a pas de pire calamité dans toute destinée humaine que lorsque les puissants de la terre ne sont pas en même temps les premiers des hommes. Alors tout se gauchit, tout devient faux et monstrueux.

Et même quand ils sont les derniers et plus des bêtes que des hommes : alors la populace monte et prend de la valeur et la vertu populacière finit par dire : « Voici, c'est moi seule qui suis la vertu! »

« Qu'est-ce que je viens d'entendre? répondit Zarathoustra; quelle sagesse chez des rois! Je suis ravi et, vraiment, l'envie me prend d'en faire un couplet :

— un couplet qui ne sera peut-être pas fait pour toutes les oreilles. Mais il y a déjà longtemps que j'ai désappris d'avoir égard aux longues oreilles. Allons! En avant!

(Mais à ce moment il arriva que l'âne prit lui aussi la parole : il dit distinctement et dans une intention maligne : Oui-da.)

Un jour — en l'an de grâce Un, je crois,
la sibylle dit, dans une ivresse sans vin :
Malheur, maintenant cela tourne mal!
Décadence! Décadence! Jamais le monde
n'est tombé si bas!
Rome s'est faite putain et lupanar,
Le César de Rome s'est fait bête, Dieu
lui-même s'est fait — Juif! »

2.

Les rois se délectèrent de ce couplet de Zarathoustra; mais le roi de droite parla ainsi : « O Zarathoustra, comme nous avons bien fait de nous mettre en route pour te voir!

Car tes ennemis nous ont montré ton image dans leur miroir : tu y avais l'apparence grotesque d'un démon au rire sarcastique : en sorte que nous avons eu peur de toi.

Mais en vain! Sans cesse tu frappais nos oreilles et nos cœurs avec tes maximes. Si bien que nous avons fini par dire : qu'importe l'air qu'il a!

Il faut que nous l'entendions, lui qui enseigne : « Vous devez aimer la paix comme moyen de faire des nouvelles guerres, et la paix brève plus que la longue! »

Jamais personne n'a prononcé des paroles aussi martiales : « Qu'est-ce qui est bien? Être brave est bien. C'est la bonne guerre qui sanctifie toute cause. »

O Zarathoustra, à ces paroles le sang de nos pères a bougé dans nos corps : ce fut comme le discours du printemps à de vieilles barriques de vin.

Nos pères aimaient la vie quand les glaives se croisaient, pareils à des serpents tachetés de rouge; le soleil de la paix leur semblait fade et tiède, mais la longue paix leur faisait honte.

Comme ils soupiraient, nos pères, quand ils voyaient au mur des glaives polis et abandonnés! Semblables à ces glaives ils avaient soif de guerre! Car une épée veut boire du sang et flamboie de désir. »

— Tandis que les rois parlaient et devisaient ainsi avec ardeur du bonheur de leurs pères, Zarathoustra fut pris d'une grande envie de se moquer de leur ardeur : car c'était visiblement des rois très pacifiques qu'il avait devant lui, des rois aux visages vieux et fins. Mais il se contint. « Allons! En route! dit-il, vous voici sur le chemin : là-bas est la caverne de Zarathoustra; et ce jour aura une longue soirée! Mais maintenant un cri de détresse m'appelle et me presse de vous quitter.

C'est un honneur pour ma caverne que des rois veuillent

s'y installer et attendre : il est vrai, vous allez devoir attendre longtemps!

Eh qu'importe! Où, aujourd'hui, apprend-on mieux à attendre qu'à la cour? Et de toutes les vertus des rois, celle qui leur est restée ne s'appelle-t-elle pas aujourd'hui — *savoir*-attendre? »

Ainsi parlait Zarathoustra.

La sangsue.

Et tout pensif, Zarathoustra continua sa route, s'enfonçant dans des forêts et longeant des marécages; mais comme il arrive à tous ceux qui pensent à des choses difficiles, il marcha par mégarde sur un homme. Et voici, d'un seul coup, un cri de douleur et deux jurons et vingt insultes graves lui sautèrent au visage; en sorte que, dans sa frayeur, il leva son bâton et frappa par surcroît celui qu'il venait de heurter. Mais presque aussitôt il se reprit; et son cœur se mit à rire de la sottise qu'il venait de commettre.

« Pardonne-moi, dit-il à l'homme qu'il venait d'écraser et qui, furieux, s'était levé et assis aussitôt, pardonne-moi et avant tout écoute une parabole.

Comme un voyageur qui rêve de choses lointaines se heurte par mégarde sur une route solitaire à un chien qui sommeille, à un chien couché au soleil :

— comme tous deux sursautent, se sautent au visage, pareils à des ennemis mortels, eux qui sont effrayés à mort : ainsi les choses se sont passées pour nous.

Et pourtant! Et pourtant — comme il s'en est fallu de peu qu'ils ne se caressent, ce chien et ce solitaire! Ne sont-ils pas tous deux — des solitaires! »

« Qui que tu sois, dit l'homme écrasé, toujours furieux, tu me serres d'un peu trop près, et pas seulement avec ton pied, mais encore avec ta parabole!

Regarde, suis-je donc un chien? » — et en disant cela celui qui était assis se leva et retira son bras nu du marécage. Car d'abord il avait été couché par terre tout de son long, caché et méconnaissable, pareil à ceux qui guettent le gibier des marais.

« Mais que fais-tu donc! » s'écria Zarathoustra effrayé, car il voyait que le sang coulait à flots sur le bras nu. — « Que t'est-il arrivé? Malheureux, as-tu été mordu par une bête venimeuse? »

Celui qui saignait se mit à rire, toujours avec colère. « Qu'est-ce que cela peut te faire? dit-il, et il voulut continuer son chemin. Je suis ici chez moi et dans mon domaine. M'interroge qui voudra : mais il est peu probable que je réponde à un malotru. »

« Tu te trompes, dit en le retenant Zarathoustra apitoyé, tu te trompes : tu n'es pas ici chez toi, mais dans mon royaume, et là, je veux qu'il n'arrive de mal à personne.

Quel que soit le nom que tu veuilles me donner — je suis celui que je dois être. Moi-même, je me donne le nom de Zarathoustra.

Allons! Vois là-haut le chemin qui mène à la caverne de Zarathoustra : elle n'est pas loin — ne veux-tu pas soigner tes blessures chez moi?

Tu n'as pas eu de chance en ce monde, malheureux : d'abord la bête t'a mordu, et puis — l'homme t'a écrasé! »

Mais lorsque l'homme eut entendu le nom de Zarathoustra, il se transforma. « Que m'arrive-t-il donc! s'écria-t-il, *qui* m'importe donc encore dans cette vie, si ce n'est cet homme unique, Zarathoustra, et cette bête unique qui vit du sang, la sangsue?

C'est à cause de la sangsue que j'étais couché au bord du marais, tel un pêcheur, et déjà mon bras étendu avait été mordu dix fois lorsqu'une sangsue bien plus belle se mit à sucer mon sang, Zarathoustra lui-même! »

Ainsi parla l'homme piétiné; et Zarathoustra se réjouit de ses paroles et de leur ton plein de délicatesse et de respect. « Qui es-tu? dit-il en lui tendant la main, entre nous deux il reste beaucoup de choses à éclaircir et à éclairer : mais déjà, il me semble que le jour se lève, clair et pur. »

« Je suis le consciencieux de l'esprit, répondit l'homme interrogé, et les choses de l'esprit, il n'est pas facile de trouver quelqu'un qui les prenne d'une façon plus sévère, plus serrée et plus dure que moi, si ce n'est celui de qui je l'ai appris, Zarathoustra lui-même.

Plutôt ne rien savoir que de savoir beaucoup à moitié!

Plutôt être un fou de son propre chef, qu'un sage à l'idée des autres! Moi — je vais au fond :

— qu'importe qu'il soit grand ou petit? Qu'il s'appelle ciel ou marécage? Un fond large comme la main me suffit : pourvu que ce soit un vrai terrain!

— un fond large comme la main : là-dessus on peut se tenir debout. Dans le vrai savoir de la conscience il n'y a rien de grand ni de petit. »

« Alors tu es peut-être celui qui connaît la sangsue? demanda Zarathoustra; et tu suis la sangsue jusqu'à ses causes dernières, en esprit consciencieux? »

« O Zarathoustra, répondit l'homme piétiné, ce serait une chose monstrueuse, comment en aurais-je l'audace!

Mais ce dont je suis maître et connaisseur, c'est de la *cervelle* de la sangsue : — c'est là *mon* monde!

Et c'est vraiment un monde! Mais pardonne-moi si mon orgueil se fait sentir ici, car je n'ai pas mon pareil dans ce domaine. C'est pourquoi j'ai dit : « Je suis ici chez moi. »

Depuis combien de temps suis-je à la poursuite de cette seule chose, la cervelle de la sangsue, afin que cette vérité gluante ne me glisse plus entre les doigts! C'est ici *mon royaume!*

— à cause de cela j'ai rejeté tout le reste, tout le reste m'est devenu indifférent : et tout près de mon savoir repose ma noire ignorance.

Ma conscience de l'esprit exige de moi que je sache une chose et ignore tout le reste : je suis dégoûté de toutes les demi-mesures de l'esprit, de tous les esprits fumeux, flottants, exaltés.

« Là où cesse ma probité, je suis aveugle et, de plus, je tiens à l'être. Mais là où je veux savoir, je veux aussi être honnête, c'est-à-dire dur, sévère, étroit, cruel, implacable.

« Que tu aies dit un jour, ô Zarathoustra : « L'esprit est la vie qui tranche à même la vie », c'est cela qui m'a séduit et conduit à ta doctrine. Et, en vérité, c'est avec mon propre sang que j'ai multiplié mon propre savoir! »

— « Comme le montrent les apparences », interrompit Zarathoustra; car le sang continuait à couler sur le bras nu du consciencieux. En effet dix sangsues s'y étaient solidement accrochées.

« O bizarre personnage, comme cette apparence, c'est-à-dire toi-même, est riche en enseignements! Et peut-être n'aurais-je pas le droit de les confier tous à ton oreille sévère!

Allons! Séparons-nous ici! Mais j'aimerais bien te retrouver. Là-haut se trouve le chemin qui mène à ma caverne : cette nuit tu seras pour moi un hôte bienvenu!

J'aimerais aussi réparer sur ton corps l'outrage que t'a fait Zarathoustra en te foulant aux pieds : je vais y penser. Mais maintenant un cri de détresse m'appelle et me presse de te quitter. »

Ainsi parlait Zarathoustra.

L'enchanteur.

1.

Mais comme il contournait un rocher, Zarathoustra aperçut au-dessous de lui, non loin de là, un homme qui se débattait comme un fou furieux et qui, pour finir, se jeta par terre à plat ventre. « Halte! dit Zarathoustra à son cœur, cet homme-là doit être l'homme supérieur, c'est de lui qu'est venu cet affreux cri de détresse — je veux voir si je peux lui venir en aide. » Mais lorsqu'il accourut à l'endroit où l'homme était couché par terre, il trouva un vieillard tremblant au regard fixe; et tous les efforts de Zarathoustra pour le redresser et le remettre sur ses jambes furent vains. De plus, le malheureux ne semblait pas s'apercevoir qu'il y avait quelqu'un auprès de lui ; au contraire, il ne cessait de regarder de tous côtés en faisant des gestes touchants, comme quelqu'un qui est abandonné et isolé du monde entier. Pourtant à la fin, après beaucoup de tremblements, de spasmes et de contorsions, il commença de se lamenter ainsi :

Qui me réchauffe, qui m'aime encore?
Donnez-moi des mains chaudes!
Donnez-moi des réchauds du cœur!
Étendu, frissonnant,

Pareil au moribond dont on réchauffe les pieds — secoué,
hélas! de fièvres inconnues,
tremblant sous les flèches glacées et acérées du froid, chassé
par toi, pensée!
Innommable! Couvert d'un voile! Effrayant!
chasseur derrière des nuages!
foudroyé par toi,
œil railleur qui me regarde du fond des ténèbres :
— ainsi je suis couché,
je me plie, je me tords, torturé
par tous les tourments éternels,
touché
par toi, le plus cruel des chasseurs,
par toi, *dieu* — inconnu...

Frappe plus fort!
Frappe encore une fois!
Transperce, brise ce cœur!
A quoi bon m'infliger ce tourment
avec des flèches émoussées?
Que regardes-tu encore,
jamais las des souffrances humaines,
de tes yeux divins foudroyants où luit la joie de nuire?
Tu ne veux pas tuer,
seulement torturer, torturer?
Pourquoi *me* torturer,
dieu inconnu qui se réjouit de nuire?

Ha! Ha!
Tu te glisses vers moi
au beau milieu de cette nuit?...
Que veux-tu?
Parle!

Tu me pousses, tu me presses —
Ah! déjà bien trop près!
Tu m'entends respirer,
tu épies mon cœur,
jaloux que tu es!
   — jaloux de quoi?

Va-t'en, va-t'en!
A quoi bon cette échelle?
Veux-tu *entrer*,
pénétrer dans mon cœur, monter,
entrer dans mes pensées les plus secrètes?
Impudent! Inconnu! — Voleur!
Que veux-tu voler?
Que veux-tu surprendre?
Que veux-tu obtenir
à force de tortures,
tourmenteur!
toi — *dieu-bourreau!*
A moins que tel le chien,
je ne doive me rouler devant toi?
m'abandonner, enthousiasmé, hors de moi,
et te dire mon amour — en remuant la queue?

En vain!
Frappe encore!
toi, le plus cruel des dards!
Non, pas un chien — je ne suis que ton gibier,
ô toi le plus cruel des chasseurs!
le plus fier de tes prisonniers,
voleur caché derrière les nuages!...
Parle enfin,
toi qui te caches derrière les éclairs! Inconnu! Parle!
Que veux-tu, brigand, que veux-tu — *de moi?...*

Quoi?
Une rançon?
Quelle rançon veux-tu?
Demande beaucoup — ma fierté te le conseille!
et sois bref — c'est le conseil de mon autre fierté!

Ha! Ha!
Moi — c'est moi que tu veux? Moi?
moi — tout entier?...

Ha! Ha!
Et tu me tortures, fou que tu es,

tu martyrises ma fierté?
Donne-moi de *l'amour* — qui me réchauffe encore?
Qui m'aime encore? —
Donne-moi des mains chaudes,
Donne-moi des réchauds du cœur,
Donne-moi, à moi le plus solitaire
que la glace, hélas! que sept couches de glace
font languir après des ennemis,
même après des ennemis,
donne, oui, abandonne,
abandonne-*toi* — à moi,
toi le plus cruel des ennemis!

Parti!
Lui-même s'est enfui,
mon seul compagnon,
mon grand ennemi,
mon inconnu,
mon dieu-bourreau!...

Non!
Reviens!
avec tous tes supplices!
Toutes mes larmes affluent vers toi!
Et la dernière flamme de mon cœur —
s'embrase *pour toi!*
Oh! reviens,
mon dieu inconnu! ma *douleur!* mon dernier bonheur!

2.

— Mais ici, Zarathoustra ne put se contenir plus longtemps, prit sa canne et frappa de toutes ses forces celui qui se lamentait. « Arrête-toi, lui cria-t-il avec un rire courroucé, arrête-toi, comédien! Faux-monnayeur! Fieffé menteur! Je te reconnais bien!

« Je saurai bien t'échauffer les jambes, sinistre sorcier, je connais le moyen de me faire entendre des gens de ton espèce! »

— « Cesse, dit le vieillard en se levant d'un bond, ne me frappe plus! Je n'ai fait cela que par jeu!

« Ces choses-là font partie de mon art; toi-même, j'ai voulu te mettre à l'épreuve en te donnant cette preuve! Et, en vérité, tu m'as fort bien percé à jour!

« Mais toi — ce n'est pas non plus une petite preuve que tu m'as donnée de toi-même : tu es *dur*, sage Zarathoustra! Tu frappes durement avec tes « vérités » — *cette* vérité, c'est ton bâton qui me force à la dire! »

— « Ne me flatte pas, répondit Zarathoustra, toujours irrité et le visage sombre, comédien dans l'âme! Tu es faux : que parles-tu de — vérité!

« Toi, paon des paons, mer de vanité, qu'as-tu joué devant moi, affreux sorcier, à qui devais-je croire quand tu te lamentais ainsi? »

« *Le pénitent de l'esprit*, dit le vieillard, c'était lui dont je jouais le rôle : toi-même as inventé ce mot jadis,

— le poète et l'enchanteur qui finit par tourner son esprit contre lui-même, le métamorphosé glacé par sa conscience et son mauvais savoir.

Et avoue-le donc : il t'a fallu du temps, ô Zarathoustra, pour percer mes artifices et mes ruses! Tu *as cru* à ma détresse quand tu as pris ma tête dans tes mains,

— je t'ai entendu gémir : « On l'a trop peu aimé, trop peu aimé! » T'avoir trompé à ce point, c'est cela qui faisait exulter intérieurement ma méchanceté. »

« Tu en as sans doute trompé de plus fins que moi, dit durement Zarathoustra. Je ne suis pas sur mes gardes en face des trompeurs, je suis *forcé* d'être sans prudence : ainsi le veut mon sort.

Mai toi — tu es *forcé* de tromper : je te connais assez pour le savoir! Il faut toujours que tes paroles aient un double, un triple, un quadruple et un quintuple sens! Même ce que tu viens de m'avouer maintenant, ce n'est ni assez vrai ni assez faux pour moi!

Affreux faux-monnayeur, comment pourrais-tu faire autrement? Tu farderais encore ta maladie si tu te montrais nu à ton médecin.

C'est ainsi qu'à l'instant tu as fardé ton mensonge, en disant : « Je n'ai fait cela *que* par jeu! » Il y avait aussi du sérieux là-dedans, tu *es* quelque chose comme un pénitent de l'esprit!

Je te devine bien : tu es devenu l'enchanteur de tous, mais pour toi-même, il ne te reste plus ni mensonge ni ruse — pour toi-même tu es désenchanté!

Tu as récolté le dégoût comme ton unique vérité. Il n'y a plus un mot de vrai en toi, mais ta bouche est vraie : c'est-à-dire le dégoût qui colle à ta bouche. »

« Qui es-tu donc? s'écria alors le vieil enchanteur sur un ton de défi, qui as donc le droit de me parler ainsi, à moi, le plus grand de ceux qui vivent aujourd'hui? » — et il décocha à Zarathoustra le trait vert de son regard. Mais aussitôt il se transforma et dit tristement :

« O Zarathoustra, je suis fatigué de tout cela, mes artifices me dégoûtent, je ne suis pas *grand*, à quoi bon feindre! Mais tu le sais bien — je cherchais la grandeur!

J'ai voulu jouer le personnage d'un grand homme, et il y en a beaucoup que j'ai convaincus : mais ce mensonge a surpassé ma force. C'est contre lui que je me brise.

O Zarathoustra, tout est mensonge en moi; mais que je me brise — cette façon dont je me brise est *vraie* ! »

« C'est à ton honneur, dit Zarathoustra d'un air sombre en détournant le regard, c'est à ton honneur d'avoir cherché la grandeur, mais c'est aussi ce qui te trahit. Tu n'es pas grand.

Vieil enchanteur sinistre, ce que tu as de mieux et de plus honnête, ce que je respecte en toi, c'est que tu te sois lassé de toi-même et que tu te sois écrié : « Je ne suis pas grand. »

En cela je te respecte comme pénitent de l'esprit : et quoique cela n'ait duré qu'un clin d'œil, pendant cet instant tu as été vrai.

Mais dis-moi, que cherches-tu dans *mes* forêts et parmi mes rochers? Et si tu m'as barré le chemin, quelle preuve voulais-tu de moi?

— en quoi voulais-tu *me* tenter? »

Ainsi parlait Zarathoustra et ses yeux étincelaient. Le vieil enchanteur se tut, puis il dit au bout d'un moment : « T'ai-je tenté? Je ne fais que — chercher.

O Zarathoustra, je cherche un homme vrai, droit, simple, sans équivoque, un homme de toute probité, un vase de sagesse, un saint de la connaissance, un grand homme!

Ne le sais-tu donc pas, ô Zarathoustra? *Je cherche Zarathoustra.* »

— Et ici un long silence tomba entre les deux hommes; mais Zarathoustra s'abîma dans une profonde méditation, en sorte qu'il ferma les yeux. Mais ensuite, revenant à son interlocuteur, il prit la main de l'enchanteur et dit, plein de gentillesse et de malice :

« Soit! Là-haut est le chemin qui mène à la caverne de Zarathoustra. Tu pourras y chercher celui que tu aimerais trouver.

Et demande conseil à mes animaux, mon aigle et mon serpent : ils t'aideront à chercher. Mais ma caverne est grande.

Moi-même, il est vrai, je n'ai pas encore vu de grand homme. Pour ce qui est grand, l'œil des plus fins est aujourd'hui trop grossier. C'est le royaume de la populace.

J'en ai déjà trouvé plus d'un qui s'étirait et se gonflait, et le peuple s'écriait : « Voyez donc, un grand homme! » Mais à quoi servent tous ces soufflets de forge! Le vent finit toujours par en sortir.

La grenouille qui s'est enflée trop longtemps finit toujours par éclater : et le vent s'en échappe. Dégonfler le ventre d'un enflé, c'est ce que j'appelle un passe-temps amusant. Écoutez cela, mes enfants!

Ce temps est celui de la populace : qui *sait* encore ce qui est grand ou petit! Qui donc chercherait la grandeur avec succès! Un fou seul le pourrait : les fous y réussissent.

Tu cherches de grands hommes, fou cocasse? Qui t'a *appris* à le faire? Est-ce aujourd'hui le temps pour cela? O chercheur néfaste, pourquoi — me tentes-tu? »

Ainsi parlait Zarathoustra et, le cœur réconforté, il poursuivit son chemin en riant.

En retraite.

Mais peu de temps après que Zarathoustra se fut débarrassé de l'enchanteur, il vit de nouveau quelqu'un qui était assis au bord du chemin qu'il suivait, un grand homme noir au visage maigre et pâle : *cet homme* l'indisposa vivement. Malheur à moi, dit-il à son cœur, voici de l'affliction déguisée, il me semble que cela tient du prêtre : que veulent ces gens dans mon royaume?

Quoi! A peine ai-je échappé à ce sorcier, et déjà un autre magicien passe sur mon chemin,

— un quelconque enchanteur qui impose les mains, un sombre faiseur de miracles par la grâce de Dieu, un calomniateur du monde plein d'onction : que le diable l'emporte!

Mais le diable n'est jamais là quand on aurait besoin de lui : il vient toujours trop tard, ce nain maudit, ce pied-bot!

Ainsi Zarathoustra pestait impatiemment dans son cœur, et il songea à passer devant l'homme noir en détournant les yeux et sans mot dire : mais voici qu'il en alla autrement. Au même instant, en effet, l'homme assis l'avait déjà aperçu et, semblable à quelqu'un à qui arrive un bonheur imprévu, il sauta sur ses jambes et se dirigea vers Zarathoustra.

« Qui que tu sois, voyageur errant, dit-il, viens au secours d'un égaré, d'un homme qui cherche, d'un vieillard à qui il pourrait bien arriver malheur ici!

Ce monde m'est étranger et lointain, et puis j'ai entendu hurler des bêtes féroces; et celui qui aurait pu me donner sa protection, lui-même n'est plus.

J'ai cherché le dernier homme pieux, un saint et un ermite qui, seul dans sa forêt, n'avait pas encore entendu dire ce que tout le monde sait aujourd'hui. »

« Qu'est-ce que tout le monde sait aujourd'hui? demanda Zarathoustra. Serait-ce ceci, que le vieux Dieu ne vit plus, le Dieu en qui tout le monde croyait jadis? »

« Tu l'as dit, répondit le vieillard attristé. Et j'ai servi ce vieux Dieu jusqu'à sa dernière heure.

A présent me voici à la retraite, sans maître et cependant sans liberté, je n'ai pas non plus une seule heure de joie, si ce n'est dans mes souvenirs.

Alors j'ai gravi ces montagnes pour célébrer de nouveau une fête comme il sied à un vieux pape et à un vieux père de l'Église : car sache-le, je suis le dernier pape! — une fête de pieux souvenirs et de services divins.

Mais maintenant il est mort lui-même, le plus pieux des

hommes, ce saint dans la forêt qui célébrait continuellement son dieu en chantant et en murmurant.

Ce n'est pas lui que j'ai trouvé quand j'ai découvert sa chaumière — mais deux loups qui hurlaient à cause de sa mort — car tous les animaux l'aimaient. Alors je me suis enfui.

Suis-je donc venu en vain dans ces forêts et dans ces montagnes? Mon cœur alors résolut d'en chercher un autre, le plus pieux de tous ceux qui ne croient pas en Dieu — de chercher Zarathoustra! »

Ainsi parlait le vieillard en regardant d'un œil perçant celui qui se tenait devant lui ; Zarathoustra cependant saisit la main du vieux pape et la considéra longuement avec admiration.

« Vois donc, vieillard vénérable, dit-il ensuite, quelle belle et longue main! C'est la main de quelqu'un qui a toujours béni. Or voici maintenant qu'elle tient celui que tu cherches, moi, Zarathoustra.

Je suis Zarathoustra l'impie, qui demande : « Qui est plus impie que moi, afin que je me réjouisse de son enseignement? »

Ainsi parlait Zarathoustra et ses yeux perçaient à jour les pensées et les arrière-pensées du vieux pape. Enfin celui-ci commença :

« Qui l'aimait et le possédait le mieux est aussi celui qui l'a le plus complètement perdu.

— vois, de nous deux, je suis sans doute maintenant le plus impie? Mais qui pourrait s'en réjouir? »

— « Tu l'as servi jusqu'à la fin, demanda pensivement Zarathoustra au bout d'un long silence, tu sais *comment* il est mort? Est-ce vrai ce que l'on raconte, que la pitié l'a étranglé,

— qu'il a vu *l'homme* cloué sur la croix et n'a pas supporté que son amour de l'homme devînt son enfer et enfin sa mort? »

Mais le vieux pape ne répondit pas, il regarda de côté avec un air farouche et, sur le visage, une expression douloureuse et sombre.

« Laisse-le s'en aller, dit Zarathoustra au bout d'un long moment de méditation, en regardant toujours le vieillard bien en face.

Laisse-le s'en aller, il est perdu. Et bien que cela soit tout à ton honneur de ne dire que du bien de ce mort, tu sais aussi bien que moi *qui* il était; et qu'il suivait des voies étranges. »

« Soit dit entre trois yeux, dit le vieillard rasséréné, (car il était borgne), dans les choses de Dieu je suis plus éclairé que Zarathoustra lui-même — et j'ai le droit de l'être.

Mon amour l'a servi pendant les longues années, ma volonté suivait en tout sa volonté. Mais un bon serviteur sait tout, et bien des choses que son maître se cache à lui-même.

C'était un Dieu caché, plein de mystères. En vérité, son fils lui-même ne lui est venu que par des voies détournées. A la porte de sa croyance se tient l'adultère.

Celui qui le glorifie comme un dieu de l'amour n'a pas une idée assez haute de l'amour lui-même. Ce Dieu ne voulait-il pas aussi être juge? Mais celui qui aime, aime au-delà de la récompense et du châtiment.

Lorsqu'il était jeune, ce Dieu de l'Orient, il était dur et vindicatif et s'édifia un enfer pour l'amusement de ses favoris.

Mais il finit par vieillir et devint faible et tendre et compatissant, plus semblable à un grand-père qu'à un père, mais plus semblable encore à une vieille grand-mère branlante.

Il était assis au coin de son feu, tourmenté par ses jambes faibles, las du monde, las de vouloir, et un jour il fut étouffé par sa trop grande pitié. »

« Vieux pape, intervint ici Zarathoustra, as-tu vu cela de tes propres yeux? Cela pourrait bien s'être passé ainsi : ainsi, et peut-être autrement. Quand les dieux meurent, ils meurent toujours de plusieurs sortes de morts.

Mais soit! Qu'il en ait été ainsi ou autrement — il est mort! Il répugnait à mes yeux et à mes oreilles, je ne veux rien lui reprocher de pire.

J'aime tout ce qui a le regard clair et parle franchement. Mais lui — tu le sais, vieux prêtre, il tenait de toi, de ta nature de prêtre — il était équivoque.

Et puis il était confus. Comme il nous en a voulu, cet irascible, de ce que nous l'avons mal compris! Mais pourquoi ne parlait-il pas plus clairement?

Et si cela tenait à nos oreilles, pourquoi nous avait-il donné des oreilles qui l'entendaient mal? S'il y avait de la crasse dans nos oreilles, eh bien, qui l'y avait mise?

Il ratait trop de choses, ce potier qui n'avait pas fini d'apprendre son métier! Mais qu'il se soit vengé sur ses pots et sur ses créatures de les avoir manqués — ce fut un péché contre *le bon goût*.

Il y a aussi du bon goût dans les choses de la piété : ce bon goût a fini par dire : « Enlevez-nous ce Dieu! Plutôt pas de Dieu du tout, plutôt faire son destin à sa tête, plutôt devenir fou, plutôt être soi-même Dieu! »

— « Qu'entends-je? dit ici le vieux pape qui dressait l'oreille; ô Zarathoustra, avec une pareille incrédulité tu es plus pieux que tu ne le crois! Je ne sais quel Dieu en toi t'a converti à ton impiété!

N'est-ce pas ta piété même qui t'empêche de croire encore à un dieu? Et ton excessive loyauté t'emportera un jour par-delà le bien et le mal!

Vois, qu'est-ce qui t'a été réservé? Tu as des yeux, des mains, une bouche destinés de toute éternité à bénir. On ne bénit pas avec la main seulement.

Quoique tu veuilles être le plus impie, je sens dans ton voisinage l'odeur et l'encens secret qui accompagnent les longues bénédictions : cela me fait du bien et du mal.

Laisse-moi être ton hôte, ô Zarathoustra, pour une seule nuit! Nulle part sur terre je ne me sentirai mieux qu'auprès de toi! »

« Amen! Ainsi soit-il! dit Zarathoustra grandement étonné, là-haut est le chemin qui mène à la caverne de Zarathoustra.

Vraiment, j'aimerais bien t'y conduire moi-même, vieillard vénérable, car j'aime tous les hommes pieux. Mais maintenant un cri de détresse m'appelle et me presse de te quitter.

Dans mon domaine, il ne doit arriver malheur à personne; ma caverne est un bon port. Et j'aimerais bien pouvoir remettre sur la terre ferme et sur des jambes solides tous ceux qui sont affligés.

Mais qui donc ôterait *ta* mélancolie de tes épaules? Je suis trop faible pour cela. En vérité, nous pourrions attendre longtemps que quelqu'un vienne réveiller ton dieu.

Car ce vieux dieu ne vit plus : celui-là est mort, et bien mort. »

Ainsi parlait Zarathoustra.

Le plus laid des hommes.

— Et de nouveau Zarathoustra laissa errer ses pas par monts et par vaux, et ses yeux cherchèrent et cherchèrent, mais ils ne trouvèrent nulle part celui qu'ils voulaient voir, l'homme à la grande douleur qui criait sa détresse. Tout le long du chemin, cependant, il exultait dans son cœur et était plein de gratitude. « Que de bonnes choses, dit-il, m'a données cette journée pour me dédommager de l'avoir si mal commencée! Quels étranges interlocuteurs j'ai trouvés!

Maintenant je vais longtemps remâcher leurs paroles comme si c'étaient de bons grains; ma dent les moudra fin et les broiera jusqu'à ce qu'ils me coulent comme du lait dans l'âme! »

Mais comme la route contournait un rocher, soudain le paysage se transforma et Zarathoustra entra dans le royaume de la mort. Là se dressaient des récifs noirs et rouges : ni herbe, ni arbre, ni chant d'oiseau. Car c'était une vallée que tous les animaux fuyaient, même les bêtes fauves; seule une espèce de vilains serpents verts et gras venaient y mourir lorsqu'ils étaient vieux. C'est pourquoi les pâtres appelaient cette vallée : Mort-des-Serpents.

Zarathoustra, cependant, s'abîmait dans de noirs souvenirs, car il lui semblait être déjà venu dans cette vallée. Et un grand poids s'apesantit sur son esprit : en sorte qu'il se mit à marcher lentement, puis ralentit encore le pas pour finir par s'arrêter. Mais quand il ouvrit les yeux, il vit quelque chose qui était assis sur le bord du chemin, quelque chose qui avait figure humaine et était à peine humain, quelque chose d'inexprimable. Et soudain, Zarathoustra fut saisi d'une grande honte d'avoir vu ce quelque chose de ses propres yeux : rougissant jusqu'à la racine de ses cheveux blancs, il détourna le regard et se remit en marche afin de quitter cet affreux endroit. Alors un son s'éleva dans ce désert mort : du sol monta un râle et un gargouillement, comme lorsque l'eau râle et gargouille la nuit dans une conduite bouchée; et pour finir cela devint une voix d'homme et une parole d'homme : — cette voix disait :

« Zarathoustra! Zarathoustra! Devine mon énigme! Parle, parle! Quelle est la *vengeance contre le témoin?*

Je te fais revenir en arrière, là il y a du verglas. Prends garde, prends garde que ton orgueil ne se casse les jambes ici!

Tu te crois sage, ô fier Zarathoustra! Devine donc l'énigme, toi qui casses durement les noix, devine l'énigme que je suis! Parle donc : qui *suis-je?* »

— Mais quand Zarathoustra eut entendu ces paroles — que pensez-vous qu'il se passa dans son âme? *Il fut pris de pitié* et il s'effondra tout d'un coup comme un chêne qui, ayant longtemps résisté aux coups des bûcherons, tombe soudain lourdement, à la frayeur de ceux-là mêmes qui voulaient l'abattre. Mais déjà il s'était relevé de terre et son visage devenait dur.

« Je te reconnais bien, dit-il d'une voix d'airain : *tu es le meurtrier de Dieu!* Laisse-moi passer.

Tu n'as pu *supporter* celui qui *te* voyait, qui te voyait sans cesse et te perçait à jour, toi le plus laid des hommes! Tu t'es vengé de ce témoin! »

Ainsi parlait Zarathoustra et il voulait s'en aller; mais l'être inexprimable le saisit par un pan de son manteau et recommença à gargouiller et à chercher ses mots. « Reste! dit-il enfin,

— reste! Ne passe pas ton chemin! J'ai deviné quelle était la cognée qui t'a jeté à terre : sois loué, ô Zarathoustra, de t'être relevé!

Tu as deviné, je le sais bien, ce que ressent celui qui l'a tué — le meurtrier de Dieu. Reste! Assieds-toi auprès de moi, ce ne sera pas en vain.

Vers qui irais-je, si ce n'est vers toi? Reste, assieds-toi! Mais ne me regarde pas! Que ce soit là ta façon d'honorer — ma laideur!

Ils me persécutent : maintenant *tu* es mon dernier refuge. Non qu'ils me poursuivent de leurs haines ou de leurs sbires : — ô je me moquerais de telles persécutions, j'en serais fier et joyeux!

Tous les succès n'ont-ils pas été jusqu'ici pour ceux qui furent bien poursuivis? Et qui poursuit bien apprend aisément à *suivre* : — n'est-il pas déjà — par-derrière? Mais c'est leur *pitié* ;

— c'est leur pitié que je fuis et contre laquelle je cherche un refuge chez toi. O Zarathoustra, protège-moi, toi mon dernier refuge, toi le seul qui m'aies deviné :

— tu as deviné ce que ressent celui qui *l'a* tué. Reste! Et si tu veux partir, impatient, ne prends pas le chemin par lequel je suis venu. *Ce* chemin est mauvais.

M'en veux-tu de ce que depuis trop longtemps déjà je parle en écorchant les mots? De ce que déjà je te donne des conseils? Mais sache-le, c'est moi le plus laid des hommes,

— celui aussi qui a les pieds les plus grands et les plus lourds. Partout où je passe, le chemin est mauvais. Je défonce et déshonore tous les chemins.

Mais j'ai bien vu que tu voulais passer devant moi sans mot dire, j'ai bien vu que tu rougissais : c'est à cela que j'ai su que tu es Zarathoustra.

Tout autre m'eût jeté son aumône, eût dit sa pitié par ses regards et ses mots. Mais pour cela, je ne suis pas assez mendiant, tu l'a deviné;

— pour cela je suis trop *riche*, riche en choses grandes, terribles, les plus laides et les plus indicibles! Ta honte, ô Zarathoustra, m'a fait *honneur*!

J'ai eu du mal à m'échapper de la foule des compatissants, — pour trouver le seul qui enseigne aujourd'hui : « La pitié est importune », — toi, ô Zarathoustra!

— qu'elle vienne d'un dieu, qu'elle vienne de l'homme : la pitié est une offense à la pudeur. Et ne pas vouloir aider peut être plus noble que certaine vertu qui s'empresse de secourir.

Or chez les petites gens, cette pitié passe aujourd'hui pour la vertu même : — ils n'ont pas le respect du grand malheur, de la grande laideur, du grand échec.

Tous ceux-là, je les regarde sans les voir, comme un chien qui domine du regard les dos des moutons dont le troupeau grouille. Ce sont des hommes petits et gris, dociles et moutonniers.

De même qu'un héron tourne la tête, méprisant, pour ne pas voir les plats étangs : de même je détourne le regard du fourmillement des petites vagues, des petites volontés et des petites âmes grises.

On leur a trop longtemps donné raison, à ces petites gens :

c'est ainsi qu'on a fini par leur donner aussi le pouvoir — et maintenant ils enseignent : « Seul est bon ce que les petites gens disent bon! »

Et ce que l'on nomme aujourd'hui la « vérité », c'est ce qu'a dit le prédicateur qui sortait lui-même de leurs rangs, ce saint étrange, cet avocat des petites gens qui disait de lui-même : « Je — suis la vérité. »

Cet immodeste, voici longtemps déjà qu'il fait dresser la crête des petites gens — lui qui n'enseignait pas une mince erreur en enseignant : « Je suis la vérité. »

Fît-on jamais à un immodeste réponse plus polie? — Toi, cependant, Zarathoustra, tu es passé sans t'arrêter devant lui et tu as dit : « Non! Non! Trois fois non! »

Tu as mis en garde contre son erreur, le premier tu as mis en garde contre la pitié — non point tous ni aucun, mais toi-même et tes semblables.

Tu as honte de la honte des grands éprouvés et en vérité, quand tu dis : « C'est de la pitié que nous vient un gros nuage, attention, vous autres hommes! »

— quand tu enseignes : « Tous les créateurs sont durs, tout grand amour est au-dessus de la pitié » : ô Zarathoustra, comme tu me parais avoir bien compris les signes du temps!

Mais toi-même, mets-toi en garde contre *ta propre pitié*! Car il y en a beaucoup qui sont en route vers toi, beaucoup de ceux qui souffrent, doutent, désespèrent, se noient, meurent de froid.

Je te mets aussi en garde contre moi. Tu as deviné ma meilleure et ma pire énigme, moi-même et ce que j'ai fait. Je connais la hache qui t'abattra.

Mais lui — il *fallait* qu'il mourût : il voyait avec des yeux qui voyaient *tout* — il voyait les abîmes et les bas-fonds de l'homme, toute sa honte et sa laideur cachées.

Sa pitié ne connaissait pas de pudeur : il se glissait dans mes recoins les plus crasseux. Il devait mourir ce trop curieux, ce trop indiscret, ce trop pitoyable.

C'est *moi* qu'il voyait toujours — j'ai voulu me venger d'un pareil témoin — ou cesser de vivre moi-même.

Le Dieu qui voyait tout, *même l'homme* : ce Dieu devait mourir! L'homme ne *supporte* pas que vive un tel témoin! »

Ainsi parla le plus laid des hommes : mais Zarathoustra

se leva et se disposa à partir : car il était glacé jusqu'aux entrailles.

« Être inexprimable, dit-il, tu m'as mis en garde contre ton chemin. Pour te remercier, je te recommande le mien. Regarde, là-haut est la caverne de Zarathoustra.

« Ma caverne est grande et profonde et a de nombreux recoins; le plus caché y trouve sa cachette. Et tout auprès il y a cent trous et cent coins pour les bêtes qui rampent, voltigent et sautent.

« O banni qui t'es banni toi-même, tu ne veux pas vivre parmi les hommes et leur pitié! Soit, fais comme moi! C'est ainsi que je t'apprendrai quelque chose; seul celui qui agit apprend.

« Et pour commencer, entretiens-toi avec mes animaux! L'animal le plus fier et l'animal le plus rusé — puissent-ils être pour nous deux les vrais conseilleurs! »

Ainsi parla Zarathoustra et il poursuivit son chemin, plus pensif qu'auparavant et en ralentissant le pas : car il s'interrogeait sur beaucoup de choses et ne trouvait pas aisément les réponses.

« Comme l'homme est misérable! pensait-il en son cœur, comme il est laid, comme il râle, comme il est plein de honte cachée!

On me dit que l'homme doit s'aimer lui-même : ah, comme cet amour de soi doit être grand! Que de mépris n'a-t-il pas à vaincre!

Celui-là aussi s'aimait en se méprisant — je vois en lui un grand amour et un grand mépris.

Jamais je n'ai rencontré personne qui se méprisât plus profondément : *cela* aussi est de la hauteur. Hélas, peut-être celui-là était-il l'homme supérieur dont j'ai entendu le cri?

J'aime ceux qui ressentent le grand mépris. Mais l'homme est quelque chose qui doit être surmonté. »

Le mendiant volontaire.

Quand Zarathoustra eut quitté le plus laid des hommes, il eut froid et se sentit bien seul : car bien des pensées froides et solitaires lui passaient par l'esprit, en sorte que ses membres eux-mêmes en furent refroidis. Mais tandis qu'il continuait son chemin, montant et descendant, passant tantôt par de verts pâturages, tantôt par des ravins sauvages et pierreux où un torrent impétueux avait jadis fait son lit : voici que tout à coup il se sentit réchauffé et réconforté.

« Que m'est-il donc arrivé? se demanda-t-il, quelque chose de chaud et de vivant me ranime, il faut que ce soit dans mon voisinage.

Déjà je suis moins seul; des compagnons et des frères inconnus rôdent autour de moi, leur souffle chaud émeut mon âme. »

Mais comme il regardait autour de lui et cherchait les consolateurs de sa solitude : voici, il aperçut des vaches rassemblées sur une hauteur; c'étaient leur voisinage et leur odeur qui avaient réchauffé son cœur. Or, ces vaches semblaient écouter avec attention quelqu'un qui leur parlait et ne remarquaient pas le nouvel arrivant. Mais lorsque Zarathoustra fut arrivé à leur proximité, il entendit distinctement une voix d'homme qui s'élevait au milieu d'elles; et visiblement, toutes avaient la tête tournée vers celui qui parlait.

Alors Zarathoustra se hâta d'arriver en haut et dispersa les bêtes, car il craignait qu'il ne fût arrivé là quelque malheur auquel la compassion des vaches eût pu difficilement remédier. Mais en cela il s'était trompé : car voici, un homme était assis par terre et semblait vouloir persuader les bêtes de n'avoir pas peur de lui, un homme paisible, un doux prédicateur des montagnes dont les yeux eux-mêmes prêchaient la bonté. « Que cherches-tu ici? » s'écria Zarathoustra déconcerté.

« Ce que je cherche ici? répondit-il : la même chose que toi, trouble-fête! Je cherche le bonheur sur terre.

Mais pour cela, je voudrais m'instruire auprès de ces vaches. Car, sache-le, j'ai passé la moitié de la matinée à leur parler et justement elles allaient me renseigner. Pourquoi les déranges-tu?

Si nous ne changeons pas et ne devenons pas comme ces vaches, nous n'entrerons pas au royaume des cieux. Car il y a une chose que nous devrions apprendre d'elles : c'est l'art de ruminer.

Et en vérité, quand l'homme gagnerait le monde entier, mais sans apprendre cette unique chose : l'art de ruminer, à quoi tout le reste lui servirait-il? Il ne serait pas délivré de son affliction,

— de sa grande affliction, qui aujourd'hui s'appelle *dégoût*. Qui aujourd'hui n'aurait pas du dégoût plein le cœur, plein la bouche et les yeux? Toi aussi! Toi aussi! Mais regarde donc ces vaches! »

Ainsi parla le prédicateur des montagnes, puis il tourna son regard vers Zarathoustra — car jusque-là il était fixé avec amour sur les vaches — : mais à ce moment son visage changea : « Qui est celui à qui je parle? s'écria-t-il d'un air effrayé en se relevant d'un bond.

C'est là l'homme sans dégoût, c'est Zarathoustra lui-même, le vainqueur du grand dégoût, voici l'œil, voici la bouche, voici le cœur de Zarathoustra lui-même. »

Et tout en parlant, il baisait les mains de celui à qui s'adressaient ses paroles, et ses yeux débordaient de larmes, et il se conduisait comme si un don précieux ou un joyau lui était soudain tombé du ciel. Les vaches, cependant, considéraient tout cela avec étonnement.

« Ne parle pas de moi, homme étrange et aimable! dit Zarathoustra en se défendant de ses caresses, parle d'abord de toi! N'es-tu pas le mendiant volontaire, qui jeta jadis loin de lui une grande richesse,

— qui eut honte de sa richesse et des riches et se réfugia chez les plus pauvres afin de leur donner son abondance et son cœur? Mais ils ne l'ont pas accepté. »

« Mais ils ne *m*'ont pas accepté, tu le sais bien. C'est pourquoi j'ai fini par aller auprès des bêtes et de ces vaches. »

« Là tu as appris, interrompit Zarathoustra, combien il est plus difficile de bien donner que de bien prendre, et que bien donner est un *art*, la dernière et la plus perfide virtuosité de la bonté. »

« Surtout aujourd'hui, répondit le mendiant volontaire : aujourd'hui où tout ce qui est bas s'est soulevé, farouche et orgueilleux de son espèce, de son espèce populacière.

Car l'heure est venue, tu le sais, de la grande insurrection de la populace et des esclaves, de la grande rébellion funeste, lente et longue, qui grandit et grandit toujours!

Maintenant le bas peuple se révolte contre toute aumône

et contre les petits cadeaux; et les trop riches peuvent se tenir sur leurs gardes!

Ceux qui, tels un flacon ventru, laissent lentement tomber leurs gouttes par un goulot trop étroit — c'est à eux aujourd'hui qu'on rompt volontiers le cou.

Convoitise lubrique, envie fielleuse, rancune aigrie, fierté populacière : tout cela m'a sauté au visage. Il n'est plus vrai que les pauvres soient bienheureux. Mais le royaume des cieux est chez les vaches. »

« Et pourquoi n'est-il pas chez les riches? » demanda Zarathoustra pour l'éprouver, tout en écartant les vaches qui flairaient familièrement son paisible interlocuteur.

« Pourquoi me tentes-tu? répondit celui-ci. Tu le sais pourtant mieux que moi. Qu'est-ce qui m'a donc poussé vers les plus pauvres, ô Zarathoustra? N'était-ce pas le dégoût de nos plus riches?

— de ces forçats de la richesse qui, l'œil froid et le cœur plein de pensées trop grasses, savent trier le moindre tas d'ordures pour en tirer leur profit, de cette racaille qui offense le ciel,

— de cette populace dorée et falsifiée dont les pères étaient voleurs ou vautours ou chiffonniers, accommodants avec les femmes, lubriques, oublieux : — car ils ne diffèrent guère des putains.

« Populace en haut, populace en bas! Que signifie aujourd'hui « pauvre » et « riche »! J'ai cessé de voir la différence — et je me suis enfui, loin, toujours plus loin, jusqu'à ce que j'arrive chez ces vaches. »

Ainsi parla l'homme pacifique et il soufflait et suait lui-même à ses propres discours; de sorte que les vaches s'étonnèrent derechef. Mais tandis qu'il prononçait ces dures paroles, Zarathoustra le regardait toujours en face, en lui souriant et en hochant silencieusement la tête.

« Tu te fais violence, prédicateur des montagnes, en usant de mots si durs. Ni ta bouche ni tes yeux ne sont faits pour une pareille dureté.

Ton estomac non plus, à ce qu'il me semble : il répugne à tout ce qui est colère, haine et rage. Ton estomac veut des choses plus douces : tu n'es pas un boucher.

Tu me sembles plutôt herbivore, et végétarien. Peut-être

mâches-tu des graines. En tout cas tu n'es pas fait pour les joies carnivores et tu aimes le miel. »

« Tu m'as bien deviné, répondit le mendiant volontaire, le cœur soulagé. J'aime le miel, je mâche aussi des graines, car j'ai cherché ce qui est agréable au goût et rend l'haleine pure :

— et aussi ce qui demande beaucoup de temps, ce qui sert de passe-temps et de friandise aux doux oisifs et aux fainéants.

Certes, ce sont ces vaches qui ont été le plus loin dans cet art : elles ont inventé de ruminer et de se coucher au soleil. Et puis, elles s'abstiennent de toutes les pensées graves qui gonflent le cœur. »

— « Eh bien! dit Zarathoustra : tu devrais voir aussi *mes* animaux, mon aigle et mon serpent — aujourd'hui ils n'ont pas leur pareil sur terre.

Regarde, voici le chemin qui mène à ma caverne : sois son hôte pour cette nuit. Et parle avec mes animaux du bonheur des animaux,

— jusqu'à ce que je rentre moi-même. Car maintenant un cri de détresse m'appelle et me presse de te quitter. Tu trouveras aussi chez moi du miel nouveau, du miel de ruche doré et frais comme de la glace : mange-le!

Mais maintenant, hâte-toi de prendre congé de tes vaches, homme bizarre et aimable, quoi qu'il doive t'en coûter. Car ces animaux sont tes amis et tes maîtres les plus ardents! »

— Sauf un que je leur préfère encore, dit le mendiant volontaire. Toi-même tu es bon et meilleur encore qu'une vache, ô Zarathoustra! »

« Va-t'en, va-t'en, vilain flatteur! s'écria Zarathoustra en colère, pourquoi me corromps-tu avec ces éloges et le miel de ces flatteries? »

« Va, va-t'en loin de moi! » s'écria-t-il encore une fois en levant sa canne sur le doux mendiant : et celui-ci s'en fut promptement.

L'ombre.

Mais à peine le mendiant volontaire se fut-il éloigné que Zarathoustra, seul avec lui-même, entendit une nouvelle voix qui criait : « Halte! Zarathoustra! Attends-moi donc! C'est moi, Zarathoustra, moi, ton ombre! » Mais Zarathoustra n'attendit pas, car il fut gagné par une contrariété soudaine, à cause de la presse et de la foule qui envahissait ses montagnes. Qu'est devenue ma solitude? dit-il.

C'en est vraiment trop; cette montagne fourmille de gens, mon royaume n'est plus de *ce* monde, il me faut de nouvelles montagnes.

Mon ombre m'appelle! Qu'importe mon ombre! Quelle coure derrière moi — je lui échappe.

Ainsi parla Zarathoustra à son cœur et il prit la fuite. Mais celui qui était derrière lui le suivit : de sorte qu'ils étaient trois à courir l'un derrière l'autre : d'abord le mendiant volontaire puis Zarathoustra, et enfin son ombre. Il n'y avait pas longtemps qu'ils couraient ainsi quand Zarathoustra prit conscience de sa folie et, d'un coup, secoua loin de lui toute mauvaise humeur et toute lassitude.

Comment! dit-il, n'est-ce pas à nous, les saints et les vieux ermites, qu'arrivent depuis toujours les choses les plus ridicules?

En vérité, ma folie a grandi dans les montagnes! Maintenant j'entends six vieilles jambes de fou cliqueter les unes derrière les autres!

Mais Zarathoustra peut-il avoir peur d'une ombre? D'ailleurs je vais finir par croire qu'elle a de plus longues jambes que moi.

Ainsi parlait Zarathoustra, riant des yeux et des entrailles, puis il s'arrêta et se retourna brusquement — et voici qu'il faillit renverser son double et son ombre : tant celui-ci le serrait de près, et tant il était faible aussi. Car lorsqu'il le scruta des yeux, il fut épouvanté comme devant un fantôme soudain : tant ce double était maigre, noirâtre, creux et exténué.

« Qui es-tu? demanda vivement Zarathoustra, que fais-tu ici? Et pourquoi t'appelles-tu mon ombre? Tu ne me plais pas. »

« Pardonne-moi d'être moi, répondit l'ombre; et si je ne te plais pas, ô Zarathoustra, je t'en félicite, toi et ton bon goût.

Je suis un voyageur qui marche depuis longtemps sur tes talons : toujours en route, mais sans but et sans foyer : de sorte qu'il me manque peu de chose pour être le Juif errant, sauf que je ne suis ni Juif, ni éternel.

Eh quoi? Me faut-il être continuellement en route? Instable, poussé en avant, tournoyant au gré de tous les vents? O terre, tu es devenue trop ronde pour moi!

Je me suis déjà assis sur toutes les surfaces, pareil à de la poussière fatiguée, je me suis endormi sur les miroirs et sur les vitres. Tout me diminue, rien ne m'enrichit — peu s'en faut que je ne ressemble à une ombre.

Mais c'est toi, ô Zarathoustra, que j'ai le plus longtemps suivi et poursuivi, et bien que je me sois caché de toi, je n'en ai pas moins été ta meilleure ombre : partout où tu t'es assis je me suis posé aussi.

Avec toi j'ai erré dans les mondes les plus lointains et les plus froids, pareil à un fantôme qui court de son plein gré sur les toits d'hiver et la neige.

Avec toi j'ai cherché à atteindre ce qui est défendu, dangereux, lointain : et si j'ai quelque vertu, c'est de n'avoir jamais craint aucune défense.

Avec toi j'ai brisé ce que mon cœur respectait depuis toujours, j'ai renversé toutes les bornes et toutes les images, j'ai poursuivi les désirs les plus dangereux — en vérité j'ai dépassé d'un coup tous les crimes.

Avec toi j'ai perdu la foi dans les mots et les valeurs et les grands noms. Quand le diable mue, ne perd-il pas aussi son nom? Car ce nom est aussi une peau. Le diable lui-même n'est peut-être — qu'une peau.

« Rien n'est vrai, tout est permis » : ainsi me parlais-je pour me donner du courage. J'ai plongé tête et cœur dans les eaux les plus froides. Ah, combien de fois ne me suis-je pas retrouvé ensuite rouge et nu comme une écrevisse!

Ah, qu'ai-je fait de toute bonté et de toute pudeur et de toute foi dans les hommes bons! Ah, où est cette innocence mensongère que je possédais jadis, cette innocence des bons et de leurs nobles mensonges!

Trop souvent j'ai marché sur les talons de la vérité : alors elle passait devant ma tête. Parfois je croyais mentir et voici! c'est alors seulement que j'atteignais — la vérité!

Trop de choses se sont éclairées pour moi : maintenant plus rien ne me concerne. Il n'y a plus rien de vivant que j'aime — comment pourrais-je encore m'aimer moi-même?

« Vivre comme j'en ai envie ou ne pas vivre du tout » :

c'est ce que je veux, c'est ce que veut aussi le plus saint. Mais hélas! ai-je encore une envie?

« Ai-je encore un but? Un port vers lequel diriger *ma* voile?

Un bon vent? Hélas, seul celui qui sait où il va sait aussi quel est son bon vent et le vent propice à son voyage.

Que m'est-il resté? Un cœur las et hardi; une volonté instable; des ailes de papillon; une échine brisée.

Cette recherche de *mon* chez-moi, ô Zarathoustra, le sais-tu, cette recherche a été mon épreuve, elle me dévore.

« Où est mon chez-moi? » C'est ce que je demande et cherche, c'est ce que j'ai cherché et n'ai pas trouvé. O éternel partout, ô éternel nulle part, ô éternel — en vain! »

Ainsi parla l'ombre et le visage de Zarathoustra s'allongea en entendant ces paroles : « Tu es mon ombre! dit-il enfin tristement.

Ce n'est pas un mince péril que tu cours, esprit libre et vagabond! Tu as eu une mauvaise journée, prends garde de ne pas avoir une soirée pire encore!

Les vagabonds comme toi finissent par se trouver heureux même en prison. As-tu jamais vu dormir les criminels emprisonnés? Ils dorment en paix, ils jouissent de leur sécurité nouvelle.

Prends garde qu'à la fin tu ne sois saisi par une foi étroite, une illusion dure, sévère! Car désormais tu seras séduit et tenté par tout ce qui est étroit et solide.

Tu as perdu le but : malheur à toi, comment pourras-tu te remettre et te consoler de cette perte? Avec le but — tu as aussi perdu le chemin!

Pauvre vagabond, pauvre exalté, papillon fatigué! veux-tu avoir ce soir un repos et un asile? Monte vers ma caverne!

Voici là-haut le chemin qui mène à ma caverne. Et maintenant je veux bien vite m'enfuir loin de toi. Déjà il y a quelque chose comme une ombre sur moi.

Je veux courir seul, afin que tout s'éclaire de nouveau autour de moi. Pour cela, il va me falloir longtemps encore jouer gaiement des jambes. Mais ce soir — on dansera chez moi! »

Ainsi parlait Zarathoustra.

Midi.

— Et Zarathoustra se mit à courir et à courir encore, mais il ne rencontra plus personne et resta seul et se retrouvant lui-même, il jouit de sa solitude et s'en délecta et pensa à de bonnes choses — des heures durant. Mais vers midi, quand le soleil se trouva juste au-dessus de la tête de Zarathoustra, il passa devant un vieil arbre tordu et noueux qui, étreint de toutes parts par le généreux amour d'un cep de vigne, était invisible pour lui-même : il laissait pendre des grappes jaunes qui s'offraient en abondance au voyageur. Alors il eut envie d'étancher une légère soif et de cueillir une grappe. Mais comme il étendait déjà le bras, il fut bien davantage tenté par autre chose : l'envie de se coucher au pied de l'arbre et de dormir à cette heure de plein midi.

C'est ce que fit Zarathoustra; et à peine fut-il étendu par terre, dans le silence et l'intimité de l'herbe diaprée, qu'il oublia sa légère soif et s'endormit. Car, comme le dit un proverbe de Zarathoustra : Une chose est plus nécessaire que l'autre. Mais ses yeux restaient ouverts : — car il ne pouvait se lasser de regarder et d'admirer l'arbre et l'amour du cep de vigne. Cependant, en s'endormant, Zarathoustra parla ainsi à son cœur :

Silence! Silence! Le monde ne vient-il pas d'être parfait? Que m'arrive-t-il donc?

Tel un vent délicieux dansant sur la mer parquetée, invisible, agile, léger comme une plume : ainsi — le sommeil danse sur moi.

Il ne me ferme pas les yeux, laisse mon âme éveillée. Il est léger, en vérité, léger comme une plume.

Il me persuade, je ne sais comment, il me tapote intérieurement d'une main caressante, il me fait violence. Oui, il me fait violence, de sorte que mon âme s'étire :

— comme elle se fait longue et lasse, mon âme étrange! Le soir d'un septième jour lui est-il venu à midi? A-t-elle déjà marché trop longtemps avec bonheur parmi des choses bonnes et mûres?

Elle s'étire longuement, s'allonge, la voici paisiblement étendue, mon âme étrange. Elle a déjà goûté trop de bonnes choses, cette tristesse dorée l'opresse, elle fait la grimace.

— Comme une barque qui est entré dans sa baie la plus calme : — elle s'adosse maintenant à la terre, lasse des longs voyages et des mers incertaines. La terre n'est-elle pas plus fidèle?

Comme une barque accoste et épouse la terre : — il suffit alors qu'une araignée tisse son fil de la terre jusqu'à elle. Elle n'a pas besoin de câble plus solide.

Comme une barque fatiguée dans la baie la plus calme : c'est ainsi que je repose maintenant près de la terre, fidèle, confiant, en attente, lié à la terre par les plus fins des fils.

O bonheur! O bonheur! Tu veux sans doute chanter, ô mon âme? Tu es couchée dans l'herbe. Mais voici l'heure secrète et solennelle où nul pâtre ne joue de la flûte.

Sois craintive! Le chaud midi dort dans les prés. Ne chante pas! Silence! Le monde est parfait.

Ne chante pas, oiseau des prés, ô mon âme! Ne murmure même pas! Regarde donc — silence! Le vieux midi dort, il remue la bouche, ne boit-il pas en ce moment même une goutte de bonheur,

— une vieille goutte brune de bonheur doré, de vin doré? Quelque chose passe furtivement sur lui, son bonheur rit. C'est ainsi que rit — un Dieu. Silence!

— « Être heureux, comme il faut peu de chose pour être heureux! » Ainsi parlais-je autrefois, et je me croyais sage. Mais c'était un blasphème : *cela* je l'ai appris. Les fous malins tiennent un langage plus vrai.

C'est justement le bruit le plus infime, le plus doux, le plus léger, le bruissement d'un lézard dans l'herbe, un souffle, un glissement, un clin d'œil — le *meilleur* bonheur est fait *de peu.* Silence!

— Que m'est-il arrivé? Ecoute! Le temps se serait-il enfui? Ne tombé-je pas? Ne suis-je pas tombé — écoute! — dans le puits de l'éternité?

— Que m'arrive-t-il? Silence! Je suis frappé — hélas — au cœur? Au cœur! O brise-toi, mon cœur, brise-toi après un tel bonheur, après un tel coup!

— Quoi? Le monde ne vient-il pas d'être parfait? Rond et mûr? O ce cerveau d'or bien rond — où va-t-il s'envoler? Vais-je le suivre? Chut!

Silence — (et ici Zarathoustra s'étira et sentit qu'il dormait).

« Debout! se dit-il à lui-même, dormeur! Paresseux! Allons, ouste, vieilles jambes! Il est temps, il est grand temps, il vous reste à faire un bon bout de chemin.

Vous avez dormi tout votre soûl, et combien de temps? Une demi-éternité! Allons, lève-toi maintenant, mon vieux cœur! Après un pareil sommeil, combien de temps te faut-il pour te réveiller?

(Mais déjà il se rendormait et son âme lui résistait et se défendait et se recouchait) — « Laisse-moi donc! Silence! Le monde ne vient-il pas d'être parfait? O cette balle d'or bien ronde!

« Debout, dit Zarathoustra, petite voleuse, paresseuse! Quoi? Toujours s'étirer, bâiller, soupirer, tomber au fond de puits profonds?

Qui es-tu donc? O mon âme! » (et en ce moment il s'effraya, car un rayon de soleil tombait du ciel sur son visage).

O ciel au-dessus de moi, dit-il avec un soupir en se mettant sur son séant, tu me regardes? Tu écoutes mon âme étrange?

Quand boiras-tu cette goutte de rosée qui est tombée sur toutes les choses du monde, — quand boiras-tu cette âme étrange?

— quand cela, puits de l'éternité? Serein et terrible abîme de midi! quand reprendras-tu mon âme?

Ainsi parlait Zarathoustra et il se leva de sa couche au pied de l'arbre comme s'il sortait d'une ivresse inconnue : et voici, le soleil était encore juste au-dessus de sa tête. On pourrait en conclure avec raison que Zarathoustra n'avait pas dormi longtemps ce jour-là.

La salutation.

Il était déjà tard dans l'après-midi lorsque Zarathoustra revint à sa caverne, après avoir longtemps cherché et erré en vain. Mais lorsqu'il se trouva devant elle, à moins de vingt pas, il arriva ce à quoi il s'attendait le moins : il entendit de nouveau le grand *cri de détresse*. Et chose surprenante! cette fois le cri venait de sa caverne. Cependant c'était un long cri étrange et multiple, et Zarathoustra distinguait fort bien qu'il se composait de plusieurs voix : quoique, à distance, il pût passer pour être le cri d'une seule bouche.

Alors Zarathoustra s'élança vers sa caverne et voici quel spectacle l'attendait après ce concert! Car là étaient rassemblés, assis côte à côte tous ceux qu'il avait rencontrés dans la journée : le roi de droite et le roi de gauche, le vieil enchanteur, le pape, le mendiant volontaire, l'ombre, le consciencieux de l'esprit le triste devin et l'âne; le plus laid des hommes cependant s'était mis une couronne sur la tête et avait ceint deux écharpes de pourpre — car semblable à tous les gens laids, il aimait les déguisements et les atours. Mais au milieu de cette triste compagnie, l'aigle de Zarathoustra se dressait, hérissé et inquiet, car il devait répondre à trop de choses à quoi sa fierté n'avait pas de réponse; et le serpent malin était suspendu à son cou.

Zarathoustra considéra tout cela avec une profonde surprise; mais ensuite il examina l'un après l'autre chacun de ses hôtes, avec une curiosité bienveillante, lut dans leur âme et recommença à s'étonner. Pendant ce temps, les hommes rassemblés s'étaient levés de leurs sièges et attendaient respectueusement que Zarathoustra prît la parole. Et Zarathoustra parla ainsi :

O désespérés, hommes étranges! C'est donc *votre* cri de détresse que j'ai entendu? Et maintenant je sais aussi où il faut *le* chercher, celui que j'ai cherché aujourd'hui en vain : *l'homme supérieur :*

— il est assis dans ma propre caverne, l'homme supérieur! Mais pourquoi m'en étonner? Ne l'ai-je pas attiré moi-même par des offrandes de miel et l'appât perfide de mon bonheur?

Mais il me semble que vous n'êtes pas doués pour vous distraire, ô hommes en détresse, vous vous affligez mutuellement le cœur quand vous êtes ensemble ici? Il faut d'abord que quelqu'un vienne,

— quelqu'un qui vous fasse de nouveau rire, un bon pitre gai, un danseur, un ouragan et une girouette, un quelconque vieux fou; — que vous en semble?

Pardonnez-moi donc, vous qui désespérez, pardonnez-moi de vous dire des paroles aussi mesquines, indignes, en vérité, de pareils hôtes! Mais vous ne devinez pas ce qui me porte à badiner :

— c'est vous-mêmes et le spectacle que vous m'offrez, pardonnez-moi! Car chacun reprend courage en regardant un désespéré. Consoler un désespéré, — chacun se sent assez fort pour cela.

C'est à moi-même que vous avez donné cette force — un don précieux, ô mes nobles hôtes! Un vrai présent d'hôtes! Eh bien! ne m'en veuillez pas de vous offrir aussi mon bien.

Ceci est mon royaume et mon domaine : mais pour ce soir et pour cette nuit, ce qui est mien sera vôtre. Mes animaux vous serviront, que ma caverne soit votre lieu de repos!

Chez moi et auprès de moi personne ne doit désespérer, dans mon district je protège chacun contre ses bêtes sauvages. La première chose que je vous offre est : la sécurité.

La deuxième cependant est : mon petit doigt. Et quand vous l'aurez, vous prendrez la main tout entière, soit! Prenez mon cœur par-dessus le marché! Soyez les bienvenus ici, les bienvenus, mes chers hôtes!

Ainsi parlait Zarathoustra et il riait d'amour et de méchanceté. Après cette salutation, ses hôtes s'inclinèrent encore une fois et, respectueusement, gardèrent le silence; mais le roi de droite répondit en leur nom.

« A la façon dont tu nous a présenté ta main et ton salut, ô Zarathoustra, nous reconnaissons que tu es Zarathoustra. Tu t'es humilié devant nous; tu as presque blessé notre respect :

— mais qui donc saurait comme toi s'humilier avec une telle fierté? *Cette fierté* nous redresse nous-mêmes, elle est un baume pour nos yeux et nos cœurs.

« Rien que pour voir cela, nous gravirions avec joie des montagnes plus hautes que celle-ci. Car nous sommes venus en gens avides de voir, nous voulions voir ce qui rend limpide les yeux troubles.

« Et voici, déjà c'en est fini de tous nos cris de détresse. Déjà nos sens et nos cœurs s'épanouissent, extasiés. Il s'en faut de peu que notre courage ne devienne gaieté de cœur.

« Il ne pousse rien sur terre, ô Zarathoustra, qui soit aussi réjouissant qu'une haute et forte volonté : c'est la plus belle des plantes. Tout un paysage est ranimé par un tel arbre.

« Je le compare à un pin, ô Zarathoustra, celui qui croît comme toi : grand, silencieux, dur, seul, fait du bois le plus flexible, splendide,

— étendant pour finir de fortes branches vertes vers sa propre domination, posant de fortes questions aux vents et aux tempêtes et à tout ce qui est chez soi sur les hauteurs,

— répondant plus fortement, en maître, en vainqueur : ô! qui ne monterait sur de hautes montagnes pour voir de telles plantes?

« La vue de ton arbre, ô Zarathoustra, réconforte aussi les âmes sombres et fourvoyées; ton aspect fortifie les inquiets et leur guérit le cœur.

« Et en vérité, beaucoup d'yeux aujourd'hui se tournent vers ta montagne et vers ton arbre; un grand désir s'est mis en route et plus d'un a appris à demander : qui est Zarathoustra?

« Et tous ceux à qui tu as jamais distillé dans l'oreille ton chant et ton miel : tous ceux qui se cachent, les solitaires et solitaires à deux ont dit soudain à leur cœur :

« Zarathoustra vit-il encore? Vivre ne vaut plus la peine, tout est indifférent, tout est vain : à moins que — nous ne vivions avec Zarathoustra! »

« Pourquoi ne vient-il pas celui qui s'annonce depuis si longtemps? ainsi s'interrogent beaucoup de gens; la solitude l'a-t-elle englouti? Ou est-ce nous qui devons aller à lui? »

« Et maintenant il arrive que la solitude elle-même s'effrite et se brise, comme un tombeau qui se brise et ne peut plus contenir ses morts. Partout on voit des ressuscités.

« Maintenant les vagues montent et montent autour de ta montagne, ô Zarathoustra. Et si haute que soit ta hauteur, beaucoup doivent aller à toi; ta barque ne sera plus longtemps au sec.

« Et que nous soyons venus à ta caverne, nous qui désespérions et qui déjà ne désespérons plus : ce n'est là que le signe et le présage de la venue prochaine d'hommes meilleurs que nous,

— car il est lui-même en route vers toi, le dernier reste de Dieu parmi les hommes, et ce sont : tous les hommes du grand désir, du grand dégoût, de la grande satiété,

— tous ceux qui ne veulent plus vivre s'ils n'apprennent à retrouver *l'espoir* — s'ils n'apprennent de toi, ô Zarathoustra, le *grand* espoir! »

Ainsi parla le roi de droite et il saisit la main de Zarathoustra pour la baiser, mais Zarathoustra se défendit de sa vénération et effrayé, silencieux, recula et fut soudain comme s'il fuyait dans de vastes lointains. Mais au bout d'un moment il rejoignit ses hôtes et les regardant d'un œil clair et interrogateur, il dit :

« O hommes supérieurs, mes hôtes, je veux vous parler allemand et clairement. Ce n'est pas *vous* que j'attendais dans ces montagnes.

(« Allemand et clairement? Dieu ait pitié de nous! dit à part soi le roi de gauche; on voit qu'il ne connaît pas nos bons Allemands, ce sage d'Orient!

Mais il veut dire « allemand et rudement » — soit! Ce n'est pas là la pire faute de goût par les temps qui courent! »)

« Il se peut bien que dans l'ensemble, vous soyez des hommes supérieurs, poursuivit Zarathoustra : mais pour moi vous n'êtes ni assez grands, ni assez forts.

Pour moi, c'est-à-dire pour la volonté inexorable qui se tait en moi, mais qui ne se taira pas toujours. Et si vous m'appartenez, vous n'êtes pourtant pas mon bras droit.

Celui qui se tient lui-même sur des jambes débiles et malades, qu'il le sache comme vous, ou se le dissimule, c'est avant tout être *ménagé.*

Mais moi, je ne ménage ni mes bras ni mes jambes, *je ne ménage pas mes guerriers* : comment seriez-vous aptes à faire *ma* guerre?

Avec vous, je me gâcherais jusqu'à mes victoires. Et plus d'un parmi vous tomberait à la renverse rien qu'à entendre l'éclatant roulement de mes tambours.

Et puis, vous n'êtes pas assez beaux pour moi, ni d'assez haute naissance. J'ai besoin de miroirs purs et lisses pour mes doctrines; sur vos surfaces, mon image elle-même se déformerait.

Sur vos épaules pèse plus d'un fardeau, plus d'un souvenir; plus d'un nain mauvais est accroupi dans vos recoins. Même en vous, il y a de la populace cachée.

Bien que grands et d'une espèce supérieure : à maints égards vous êtes difformes et contrefaits. Il n'est pas de forgeron au monde pour vous rectifier et vous remettre d'aplomb,

Vous n'êtes que des ponts : puissent de plus grands marcher sur vous pour passer de l'autre côté! Vous représentez des marches : n'en veuillez donc pas à celui qui vous enjambe pour atteindre *sa propre* hauteur!

Il se peut que de votre semence, il me naisse un jour un vrai fils et un héritier parfait : mais ce jour est encore loin. Vous-mêmes n'êtes pas ceux à qui reviennent mon nom et mon héritage.

Ce n'est pas vous que j'attends dans ces montagnes, ce n'est pas avec vous qu'il m'est permis de descendre pour la dernière fois. Vous êtes venus en messagers, pour m'annoncer seulement que d'autres, plus grands, sont déjà en route vers moi.

— non point les hommes du grand désir, du grand dégoût, de la grande satiété, ni ce que vous avez appelé le reste de Dieu sur la terre.

— Non! Non! Trois fois non! Ce sont *d'autres* que j'attends dans ces montagnes et je ne bougerai pas d'ici sans eux,

— d'autres plus grands, plus forts, plus victorieux, plus dispos, de ceux dont le corps et l'âme sont d'aplomb : il me faut des *lions qui rient!*

O mes chers hôtes, hommes étranges — n'avez-vous pas encore entendu parler de mes enfants? ni entendu qu'ils sont en route?

Parlez-moi donc de mes jardins, de mes îles bienheureuses, de ma nouvelle et belle espèce — pourquoi ne m'en parlez-vous pas?

En échange de mon hospitalité, j'implore de votre amour ce cadeau : que vous me parliez de mes enfants. C'est en cela que je suis riche, en cela que j'ai connu la pauvreté : que n'ai-je pas donné,

— que ne donnerais-je pas pour avoir cette unique chose : *ces* enfants, *cette* plantation vivante, *ces* arbres de la vie de ma volonté et de mon plus haut espoir! »

Ainsi parla Zarathoustra et il s'arrêta soudain dans son discours : car sa nostalgie l'envahit et il ferma les yeux et la bouche tant était grande l'agitation de son cœur. Et tous ses hôtes se turent eux aussi, immobiles et déconcertés : sauf que le vieux devin gesticulait et faisait signe de la main.

La Cène.

A cet instant, en effet, le devin interrompit la salutation de Zarathoustra et de ses hôtes : tel quelqu'un qui n'a pas de temps à perdre, il se pressa en avant, saisit la main de Zarathoustra et s'écria : « Voyons Zarathoustra!

Une chose est plus nécessaire que l'autre, c'est ainsi que tu parles toi-même : eh bien, il y a maintenant une chose qui *m'est* plus nécessaire que toutes les autres.

Un mot au bon moment : ne m'as-tu pas invité à *souper?* Et ils sont nombreux ici ceux qui ont fait un long chemin. Tu ne veux pourtant pas nous faire souper de paroles?

Vous tous, vous avez déjà beaucoup trop pensé aux dangers du froid, de la noyade, de l'étouffement et des autres misères du corps : mais personne n'a pensé à *ma* détresse, qui est le danger de mourir de faim. »

(Ainsi parla le devin; mais quand les animaux de Zarathoustra entendirent ces mots, ils s'enfuirent de frayeur. Car ils voyaient bien que ce qu'ils avaient apporté dans la journée ne suffirait pas même pour le seul devin.)

« Y compris la soif, continua le devin. Et quoique j'entende ici clapoter l'eau comme les paroles de la sagesse, qui sont abondantes et infatigables : je veux — *du vin!*

Tout le monde n'est pas comme Zarathoustra un incorrigible buveur d'eau. D'ailleurs l'eau ne vaut rien pour les gens flétris et fatigués : *nous* avons droit au vin — lui seul procure la guérison soudaine et la santé improvisée! »

A cette occasion, comme le devin réclamait du vin, il arriva que le roi de gauche, le taciturne, prit lui aussi la parole : « Pour le vin, dit-il, nous y avons pourvu, moi et mon frère, le roi de droite : il y a assez de vin — toute une charge d'âne. Il ne manque plus que le pain. »

« Le pain? répliqua Zarathoustra en riant. C'est justement le pain qui manque aux solitaires. Mais l'homme ne vit pas seulement de pain, il vit aussi de la viande de bons agneaux, j'en ai deux ici;

— vite qu'on les abatte et qu'on les apprête avec des épices et de la sauge : c'est ainsi que j'aime la viande d'agneau. Et nous ne manquons pas non plus de racines et de fruits qui seraient assez bons même pour les fines bouches et les délicats; ni de noix ni d'autres énigmes à casser.

Ainsi nous ferons en peu de temps un bon repas. Mais qui veut manger avec nous doit mettre la main à la pâte, même les rois. Car chez Zarathoustra, même un roi a le droit d'être cuisinier. »

Cette proposition agréa à tous : seul le mendiant volontaire regimba contre la viande et le vin et les épices.

« Écoutez-moi ce viveur de Zarathoustra! dit-il en plaisantant; va-t-on dans des cavernes et en haute montagne pour faire de pareils festins?

Maintenant, certes, je comprends ce qu'il nous enseignait jadis : « Bénie soit la petite pauvreté! » Et pourquoi il veut supprimer les mendiants. »

« Prends cela avec bonne humeur, répondit Zarathoustra, comme moi-même. Garde tes habitudes, excellent homme, mâche tes graines, bois ton eau, fais l'éloge de ta cuisine : pourvu qu'elle te rende joyeux!

Je ne suis une loi que pour les miens, je ne suis pas une loi pour tous. Mais qui m'appartient doit avoir des os solides, et aussi des pieds agiles,

— être gai dans les guerres et les fêtes, ni chagrin ni rêveur, prêt aux choses les plus difficiles comme à la joie de sa propre fête, sain et sauf.

Le meilleur appartient aux miens et à moi; et si on ne nous le donne pas, nous le prenons : — la meilleure nourriture, le ciel le plus pur, les pensées les plus fortes, les plus belles femmes! »

Ainsi parla Zarathoustra; mais le roi de droite répondit : « Étrange! Entendit-on jamais des choses aussi pertinentes de la bouche d'un sage?

Et en vérité, c'est là pour un sage la chose la plus étrange, que par surcroît il soit intelligent et n'ait rien d'un âne. »

Ainsi parla le roi de droite dans son étonnement; l'âne cependant, bon gré mal gré, accompagna son discours d'un Oui-da. Mais ceci fut le commencement de ce long repas qui est appelé « La Cène » dans les livres de l'histoire. Pendant ce repas on ne parla pas d'autre chose que de *l'homme supérieur*.

De l'homme supérieur.

1.

Lorsque je vins pour la première fois parmi les hommes, je fis la folie du solitaire, la grande folie : je me mis sur la place publique.

Et comme je parlais à tous, je ne parlais à personne.

Mais le soir, j'avais pour compagnons des danseurs de corde et des cadavres; et moi-même j'étais presque un cadavre.

Mais avec le nouveau matin je reçus une vérité nouvelle : j'appris alors à dire : « Que m'importent la place publique et la populace et le tapage de la populace et les longues oreilles de la populace! »

Hommes supérieurs, apprenez de moi ceci : sur la place publique, personne ne croit aux hommes supérieurs. Et si vous voulez y tenir vos discours, libre à vous! Mais la populace clignera de l'œil : « Nous sommes tous égaux! »

« Hommes supérieurs — ainsi parle la populace en clignant de l'œil — il n'y a pas d'hommes supérieurs, nous sommes tous égaux, un homme est un homme, devant Dieu — nous sommes tous égaux! »

Devant Dieu! — Or voici que ce Dieu est mort. Mais nous ne voulons pas être égaux devant la populace. Hommes supérieurs, éloignez-vous de la place publique!

2.

Devant Dieu! — Or voici que ce Dieu est mort! Hommes supérieurs, ce Dieu était votre plus grand danger.

Vous n'êtes ressuscités que depuis qu'il est dans la tombe. C'est maintenant seulement que vient le grand midi, maintenant que l'homme supérieur devient — maître!

Avez-vous compris cette parole, ô mes frères? Vous êtes effrayés, votre cœur est-il pris de vertige? L'abîme s'ouvre-t-il devant vous? Le chien de l'enfer est-il à vos trousses?

Allons! En route! Hommes supérieurs, maintenant seulement la montagne de l'avenir humain va enfanter. Dieu est mort : maintenant *nous* voulons — que vive le Surhomme.

3.

Les plus inquiets demandent aujourd'hui : « Comment l'homme se conservera-t-il? » Mais, le premier et le seul,

Zarathoustra demande : « Comment l'homme sera-t-il *surmonté ?* »

Le Surhomme me tient au cœur, c'est *lui* qui est mon premier et mon tout — *non pas* l'homme : ni le plus proche, ni le plus pauvre, ni le plus souffrant, ni le meilleur.

O mes frères, ce que je puis aimer en l'homme, c'est qu'il est une transition et un déclin. Et en vous aussi, il y a beaucoup de choses qui me font aimer et espérer.

Vous avez méprisé, ô hommes supérieurs, c'est là ce qui me fait espérer. Car les hommes du grand mépris sont aussi ceux de la grande vénération.

Vous avez désespéré, en cela vous méritez le respect. Car vous n'avez pas appris la manière de vous soumettre, vous n'avez pas appris les petites ingéniosités.

C'est qu'aujourd'hui les petites gens sont devenus les maîtres : ils prêchent tous les soumissions et la modestie et l'ingéniosité et l'application et les égards et le long *et caectera* des petites vertus.

Ce qui tient de la femme, ce qui relève de la nature du valet, et spécialement le brouillamini de la populace : voici que *cela* veut devenir maître de tout le destin humain — ô dégoût! dégoût! dégoût!

Cela demande et demande et ne se lasse pas de demander : « Comment l'homme se conservera-t-il le mieux, le plus longtemps, de la façon la plus agréable? » Par là — ils sont les maîtres d'aujourd'hui.

Surmontez-moi ces maîtres d'aujourd'hui, ô mes frères — ces petites gens : *ils* sont le plus grand danger du Surhomme!

Surmontez-moi, ô hommes supérieurs, les petites vertus, les petites astuces, les scrupules du grain de sable, le micmac des fourmis, le bien-être pitoyable, le « bonheur de la plupart »!

Et désespérez plutôt que de vous soumettre. Et en vérité, je vous aime parce que vous ne savez pas vivre aujourd'hui, ô hommes supérieurs! Car c'est ainsi — que *vous* vivez le mieux!

4.

Avez-vous du courage, ô mes frères? Êtes-vous intrépides? Non pas le courage qu'on a devant témoins, mais le courage du solitaire et de l'aigle dont aucun dieu n'est plus le spectateur.

Les âmes froides, les mulets, les aveugles, les hommes ivres n'ont pas ce que j'appelle du cœur. A du cœur qui connaît la peur, mais la *dompte;* qui voit l'abîme, mais *fièrement.*

Qui voit l'abîme, mais avec des yeux d'aigle — qui saisit l'abîme avec des serres d'aigle : celui-là est courageux.

5.

« L'homme est mauvais » — ainsi parlaient pour ma consolation les sages parmi les sages. Ah! si seulement c'était encore vrai aujourd'hui! Car le mal est la meilleure force de l'homme.

« Il faut que l'homme devienne meilleur et pire » — tel est *mon* enseignement. Le pire est nécessaire pour le meilleur du Surhomme.

Sans doute était-ce bon, pour ce prédicateur des petites gens, de souffrir et de porter les péchés des hommes. Mais moi, je me réjouis du grand péché comme de ma grande *consolation.*

Mais ces choses ne sont pas dites pour de longues oreilles, et tous les mots ne sont pas à leur place dans toutes les bouches. Ce sont là des choses subtiles et lointaines : que les pattes de moutons ne s'avisent pas de les saisir!

6.

Vous, hommes supérieurs, pensez-vous que je sois là pour réparer ce que vous avez mal fait?

Ou que je veuille dorénavant vous faire un lit plus agréable, à vous qui souffrez? Ou vous montrer des sentiers plus faciles, à vous qui êtes errants, égarés, perdus dans la montagne?

Non! Non! Trois fois non! Il faut qu'il en périsse de plus en plus de votre espèce, et toujours les meilleurs — car il faut que votre sort soit de plus en plus pénible et dur. Ainsi seulement,

— ainsi seulement l'homme croît et atteint la hauteur où

la foudre le frappe et le brise : assez haut pour la foudre!

Mon exigence et mon désir vont au petit nombre, aux choses longues et lointaines : qu'aurais-je à faire de votre nombreuse et brève et petite misère!

Pour moi, vous ne souffrez pas encore assez! Car vous souffrez de vous, vous n'avez pas encore souffert de *l'homme*. Vous mentiriez si vous disiez le contraire! Vous tous, vous ne souffrez pas de ce dont *j'ai* souffert.

7.

Il ne suffit pas que la foudre ne nuise plus. Je ne veux pas la détourner, je veux lui apprendre à travailler — pour *moi*.

Depuis longtemps déjà ma sagesse s'amasse comme un nuage, elle devient plus calme et plus sombre. Ainsi fait toute sagesse qui doit un jour faire naître des *éclairs*.

Pour ces hommes d'aujourd'hui je ne veux ni être *lumière* ni être appelé lumière. *Eux* — je veux les aveugler. Éclair de ma sagesse! crève-leur les yeux!

8.

Ne veuillez rien qui soit au-dessus de vos forces : il y a une fausseté grave chez ceux qui veulent au-dessus de leurs forces.

Surtout quand ils veulent de grandes choses! car ils éveillent la méfiance à l'égard des grandes choses, ces faux-monnayeurs et fins comédiens :

— jusqu'à ce qu'enfin ils soient faux devant eux-mêmes, le regard louche, bois vermoulus et badigeonnés, déguisés avec des mots forts, des vertus de parades, de fausses œuvres pleines d'éclat!

Ayez là une solide prudence, hommes supérieurs! Je ne vois rien aujourd'hui de plus précieux et de plus rare que la probité.

Cet aujourd'hui n'est-il pas celui de la populace? Mais la populace ne sait pas ce qui est grand et ce qui est petit, ce qui est droit et honnête : elle est tortueuse avec innocence, elle ment toujours.

9.

Ayez aujourd'hui une solide méfiance, hommes supérieurs! hommes courageux! hommes sincères! Et gardez vos raisons secrètes! Car cet aujourd'hui est celui de la populace.

Ce que la populace a jadis appris à croire sans raisons, qui pourrait le lui renverser — par des raisons?

Et sur la place publique, on convainc par des gestes. Mais les raisons rendent la populace méfiante.

Et quand d'aventure la vérité a remporté la victoire, demandez-vous avec une solide méfiance : « Quelle puissante erreur a combattu pour elle? »

Méfiez-vous aussi des savants! Ils vous haïssent : car ils sont stériles! Ils ont les yeux froids et secs, devant eux tous les oiseaux sont déplumés.

Tels se vantent de ne pas mentir : mais l'impuissance à mentir est encore bien loin de l'amour de la vérité. Méfiez-vous!

L'absence de fièvre est encore bien loin d'être la connaissance. Je ne crois pas aux esprits refroidis. Qui ne peut pas mentir ignore ce qu'est la vérité.

10.

Si vous voulez monter haut, servez-vous de vos propres jambes. Ne vous faites pas *porter* en haut, ne vous asseyez pas sur le dos et la tête des autres!

Mais toi, tu es à cheval? Tu vas maintenant au galop vers ton but? Bien, mon ami! Mais ton pied paralysé est à cheval aussi!

Quand tu seras au but, quand tu sauteras de ton cheval — c'est justement sur ta hauteur, homme supérieur, que tu iras trébucher!

11.

Vous qui créez, ô hommes supérieurs! On n'accouche que de son propre enfant.

Ne vous en laissez pas conter, ne croyez rien! Qui est donc *votre* prochain? Et si vous agissez « pour le prochain » — ce n'est sûrement pas pour lui que vous créez!

Perdez donc l'habitude de ce « pour », ô créateurs : votre vertu veut justement que vous ne fassiez aucune chose avec des « pour » et des « afin » et des « parce que ». Bouchez-vous les oreilles pour résister à ces petits mots perfides.

Le « pour le prochain » n'est que la vertu des petites gens : là on dit... « *qui se ressemble* » et « *la main droite oublie...* » : — ils n'ont ni le droit ni la force d'aspirer à *votre* égoïsme.

Dans votre égoïsme, ô créateurs, il y a la prévoyance et la prudence de la femme enceinte! Ce que personne n'a jamais vu de ses yeux, le fruit : c'est lui que protège et ménage et nourrit tout votre amour.

Là où se trouve tout votre amour, dans votre enfant, là est aussi toute votre vertu! Votre « prochain » est votre œuvre, votre volonté : ne vous laissez pas mettre en tête de fausses valeurs!

12.

Vous qui créez, hommes supérieurs! Quiconque doit enfanter est malade; mais qui a enfanté est impur.

Demandez aux femmes : on n'enfante pas parce que cela fait plaisir. La douleur fait caqueter les poules et les poètes.

Vous qui créez, il y a beaucoup d'impureté en vous. Car il a fallu que vous fussiez mères.

Un nouvel enfant : ô combien de nouvelle saleté est venue en même temps au monde! Écartez-vous! Et que celui qui a enfanté se lave l'âme!

13.

Ne soyez pas vertueux au-delà de vos forces! Et n'exigez rien de vous-mêmes contre toute probabilité!

Marchez sur les traces qu'a suivies la vertu de vos pères! Comment voulez-vous aller haut si la volonté de vos pères ne monte pas avec vous?

Mais qui veut être le premier, qu'il prenne garde à n'être

pas le dernier! Et le lieu où furent les vices de vos pères, n'allez pas en faire celui de votre sainteté!

Que serait-ce si celui-là exigeait de lui la chasteté, dont les pères aimaient les femmes et les vins forts et la chair du gibier?

Ce serait folie! En vérité, cela me semble beaucoup pour celui-là de n'être l'homme que d'une, de deux ou de trois femmes.

Et quand il fonderait des couvents et écrirait au-dessus de sa porte : « Chemin vers la sainteté » — je dirais néanmoins : à quoi bon! c'est une nouvelle folie!

Il s'est fondé lui-même une prison et un asile : grand bien lui fasse! Mais je n'y crois pas.

Dans la solitude pousse ce qu'on y apporte, même la bête intérieure. De telle sorte que pour beaucoup, la solitude est à déconseiller.

Y eut-il jamais sur terre quelque chose de plus sale que les saints du désert? Autour *d'eux*, le diable n'était pas seul à se déchaîner — il y avait aussi le cochon.

14.

Timides, honteux, maladroits, pareils à un tigre qui a manqué son bond : c'est ainsi, hommes supérieurs, que je vous ai souvent vu vous glisser à l'écart. Vous aviez manqué un *coup de dés*.

Mais que vous importe, à vous autres joueurs de dés! Vous n'avez pas appris à jouer et à railler comme il le faut! Ne sommes-nous pas toujours assis à une grande table de dérision et de jeu!

Et si vous avez manqué de grandes choses, est-ce une raison pour que vous soyez vous-mêmes — manqués? Et si vous êtes vous-mêmes manqués, est-ce une raison pour que — l'homme le soit? Et si l'homme est manqué : allons! courage!

15.

Plus une chose est élevée en son genre, plus rare est sa réussite. Vous autres hommes supérieurs, n'êtes-vous pas tous — manqués?

Ayez du courage, qu'importe! Tant de choses sont encore possibles! Apprenez à rire de vous-mêmes comme il faut rire!

Quoi d'étonnant aussi que vous soyez manqués et ayez à moitié bien tourné, vous qui êtes à moitié brisés! N'est-ce pas — *l'avenir* humain qui se presse et se pousse en vous?

Ce que l'homme a de plus lointain, de plus profond, ses étoiles les plus hautes et sa force immense : n'est-ce pas tout cela qui lutte et bouillonne dans votre marmite?

Quoi d'étonnant si plus d'une marmite se casse! Apprenez à rire de vous-mêmes comme il faut rire! O hommes supérieurs, tant de choses sont possibles encore!

Et en vérité, tant de choses déjà ont réussi! Comme cette terre est riche en bonnes petites choses parfaites, en choses bien réussies!

Placez autour de vous de bonnes petites choses parfaites, ô hommes supérieurs. Leur maturité dorée guérit le cœur. La perfection nous enseigne l'espoir.

16.

Quel fut jusqu'à présent sur terre le plus grand péché? Ne fût-ce pas la parole de celui qui a dit : « Malheur à ceux qui rient ici-bas! »

N'a-t-il pas trouvé de raisons de rire sur la terre? C'est qu'il a mal cherché. Un enfant lui-même trouve encore ici de quoi rire.

Celui-là — n'aimait pas assez : sinon il nous aurait aimés aussi, nous autres rieurs! Mais il nous a haïs et bafoués, il nous a promis des pleurs et des grincements de dents.

Faut-il donc maudire dès que l'on n'aime pas? Cela me semble de mauvais goût. Mais c'est ce qu'il a fait, cet intolérant. Il venait de la populace.

Et lui-même n'aimait pas assez : autrement il se fût moins fâché qu'on ne l'aimât pas. Tout grand amour ne *veut* pas l'amour : il veut davantage.

Écartez-vous de tous ces intolérants! Ils sont d'une race pauvre et malade, d'une race populacière : ils regardent cette vie d'un œil mauvais, ils ont le mauvais œil pour ce monde.

Écartez-vous de tous ces intolérants! Ils ont les pieds pesants et le cœur lourd : — ils ne savent pas danser. Comment la terre pourrait-elle leur être légère!

17.

Toutes les bonnes choses s'approchent de leur but en marchant de travers. Comme les chats, elles font le gros dos, elles ronronnent intérieurement à la pensée de leur bonheur prochain — toutes les bonnes choses rient.

Le pas de quelqu'un révèle s'il marche déjà sur son *propre* chemin : regardez-moi donc marcher! Mais celui qui approche de son but — celui-là danse.

Et en vérité, je ne me suis pas changé en statue, je ne suis pas encore raide, engourdi, pétrifié, dressé là comme une colonne; j'aime la course rapide.

Et quoiqu'il y ait sur terre des marécages et une épaisse tristesse : celui qui a les pieds légers court par-dessus la vase et danse comme sur de la glace balayée.

Haut les cœurs, mes frères, haut, plus haut! Et n'oubliez pas les jambes! Levez les jambes, bons danseurs, et mieux encore : sachez aussi vous tenir sur la tête!

18

Cette couronne du rieur, cette couronne de roses : je me la suis posée moi-même sur la tête, j'ai sanctifié moi-même mon rire. Je n'ai trouvé personne qui fût aujourd'hui assez fort pour cela.

Zarathoustra le danseur, Zarathoustra le léger, celui qui fait signe en battant des ailes, prêt au vol, saluant tous les oiseaux, prêt et disponible, divinement frivole :

Zarathoustra qui dit vrai, Zarathoustra qui rit vrai, ni impatient ni absolu, quelqu'un qui aime les bonds et les écarts: je me suis moi-même posé cette couronne sur la tête.

19

Haut les cœurs, mes frères, haut, plus haut! Et n'oubliez pas les jambes, bons danseurs, et mieux encore : sachez aussi vous tenir sur la tête!

Dans le bonheur aussi il y a des bêtes pesantes, des lourdauds de naissance. Leurs efforts sont cocasses à voir, ils sont comme l'éléphant qui s'efforcerait de se tenir sur la tête.

Mieux vaut encore être fou de bonheur que fou de malheur, mieux vaut danser lourdement que traîner la jambe. Apprenez donc de moi ma sagesse : même la pire des choses à deux bons revers, —

— même la pire des choses a de bonnes jambes pour danser : apprenez donc vous-mêmes, ô hommes supérieurs, à vous tenir droits sur vos jambes!

Oubliez donc la mélancolie et toute la tristesse de la populace! O comme ils me paraissent tristes, aujourd'hui, ces pitres de la populace! Mais cet aujourd'hui est celui de la populace.

20

Faites comme le vent quand il sort en bourrasque des cavernes de la montagne : il veut danser au son de sa propre flûte, les mers frémissent et tressaillent sur son passage.

Celui qui donne des ailes aux ânes, qui trait les lionnes, qu'il soit bénit ce bon esprit, cet indomptable qui passe comme un ouragan sur tout aujourd'hui et sur toute populace,

— qui est l'ennemi des bêtes de chardon et des têtes fêlées et de toutes les feuilles mortes et des mauvaises herbes : béni soit-il ce bon esprit de tempête sauvage et libre qui danse sur les marais et les tristesses comme sur des prés!

Qui hait les chiens malades de la populace et toute cette engeance obscure et manquée : béni soit-il, cet esprit de tous les esprits libres, tempête qui rit et jette de la poussière dans les yeux de tous les broyeurs de noir pourris d'ulcères!

O hommes supérieurs, ce qu'il y a de pire en vous : c'est que vous n'avez pas appris à danser comme il le faut — à danser par-dessus vos têtes! Qu'importe que vous n'ayez pas réussi!

Tant de choses sont encore possibles! *Apprenez* donc à rire par-dessus vos têtes! Haut les cœurs, bons danseurs, haut plus haut! Et n'oubliez pas le bon rire!

Cette couronne du rieur, cette guirlande de roses : cette couronne c'est à vous que je la jette, mes frères! J'ai sanctifié le rire : ô hommes supérieurs, apprenez donc — à rire!

Le chant de la mélancolie.

1

Pendant qu'il prononçait ces discours, Zarathoustra se trouvait près de l'entrée de sa caverne ; mais aux derniers mots, il quitta ses hôtes et s'enfuit pour un moment en plein air.

« O senteurs pures autour de moi, s'écria-t-il, ô silence bienheureux autour de moi! Mais où sont mes animaux? Venez, venez, mon aigle et mon serpent!

Dites-moi, mes animaux : ces hommes supérieurs — peut-être ne *sentent-ils* pas bon? O senteurs pures autour de moi! Maintenant, mes animaux, je sais et je sens combien je vous aime. »

— Et Zarathoustra dit encore une fois : « Je vous aime, mes animaux. » Tandis qu'il prononçait ces mots, cependant, l'aigle et le serpent se pressaient contre lui et le regardaient. Ainsi se tenaient-ils tous les trois réunis, silencieux, sentant et aspirant ensemble le bon air pur. Car dehors l'air était meilleur que chez les hommes supérieurs.

2.

Mais à peine Zarathoustra eut-il quitté sa caverne que le vieux magicien se leva et dit en regardant d'un air rusé autour de lui : « Il est sorti! »

« Et déjà, ô hommes supérieurs — permettez-moi de vous chatouiller en vous donnant comme il le fait lui-même ce nom de louange et de flatterie — déjà mon esprit s'empare de moi, mon démon mélancolique,

— qui est jusqu'en son fond l'adversaire de ce Zarathoustra: pardonnez-lui! Maintenant il *veut* faire devant vous ses tours de magie, c'est *son* heure; je lutte en vain contre ce mauvais esprit

« A vous tous, quels que soient les honneurs que vous vous

rendez en paroles, que vous vous appeliez : « les esprits libres » ou les « véridiques » ou les « pénitents de l'esprit » ou les « déchaînés » ou les « hommes du grand désir » —

— à vous tous qui souffrez comme moi du *grand dégoût*, pour qui le vieux dieu est mort et qui n'ont pas de dieu nouveau emmailloté dans son berceau, — à vous tous mon mauvais esprit, mon démon sorcier est propice.

Je vous connais, hommes supérieurs, je le connais — je le connais aussi ce monstre que j'aime malgré moi, ce Zarathoustra : parfois je le vois lui-même comme un beau masque de saint,

— comme un travesti nouveau et étrange où se complaît mon mauvais esprit, ce démon mélancolique : — j'aime Zarathoustra, me semble-t-il parfois, à cause de mon mauvais esprit. —

Mais déjà il s'empare de moi et me terrasse, cet esprit de la mélancolie, ce démon du crépuscule : et en vérité, hommes supérieurs, l'envie le prend,

— ouvrez les yeux! — l'envie le prend de venir *nu*, en homme ou en femme, je ne sais pas encore : mais il vient, il me terrasse, malheur à moi! ouvrez vos sens!

Le jour baisse, pour toutes les choses voici que vient le soir, même pour les meilleures choses : écoutez et voyez, ô hommes supérieurs, quel démon, homme ou femme, est cet esprit de la mélancolie du soir! »

Ainsi parla le vieux magicien, puis il regarda d'un air rusé autour de lui et tendit la main vers sa harpe.

3

Dans l'air éclairci,
Quand déjà la consolation de la rosée
Descend sur la terre
Sans qu'on la voie, sans qu'on l'entende, —
— car la rosée consolation porte
de fines chaussures, comme tous ceux dont la douceur console,
te rappelles-tu, te rappelles-tu, cœur ardent,
comme tu avais soif jadis?
soif de larmes célestes et de gouttes de rosée,

brûlé de soif et fatigué,
tandis que sur les chemins d'herbe jaune,
le soleil jetait méchamment
les rayons de son couchant
faisait luire autour de toi au travers des arbres noirs
ses rayons ardents, aveuglants, heureux de te nuire.
« Le prétendant de la vérité? Toi? — ainsi raillaient-ils.
Non! Poète seulement!
Une bête fauve, rusée, rampante,
qui doit mentir,
qui doit mentir sciemment, volontairement :
guettant avidement sa proie :
masquée de mille couleurs,
masque pour elle-même,
proie d'elle-même.
Cela — le prétendant de la vérité?
Non! Rien qu'un fou! Rien qu'un poète!
parlant de tout à la fois,
criant confusément sous un masque de fou,
tournant en rond sur des ponts de paroles mensongeres,
sur des arcs-en-ciel bariolés,
entre de faux ciels
et de fausses terres,
errant, flottant de tous côtés, —
rien qu'un fou! un poète!
Cela — le prétendant de la vérité?
Ni muet, ni rigide, ni lisse, ni froid,
ni changé en statue,
ni dressé en colonne de Dieu,
ni placé devant des temples,
pour garder le seuil de Dieu;
non! ennemi de tous ce monuments de la vérité,
plus à l'aise dans toutes les brousses que devant les temples
plein de caprices de chat,
sautant par toutes les fenêtres,
hop! dans tous les hasards,
reniflant dans toutes les forêts vierges,
reniflant avec passion, avec la rage du désir,
rêvant que tu cours dans des forêts vierges,
parmi des fauves tachetés,

beau et haut en couleurs, impie à force de santé,
que tu cours avec des babines lascives,
plein d'une joie sarcastique, d'une joie diabolique, d'une joie sanguinaire,
pillant, rampant, mentant : —
Ou bien, pareil à l'aigle qui regarde longtemps,
longtemps et fixement dans les abîmes,
dans *ses* abîmes : —
oh! comme ils descendent,
descendent, s'enfoncent,
s'enroulent dans des fonds de plus en plus profonds,
puis,
soudain, d'un seul trait droit,
d'un vol brusqué,
tombent sur des agneaux,
affamés, pleins de convoitise pour les agneaux,
détestant toutes les âmes d'agneaux,
détestant férocement tout ce qui ressemble
aux brebis, à des yeux d'agneaux, la laine frisée,
grise, et la douceur de l'agneau.

Ainsi
aquilins, félins,
sont les désirs du poète,
sont *tes* désirs sous mille masques,
fou que tu es! Poète!

Toi qui,tel Dieu,
as vu dans l'homme la brebis — :
déchirer le dieu dans l'homme
comme la brebis dans l'homme,
et *rire* en le déchirant, —
C'est *cela, cela* ta joie!
Une joie de panthère et d'aigle!
Une joie de poète et de fou! » —

Dans l'air éclairci
quand le croissant de la lune
glisse déjà, envieux, ses rayons verts
entre les pourpres du couchant;

— hostile au jour,
passant secrètement sa faucille à chaque pas
sur des hamacs jonchés de roses,
jusqu'à ce qu'ils tombent,
descendent dans la nuit, s'enfoncent blafards dans la nuit : —

Ainsi je suis tombé un jour moi-même
hors de ma folie de vérité,
hors de mes désirs du jour,
las du jour, malade de lumière,
— tombé vers le fond, vers le soir, vers l'ombre :
Brûlé et altéré
d'une seule vérité :
— te rappelles-tu, te rappelles-tu, cœur ardent,
comme alors tu avais soif?
Que je sois banni
de toute vérité!
Rien que fou! Rien que poète!

De la science.

Ainsi chanta le magicien ; et tous ceux qui étaient réunis furent pris comme des oiseaux, sans s'en apercevoir, dans le filet de sa volupté perfide et mélancolique. Seul le consciencieux de l'esprit ne s'était pas laissé prendre : vite, il enleva la harpe des mains de l'enchanteur et s'écria : « De l'air! Faites entrer de l'air pur! Faites entrer Zarathoustra! Tu alourdis et empoisonnes l'air de cette caverne, maudit vieux sorcier!

Homme faux et raffiné, ta séduction conduit à des désirs et à des jungles inconnus. Et malheur à nous quand des gens de ton espèce mènent grand bruit autour de la vérité!

Malheur à tous les esprits libres qui ne se méfient pas de pareils sorciers! C'en est fait de leur liberté : tu enseignes le retour aux prisons et tu le provoques par ta tentation

— vieux démon mélancolique, dans tes plaintes perce le son d'un appeau, tu ressembles à ceux qui par leur éloge de la chasteté invitent secrètement à la débauche! »

Ainsi parla le consciencieux; mais le vieil enchanteur regardait autour de lui, jouissait de sa victoire et ravalait ainsi le dépit que lui causait le consciencieux de l'esprit. « Tais-toi, dit-il d'une voix humble, les bonnes chansons veulent de bons échos; après de bonnes chansons, il faut garder longtemps le silence.

C'est ce qu'ils font tous, ces hommes supérieurs. Mais toi, sans doute n'as-tu pas bien compris mon chant? Tu n'as guère l'esprit magique. »

« En me séparant de toi, tu me flattes, répondit le consciencieux, soit! Mais vous autres, que vois-je? Vous êtes tous assis là avec des regards pleins de convoitise — :

Ames libres, où donc s'en est allée votre liberté? Il me semble presque que vous ressemblez à ceux qui ont longtemps regardé danser les filles nues : vos âmes elles-mêmes se mettent à danser

En vous, hommes supérieurs, il doit y avoir plus qu'en moi ce que l'enchanteur appelle son mauvais esprit de charme et de mensonge : il faut donc que nous soyons différents.

Et en vérité, nous avons assez parlé et pensé ensemble, avant que Zarathoustra ne revînt à sa caverne, pour que je ne puisse plus l'ignorer : oui, nous sommes différents.

Vous et moi, nous *cherchons* des choses différentes. Car moi je cherche plus de *sécurité*, c'est pourquoi je suis venu chez Zarathoustra. Lui, en effet, est encore la tour et la volonté la plus solide —

— aujourd'hui que tout vacille, que toute la terre tremble. Mais vous, quand je vois les yeux que vous faites, il me semblerait presque que vous cherchez plus d'insécurité,

— plus de frissons, plus de dangers, plus de tremblements de terre. Il me semble presque que vous avez envie, ô hommes supérieurs, pardonnez-moi ma présomption, —

— que vous avez envie de la vie la plus inquiétante et la plus dangereuse, de celle qui moi m'effraie le plus, de la vie des bêtes sauvages, envie de forêts, de cavernes, de montagnes abruptes et de labyrinthes.

Et ce ne sont pas ceux qui vous conduisent hors du danger qui vous plaisent le plus, mais ceux qui vous égarent, qui vous entraînent loin de tous les chemins, les séducteurs. Mais si de pareilles envies sont *réelles* en vous, elles ne m'en paraissent pas moins *impossibles*.

Car la peur — c'est le sentiment inné et primordial de l'homme; par la peur s'explique toute chose : le péché originel et la vertu originelle. De la peur est née ausi *ma* vertu : elle s'appelle science.

Car la peur des bêtes sauvages — c'est celle que l'homme a connue le plus longtemps, y compris la bête que l'homme cache et craint en lui : Zarathoustra l'appelle « la bête intérieure ».

Cette longue et vieille peur, enfin affinée, chargée d'intelligence et de spiritualité, il me semble qu'aujourd'hui — elle s'appelle : *Science.* » —

Ainsi parla le consciencieux; mais Zarathoustra, qui venait de rentrer dans sa caverne et avait entendu et deviné la dernière partie de son discours, jeta au consciencieux une poignée de roses en riant de ses « vérités ». « Quoi! s'écria-t-il, que viens-je d'entendre? En vérité, il me semble que tu es fou ou que je le suis moi-même : et ta vérité, je vais la pousser et la remettre d'un coup à l'endroit.

Car la *peur* — est notre exception. Mais le courage et l'aventure et le goût de l'incertain, de ce qui n'a pas encore été tenté, — le *courage* me paraît être toute l'histoire primitive de l'homme.

Il a envié et volé toutes leurs vertus aux animaux les plus courageux et les plus sauvages : c'est ainsi seulement qu'il est devenu — homme.

Ce courage, enfin affiné, chargé d'intelligence et de spiritualité, ce courage humain avec des ailes d'aigle et une finesse de serpent: ce courage, me semble-t-il, s'appelle aujourd'hui —»

« Zarathoustra! s'écrièrent comme d'une seule voix tous ceux qui étaient réuhis, en partant d'une grand éclat de rire; mais quelque chose les quitta qui ressemblait à un lourd nuage. L'enchanteur lui-même se mit à rire et dit avec malice : « Eh bien! Il est parti, mon mauvais esprit!

Ne vous avais-je pas moi-même mis en garde contre lui en disant que c'est un imposteur, un esprit de mensonge et de tromperie?

Surtout quand il se montre nu. Mais que puis-je contre ses perfidies! Est-ce moi qui l'ai créé, lui et le monde?

Allons! soyons de nouveau bons et de bonne humeur! Et quoique Zarathoustra fasse des yeux méchants — regardez-le donc! il m'en veut — :

— avant la tombée de la nuit, il apprendra de nouveau à

m'aimer et à me décerner des éloges, il ne peut pas vivre longtemps sans faire de ces folies.

Lui — il aime ses ennemis : de tous ceux que j'ai vus, c'est lui qui connaît le mieux cet art. Mais il s'en venge sur — ses amis!

Ainsi parla le vieil enchanteur et les hommes supérieurs l'acclamèrent : de sorte que Zarathoustra alla de l'un à l'autre, secouant les mains de ses amis avec amour et méchanceté — comme quelqu'un qui a quelque chose à se faire pardonner et à réparer auprès de chacun. Mais lorsqu'il arriva à la porte de sa caverne, voici qu'il eut de nouveau envie de respirer le bon air du dehors et de voir ses animaux, — et il voulut s'échapper.

Parmi les filles du désert.

1.

« Ne t'en va pas, dit alors le voyageur qui s'appelait l'ombre de Zarathoustra, reste auprès de nous, sinon nous pourrions bien être repris par notre vieille et lourde tristesse.

Déjà le vieil enchanteur nous a régalés de ce qu'il avait de pire, et vois donc, le bon pape si pieux a des larmes dans les yeux et s'est déjà réembarqué sur la mer de la mélancolie.

A côté de nous, ces rois peuvent encore faire bonne figure; car de nous tous, ce sont eux aujourd'hui qui ont le mieux appris à faire bon visage! Mais s'ils n'avaient pas de témoins, je parie que chez eux aussi recommencerait le mauvais jeu, —

— le mauvais jeu des nuages qui passent, de la mélancolie humide, du ciel voilé, des soleils volés, des vents d'automne qui hurlent!

— le mauvais jeu de nos hurlements et de nos cris de détresse: reste auprès de nous, ô Zarathoustra! Il y a ici beaucoup de misère cachée qui veut parler, beaucoup de nuages, beaucoup d'air renfermé!

Tu nous as nourris de fortes nourritures viriles et de maximes vigoureuses : ne permets pas qu'au dessert, les esprits mous et efféminés reviennent nous surprendre!

Toi seul sais rendre fort et clair l'air qui t'entoure! Ai-je jamais trouvé quelque part sur terre un air aussi pur que chez toi, dans ta caverne!

J'ai pourtant vu bien des pays, mon nez a appris à humer et à juger toutes sortes d'airs : mais c'est auprès de toi que mes narines goûtent leur plus grande joie!

Si ce n'est — si ce n'est — ô pardonne-moi un vieux souvenir. Pardonne-moi un vieux chant d'après-dîner que j'ai composé jadis parmi les filles du désert : —

— car chez elles aussi il y avait un bon air pur d'Orient; c'est là que j'ai été le plus loin de la vieille Europe brumeuse, humide, mélancolique!

Alors j'aimais ces filles d'Orient et cet autre ciel bleu sur lequel n'étaient suspendus ni nuages ni pensées.

Vous ne sauriez croire comme elles étaient gentilles quand elles ne dansaient pas, assises là, profondes, mais sans pensées, pareilles à de petits mystères, à des énigmes enrubannées, à des noix pour le dessert —

bigarrées et étranges, à vrai dire! mais sans nuages : des énigmes qui se laissent deviner : c'est pour l'amour de ces jeunes filles qu'alors j'ai conçu un psaume d'après-dîner. »

Ainsi parla le voyageur qui s'appelait l'ombre; et avant que quelqu'un lui eût répondu, il avait déjà saisi la harpe du vieil enchanteur et, les jambes croisées, regardait autour de lui d'un air calme et plein de sagesse : — mais de ses narines il aspirait lentement l'air et l'interrogeait, comme quelqu'un qui dans des pays nouveaux goûte l'air nouveau du pays inconnu. Puis il commença son chant par une sorte de grondement.

2.

Le désert croît : malheur à qui porte des déserts en lui.

Ah! Solennellement!
En effet solennellement!
Un digne commencement!
D'une solennité africaine!
Digne d'un lion,
Ou d'un singe hurleur bien moral —
— mais cela ne vaut rien pour vous,

mes toutes charmantes amies,
aux pieds de qui
il m'est donné pour la première fois,
à moi, Européen, d'être assis sous des palmiers.
Selah.
Admirable en vérité!
Me voilà assis,
près du désert et pourtant,
déjà si loin du désert,
et nullement ravagé;
je veux dire dévoré
par la plus petite de ces oasis — :
— en bâillant elle ouvrait justement
sa bouche délicieuse,
la plus parfumée de toutes les petites bouches :
et j'y suis tombé,
au fond, au travers — parmi vous,
mes toutes charmantes amies! Selah.

Gloire, gloire à cette baleine
si elle veilla ainsi au bien-être
de son hôte! — vous comprenez
mon allusion savante? —
Gloire à son ventre
s'il fut un aussi charmant ventre oasis
que celui-ci : ce dont je doute,
— car je viens de l'Europe
qui est plus rongée de doutes
que toutes les épouses sur le retour.
Puisse Dieu l'amender!
Amen!

Me voilà donc assis,
dans la plus petite des oassis,
pareil à une datte,
brun, sucré, gonflé d'or, avide
d'une ronde bouche de jeune fille,
mais plus encore de dents de jeune fille,
de dents froides, blanches comme neige, aiguës :
celles que brûle de connaître

le cœur chaud de toutes les dattes. Elah.
Pareil à ces fruits du midi,
trop pareil,
je suis couché là
entouré de petits insectes ailés,
qui dansent et jouent autour de moi,
et aussi d'idées et de caprices
plus petits encore,
plus fous et plus méchants,
cerné par vous,
jeune filles, — chattes
muettes pleines de pressentiments,
Doudou et Souleika,
— ensphingé, dis-je pour remplir un mot
de beaucoup de sentiments à la fois :
(Dieu me pardonne
ce péché contre la langue!)
— je suis assis, humant le meilleur des airs,
l'air du paradis en vérité,
un air clair, léger, rayé d'or,
aussi bon qu'il en est jamais
tombé de la lune —
Était-ce le fait du hasard
ou de l'insolence
comme disent les vieux poètes.
Mais moi, douteur, j'en doute,
— c'est que je viens de l'Europe
qui est plus rongée de doutes
que toutes les épouses sur le retour.
Puisse Dieu l'amender!
Amen!

Buvant l'air le plus beau,
les narines renflées comme des coupes,
sans avenir, sans souvenirs,
je suis assis là,
mes charmantes amies,
à regarder le palmier
qui, pareil à une danseuse,
se courbe, se ploie et balance ses hanches, —

— on en fait autant lorsqu'on la regarde longtemps! —
pareil à une danseuse qui, à ce qu'il me semble,
s'est tenue trop longtemps déjà,
dangeureusement longtemps,
toujours, toujours sur une seule jambe?
— elle en oublia, à ce qu'il me semble,
l'autre jambe?
Du moins c'est en vain
que j'ai cherché
le précieux pendant,
— je veux dire l'autre jambe —
dans le saint voisinage
de leurs charmants et mignons
jupons à fanfreluches et à volants en éventail.
Oui, si vous voulez me croire tout à fait,
charmantes amies :
elle l'a perdue!
elle s'en est allée!
s'en est allée pour toujours!
l'autre jambe!
Oh! quel dommage pour cette autre jambe si gracieuse!
Où — peut-elle s'attarder, où s'afflige-t-elle de son abandon?
Cette jambe solitaire?
Craignant peut-être un monstre de lion,
un lion féroce et jeune avec des boucles d'or? Ou bien
déjà rongée, grignotée — hélas! hélas!
pitoyablement grignotée! Selah.

Oh! ne pleurez pas,
cœurs tendres!
ne pleurez pas,
cœurs de dattes! seins gorgés de lait!
sachets emplis de cœurs de réglisse!
Ne pleure plus,
Pâle Doudou!
Sois un homme, Souleika! Courage! Courage!
— A moins qu'il ne faille ici
quelque chose de fortifiant, un cordial?
Une maxime onctueuse?
Un encouragement solennel?

Ah! Debout, dignité!
Dignité vertueuse! Dignité d'Européen!
Souffle, souffle encore,
Soufflet de la vertu!
Ah!
Hurler encore une fois!
hurler bien moralement!
En lion bien moral hurler
devant les filles du désert!
— Car le hurlement de la vertu,
charmantes jeunes filles,
est plus que toute chose
la ferveur de l'Européen, la fringale de l'Européen!
Et déjà je me dresse
en Européen,
je ne puis faire autrement, que Dieu me vienne en aide!
Amen!

Le désert croît : malheur à qui porte des déserts en lui.

Le réveil.

1.

Après le chant du voyageur qui s'appelait l'ombre, la caverne s'emplit tout à coup de rires et de bruits; et comme tous les hôtes réunis parlaient en même temps et que l'âne lui-même, ainsi encouragé, ne pouvait plus se tenir tranquille, Zarathoustra fut pris pour ses visiteurs d'une légère aversion et d'une humeur railleuse : bien qu'il se réjouît de leur gaieté. Car elle lui semblait un signe de guérison. Il se glissa donc dehors et parla à ses animaux.

« Où s'en est donc allée leur détresse? dit-il, et déjà il se remettait lui-même de son léger ennui, — chez moi, il me semble, ils ont désappris les cris de détresse!

— quoique, malheureusement, ils n'aient pas encore désappris de crier! » Et Zarathoustra se boucha les oreilles, car justement les OUI-DA de l'âne se mêlaient bizarrement aux cris de joie de ces hommes supérieurs.

« Ils sont joyeux, reprit-il, et qui sait, peut-être aux dépens de leur hôte; et s'ils ont appris à rire de moi, ce n'est pourtant pas *mon* rire qu'ils ont appris.

Mais qu'importe! Ce sont de vieilles gens : ils guérissent à leur manière, ils rient à leur manière; mes oreilles ont entendu pire et ne se sont pas renfrognées pour autant.

Ce jour est une victoire : déjà il recule, il fuit, l'esprit de pesanteur, mon vieil ennemi mortel! Comme il finira bien, ce jour qui a si mal et si péniblement commencé!

Et il *veut* finir! Déjà le soir vient : il franchit la mer à cheval, le bon cavalier! Comme il se balance sur sa selle de pourpre, le bienheureux qui rentre chez lui!

Le ciel regarde avec des yeux sereins, le monde est bas : ô vous tous, hommes étranges qui êtes venus me voir, il vaut la peine de vivre chez moi! »

Ainsi parlait Zarathoustra. Et de nouveau les cris et les rires des hommes supérieurs s'échappèrent de la caverne; alors il recommença :

« Ils mordent, mon appât agit, il les quitte, leur ennemi, l'esprit de pensanteur. Déjà ils apprennent à rire d'eux-mêmes : ai-je bien entendu?

Ma nourriture virile agit, ma parole savoureuse et vigoureuse : et en vérité, je ne les ai pas nourris de légumes qui gonflent. Mais je leur ai donné une nourriture de guerriers, de conquérants : j'ai éveillé de nouveaux désirs.

Il y a de nouveaux espoirs dans leurs bras et dans leurs jambes, leur cœur s'étire. Ils trouvent de nouveaux mots, bientôt leur esprit respirera la gaieté.

Sans doute cette nourriture n'est-elle pas faite pour les enfants, ni pour les petites femmes pleines de langueur, jeunes ou vieilles. C'est autrement qu'il faut convaincre leurs entrailles : je ne suis ni leur maître ni leur médecin.

Le *dégoût* quitte ces hommes supérieurs : soit! c'est là ma victoire. Dans mon royaume ils se sentent en sécurité, toute sotte honte s'enfuit, ils s'épanchent.

Ils épanchent leurs cœurs, ils retrouvent de bons moments, ils chôment et ruminent — ils deviennent *reconnaissants.*

Je tiens cela pour le meilleur signe : ils deviennent reconnaissants. Avant peu ils inventeront des fêtes et élèveront des stèles à la mémoire de leurs vieilles joies.

Ce sont des *convalescents!* » Ainsi parlait Zarathoustra, joyeux en son cœur, tout en regardant dehors; cependant ses animaux se pressaient contre lui et respectaient son bonheur et son silence.

2.

Mais soudain, l'oreille de Zarathoustra s'effraya : car la caverne, qui jusqu'à présent avait été pleine de bruits et de rires, fut soudain plongée dans un silence de mort; — et le nez de Zarathoustra sentit une odeur agréable de fumée et d'encens, comme celle de pommes de pin qu'on fait brûler.

« Que se passe-t-il? Que font-ils? se demanda-t-il en s'approchant furtivement de l'entrée pour observer ses hôtes sans être vu. Mais alors, merveille des merveilles, que lui fallut-il voir de ses propres yeux!

« Ils sont tous redevenus pieux, ils prient, ils sont fous! » — dit-il, étonné au-delà de toute mesure. Et de fait, tous ces hommes supérieurs, les deux rois, le pape en retraite, le malin enchanteur, le mendiant volontaire, le voyageur et ombre, le consciencieux de l'esprit et le plus laid des hommes : ils étaient tous à genoux comme des enfants ou de vieilles dévotes et, à genoux, ils adoraient l'âne. Et déjà le plus laid des hommes commençait à gargouiller et à écumer comme si quelque chose d'inexprimable voulait sortir de lui; mais lorsqu'il parvint à parler réellement, voici, ce qu'il psalmodiait était une étrange et fervente litanie à la gloire de l'âne adoré et encensé. Cette litanie disait :

Amen! Honneur et gloire et sagesse et reconnaissance et louanges et puissance soient à notre Dieu, d'éternité en éternité!

— Et l'âne de braire : OUI-DA.

Il porte notre fardeau, il a pris la forme d'un serviteur, il est patient de cœur et ne dit jamais non; et qui aime son Dieu le châtie bien.

— Et l'âne de braire : OUI-DA.

Il ne parle pas, si ce n'est pour dire toujours Oui au monde qu'il a créé : ainsi fait-il l'éloge de son monde. C'est sa ruse qui refuse de parler : aussi a-t-il rarement tort.

— Et l'âne de braire : OUI-DA.

Il parcourt le monde sans se faire remarquer. Grise est sa couleur préférée, celle dont il enveloppe sa vertu. S'il a de l'esprit, il le cache bien; mais tout le monde croit à ses longues oreilles.

— Et l'âne de braire : OUI-DA.

En ceci qu'il porte de longues oreilles, dit toujours Oui et jamais Non, quelle sagesse cachée n'y a-t-il pas! N'a-t-il pas créé le monde à son image, c'est-à-dire aussi bête que possible?

— Et l'âne de braire : OUI-DA.

Tu suis des chemins droits et des voies détournées; tu te soucies peu de ce que nous appelons droit ou détourné, nous autres hommes. Ton royaume est par-delà le Bien et le Mal. C'est ton innocence d'ignorer ce qu'est l'innocence.

— Et l'âne de braire : OUI-DA.

Vois donc comme tu ne repousses personne, ni les mendiants, ni les rois. Tu laisses venir à toi les petits enfants et quand les mauvais garçons veulent te tenter, tu dis simplement : OUI-DA.

Tu aimes les ânesses et les figues fraîches, tu ne dédaignes pas la nourriture. Un chardon te chatouille le cœur quand tu as faim. En cela tu as la sagesse d'un Dieu.

— Et l'âne de braire : OUI-DA.

La fête de l'âne.

1.

Mais à ce passage de la litanie, Zarathoustra ne put se maîtriser davantage, il se mit aussi à crier OUI-DA, plus fort encore que l'âne, et bondit au milieu de ses hôtes devenus fous. « Mais que faites-vous là, êtres humains? s'écria-t-il en relevant les dévots. Malheur à vous, si quelqu'un d'autre que Zarathoustra vous voyait :

Chacun jugerait qu'avec votre foi nouvelle, vous êtes les pires des blasphémateurs ou plus fous que toutes les vieilles femmes insensées!

Et toi, vieux pape, comment es-tu d'accord avec toi-même en adorant ainsi un âne comme s'il était Dieu? » —

« O Zarathoustra, répondit le pape, pardonne-moi, mais je suis encore plus éclairé que toi dans les choses de Dieu. Et cela est juste ainsi.

Plutôt adorer Dieu sous cette forme que sous aucune! Médite cette parole, noble ami : tu devineras vite qu'il y a de la sagesse dans cette parole.

Celui qui a dit : « Dieu est esprit » — ce fut lui qui fit jusqu'à présent sur terre le plus grand pas et le plus grand bond vers l'incrédulité : une telle parole n'est pas facile à réparer sur terre!

Mon vieux cœur saute et bondit parce qu'il y a encore quelque chose à adorer sur terre. Pardonne-le, ô Zarathoustra, à un cœur fervent de vieux pape! — »

« Et toi, dit Zarathoustra au voyageur et ombre, tu te dis et t'imagines être un esprit libre? Et tu te livres ici à de telles idolâtries et à de telles mômeries?

En vérité, tu te conduis plus mal ici qu'auprès de tes brunes et dangereuses jeunes filles, toi, le dangereux nouveau croyant!

« Assez mal, répondit le voyageur et ombre, tu as raison : mais qu'y puis-je? Le vieux Dieu revit, ô Zarathoustra, tu diras ce que tu voudras.

C'est le plus laid des hommes qui est cause de tout : il l'a ressuscité. Et quoiqu'il dise qu'il l'a tué jadis : chez les Dieux, *la mort* n'est jamais qu'un préjugé. »

— Et toi, dit Zarathoustra, toi, maudit vieil enchanteur, qu'as-tu fait? Qui croira désormais en toi, en ce temps de liberté, si tu crois toi-même à de pareilles âneries divines?

C'est une sottise que tu as faite; comment as-tu pu, toi qui est malin, faire une pareille sottise!

« O Zarathoustra, répondit le malin sorcier, tu as raison, c'était une sottise — il m'en a assez coûté. »

« Et toi aussi, dit Zarathoustra au consciencieux de l'esprit, pèse bien les choses et mets ton doigt sur ton nez! N'y a-t-il rien ici qui révolte ta conscience? Ton esprit n'est-il pas trop propre pour l'adoration et l'encens de ces bigots? »

« Il y a quelque chose, dit le consciencieux en mettant le doigt sur son nez, il y a quelque chose dans ce spectacle qui, même, fait du bien à ma conscience.

Peut-être n'ai-je pas le droit de croire en Dieu : mais sûrement, c'est sous cette forme que Dieu me semble le plus digne de foi.

Dieu doit être éternel, selon les témoignages des plus dévots : celui qui a tant de temps devant lui prends son temps. Aussi lentement et aussi bêtement que possible : *avec cela* un tel Dieu peut vraiment aller loin.

Quant à celui qui a trop d'esprit, il s'enticherait volontiers lui-même de la sottise et de la folie. Pense à toi-même, ô Zarathoustra!

Toi-même, en vérité! par excès de richesse et de sagesse tu pourrais bien devenir un âne.

Un sage parfait n'emprunte-t-il pas volontiers les chemins les plus tortueux? L'apparence l'enseigne, ô Zarathoustra, *ton* apparence! »

« Et toi, enfin, dit Zarathoustra en se tournant vers le plus laid des hommes qui était toujours couché par terre, le bras levé vers l'âne (car il lui donnait du vin à boire). Parle, homme inexprimable, qu'as-tu fait là?

Tu me parais changé, ton regard étincelle, le manteau du sublime enveloppe ta laideur : qu'as-tu fait?

Est-il vrai, comme ils le disent, que tu l'as ressuscité? Et pourquoi faire? Est-ce sans raison qu'il a été tué et éliminé?

Tu me parais toi-même ressuscité : qu'as-tu fait? Pourquoi as-tu *changé* d'avis? Pourquoi t'es-tu *converti?* Parle, homme inexprimable! »

« O Zarathoustra, dit le plus laid des hommes, tu es un farceur!

Si *celui-là* vit encore ou revit ou est mort une fois pour toutes — qui de nous deux le sait le mieux? Je te le demande.

Mais je sais une chose — un jour tu me l'as apprise toi-même, ô Zarathoustra : celui qui veut tuer le plus radicalement, celui-là *rit*.

« On ne tue pas par la colère, mais par le rire », ainsi as-tu parlé un jour. O Zarathoustra, homme dissimulé, destructeur sans colère, saint dangereux, — tu es un farceur! »

2.

Mais alors il arriva que Zarathoustra, étonné de toutes ces réponses bouffonnes, recula vers la porte de sa caverne, et, tourné vers ses hôtes, s'écria d'une voix forte :

« Pitres que vous êtes tous, bouffons! à quoi bon feindre et vous cacher de moi!

Le cœur de chacun de vous n'a-t-il pas tressailli de joie et de méchanceté parce que vous êtes enfin redevenus comme de petits enfants, c'est-à-dire pieux.

— parce qu'enfin vous avez de nouveau agi comme les petits enfants, parce que vous avez prié, joint les mains et dit : « Cher bon Dieu! »

Mais maintenant, quittez cette chambre d'enfants, ma propre caverne où aujourd'hui tous les enfantillages sont chez eux. Allez rafraîchir dehors votre ardente impétuosité d'enfants et le tapage de votre cœur!

Certes; si vous ne redevenez pas comme les petits enfants, vous n'entrerez pas dans *le* royaume des cieux (et de la main, Zarathoustra montra le ciel).

Mais nous ne voulons pas du tout entrer au royaume des cieux : nous sommes devenus des hommes — *aussi voulons-nous le royaume de la terre.* »

3.

Et de nouveau Zarathoustra se mit à parler. « O mes amis, dit-il, — êtres étranges, ô hommes supérieurs, comme vous me plaisez maintenant, —

— depuis que vous êtes redevenus joyeux! Vraiment, vous êtes tous épanouis : il me semble qu'à des fleurs comme vous il faut maintenant des *fêtes nouvelles*,

— une brave petite folie, quelque culte divin et une fête de l'âne, quelque vieux fou de Zarathoustra joyeux, un tourbillon qui vous nettoie l'âme.

N'oubliez pas cette nuit et cette fête de l'âne, ô hommes supérieurs! *Cela*, vous l'avez inventé chez moi, je le tiens pour un bon présage — il n'y a que les convalescents pour avoir de pareilles idées!

Et si vous célébrez de nouveau cette fête, faites-le par amour pour vous, faites-le aussi par amour pour moi! Et dédiez-la à ma mémoire! »

Ainsi parlait Zarathoustra.

Le chant de minuit.

1.

L'un après l'autre, cependant, ils étaient tous sortis en plein air et dans la nuit fraîche et pensive; Zarathoustra lui-même conduisait le plus laid des hommes par la main pour lui montrer son monde nocturne et la grosse lune ronde et les cascades argentées près de sa caverne. Enfin ils s'arrêtèrent là et se rassemblèrent, rien que des vieillards, mais avec un cœur brave et consolé, étonnés en leur for intérieur de se sentir si bien sur terre; cependant, l'intimité de la nuit se rapprochait de plus en plus de leurs cœurs. Et de nouveau Zarathoustra pensa à part lui : « Oh! comme ils me plaisent maintenant, ces hommes supérieurs! » — mais il ne le dit pas, car il respectait leur bonheur et leur silence.

Mais alors il arriva la chose la plus surprenante de cette longue journée de surprises : pour la dernière fois, le plus laid des hommes recommença à gargouiller et à souffler, et quand il eut enfin trouvé ses mots, voici, une question jaillit de sa bouche, ronde et nette, une bonne question claire et profonde qui remua le cœur de tous ceux qui l'entendaient.

« Vous tous, mes amis, dit le plus laid des hommes, que vous en semble? A cause de cette journée — je suis satisfait pour la première fois d'avoir vécu toute une vie.

« Et je ne me contente pas de certifier cette chose si importante. Il vaut la peine de vivre sur terre : Un jour, une fête avec Zarathoustra m'ont appris à aimer la terre.

« Était-ce *cela* — la vie? » dirai-je à la mort. « Soit! Recommençons! »

« Mes amis, que vous en semble? Ne voulez-vous pas comme moi dire à la mort : « Était-ce *cela* — la vie? Pour l'amour de Zarathoustra, soit! Recommençons! » —

Ainsi parla le plus laid des hommes; mais il n'était pas loin de minuit. Et que pensez-vous qui se passa alors? Dès que les hommes supérieurs eurent entendu sa question, ils prirent soudain conscience de leur changement et de leur guérison et comprirent de qui ils venaient : alors ils s'élancèrent vers Zarathoustra, reconnaissants, respectueux, aimants, lui baisant les mains selon la manière que chacun avait en propre : de sorte que certains riaient et que d'autres pleuraient. Le vieil enchanteur cependant dansait de plaisir et si, comme certains conteurs le croient, il était alors ivre de vin doux, sûrement il était plus ivre encore de la vie douce et avait abdiqué toute lassitude. Certains racontent même que l'âne aurait dansé ce soir-là : ce n'était pas pour rien que le plus laid des hommes lui avait donné du vin à boire. Qu'il en ait été ainsi ou autrement, et qu'en réalité l'âne n'ait pas dansé ce soir-là, il y eut des miracles plus grands et plus étranges que ne le serait la danse d'un âne. Bref, comme dit un proverbe de Zarathoustra : « Qu'importe! »

2.

Tandis que ceci arrivait au plus laid des hommes, Zarathoustra restait debout, pareil à un homme ivre : son regard s'éteignait, sa langue bégayait, ses pieds chancelaient. Et qui saurait deviner les pensées qui traversaient alors son âme? Mais on voyait qu'il retournait en arrière et bondissait en avant et se trouvait dans de vastes lointains, en quelque sorte « sur une haute crête », comme il est écrit, « entre deux mers, — errant comme un lourd nuage entre le passé et l'avenir ». Peu à peu cependant, tandis que les hommes supérieurs le tenaient dans leurs bras, il revint à lui et repoussa la foule de ceux qui le vénéraient et s'inquiétaient de lui; mais il ne parla pas. Soudain, il tourna vivement la tête, car il semblait entendre quelque chose : alors il mit un doigt sur sa bouche et dit : « *Venez!* »

Et aussitôt le silence et le calme se firent autour de lui; mais de la profondeur monta lentement le son d'une cloche, Zarathoustra prêta l'oreille, ainsi que les hommes supérieurs ; puis il mit une seconde fois un doigt sur sa bouche et dit encore : « *Venez! Venez! Il est près de minuit!* » — et sa voix était changée. Mais il ne bougeait pas : alors le silence et le calme grandirent encore, et tout le monde écouta, même l'âne et les animaux honorifiques de Zarathoustra, l'aigle et le serpent, et la caverne de Zarathoustra et la grosse lune fraîche et la nuit elle-même. Mais Zarathoustra posa pour la troisième fois la main sur sa bouche et dit :

Venez! Venez! Venez! Allons maintenant! Il est l'heure : allons marcher dans la nuit!

3.

O hommes supérieurs, il est près de minuit : je vais vous dire quelque chose à l'oreille, comme cette vieille cloche me l'a dit à l'oreille, —

— sur un ton aussi intime, aussi terrible, aussi cordial que me le dit cette cloche de minuit qui a vécu plus qu'un seul homme :

— qui a déjà compté les battements douloureux des cœurs de vos pères — ah! ah! comme elle soupire, comme elle rit en rêve, la vieille et profonde, profonde heure de minuit!

Silence! Silence! On entend là bien des choses qui ne peuvent pas se dire en plein jour; mais maintenant que l'air est frais, que le tapage de vos cœurs s'est calmé lui aussi, —

— maintenant les choses parlent et s'entendent, elles se glissent dans les âmes nocturnes trop éveillées : ah! ah! comme elle soupire! comme elle rit en rêve!

— n'entends-tu pas comme elle te parle d'une voix intime, terrible, cordiale, la vieille et profonde, profonde heure de de minuit!

O homme, prends garde!

4.

Malheur à moi! Où le temps s'en est-il allé? Ne suis-je pas tombé dans des puits profonds? Le monde dort.

Ah! Ah! Le chien hurle, la lune luit. Je préfère mourir, mourir que de vous dire ce que pense à l'instant mon cœur de minuit.

Mais je suis déjà mort. C'en est fait. Araignée, pourquoi tisses-tu ta toile autour de moi? Veux-tu du sang? Hélas! Hélas! la rosée tombe, l'heure approche —

— l'heure où je grelotte et gèle, l'heure qui interroge et interroge toujours : « Qui a assez de courage pour cela? »

— qui sera le maître de la terre? Qui dira : grands et petits, c'est ainsi qu'il vous faut couler, ô fleuves! »

— l'heure approche : ô homme, ô homme supérieur, prends garde! ce discours est fait pour de fines oreilles, pour tes oreilles — *que dit le profond minuit?*

5.

Je suis emporté, mon âme danse. Jour de la terre! Jour de la terre! Qui sera le maître de la terre?

La lune est fraîche, le vent se tait. Hélas! Hélas! votre vol vous a-t-il conduit assez haut? Vous avez dansé : mais une jambe n'est pas une aile.

Bons danseurs, voici que toute joie s'est enfuie : le vin s'est changé en levain, toutes les coupes tombent en poussière, les tombes balbutient.

Vous n'avez pas volé assez haut : maintenant les tombes balbutient : « Délivrez-donc les morts! Pourquoi fait-il nuit si longtemps? Ne sommes-nous pas ivres de lune? »

O hommes supérieurs, délivrez donc les tombes, réveillez les cadavres! Ah! pourquoi le ver creuse-t-il encore? L'heure approche, elle approche, —

— la cloche bourdonne, le cœur ronfle encore, le ver ronge encore, le ver du cœur. Hélas! Hélas! *Le monde est profond!*

6.

Douce lyre! Douce lyre! J'aime le son de ta musique, de ta musique de crapaud ivre! — comme il me vient de loin, ce son, de loin et d'autrefois, des étangs de l'amour!

O vieille cloche, ô douce lyre! Toutes les souffrances t'ont déchiré le cœur, souffrance du père, souffrance des pères, souffrance des aïeux; ton langage a mûri,

— mûri comme les automnes et les après-midi dorés, comme mon cœur de solitaire — maintenant tu dis : le monde lui-même a mûri, le raisin brunit,

— à présent il veut mourir, mourir de bonheur. O hommes supérieurs, ne le sentez-vous pas? En secret une odeur jaillit,

— une odeur et un parfum d'éternité, une odeur de vin brun aux reflets d'or où passe le bonheur des roses, une odeur de vieux bonheur,

— de bonheur ivre, du bonheur mortel de minuit qui chante : le monde est profond, *et plus profond que ne le pensait le jour!*

7.

Laisse-moi! Laisse-moi! Je suis trop pur pour toi. Ne me touche pas! Mon monde ne vient-il pas d'être parfait?

Ma peau est trop propre pour tes mains. Laisse-moi, jour étouffant et niais, jour balourd! L'heure de minuit n'est-elle pas plus claire ?

Les plus purs seront les maîtres de la terre, les plus méconnus, les plus forts, les âmes de minuit qui sont plus claires et profondes que tout jour.

O jour, tu me cherches à tâtons? Tu tâtonnes après mon bonheur? Je suis riche pour toi, solitaire, un trésor caché, une veine d'or?

O monde, tu *me* veux? Me trouves-tu mondain? Religieux? Divins? Mais, jour et monde, vous êtes trop lourds, —

— ayez des mains plus intelligentes, tendez-les vers un bonheur plus profond, vers un malheur plus profond, tendez-les vers un Dieu quelconque, mais pas vers moi :

— mon malheur, mon bonheur est profond, ô jour étrange,

mais je ne suis pas un dieu, je ne suis pas un enfer de Dieu : *profond est son mal.*

8.

La douleur de Dieu est plus profonde, ô monde étrange! Tends les mains vers la douleur de Dieu, pas vers moi! Que suis-je! Une douce lyre ivre —

— une lyre de minuit, une cloche-crapaud que personne ne comprend, mais qui doit parler devant des sourds, ô hommes supérieurs! Car vous ne me comprenez pas!

Passé! Passé! O Jeunesse! O midi! O après-midi! Voici que le soir et la nuit sont venus, et minuit — le chien hurle, le vent :

— le vent n'est-il pas un chien? Il gémit, il aboie, il hurle. Hélas! Hélas! comme elle soupire! comme elle rit, comme elle râle et geint, l'heure de minuit!

Comme elle parle sèchement, cette poétesse ivre! elle a sans doute dépassé les limites de son ivresse? elle a veillé trop tard? elle se met à ruminer?

— elle rumine sa douleur en rêve, la vieille heure profonde de minuit, et plus encore sa joie. Car la joie, quoique la douleur soit profonde : *la joie est plus profonde encore que la peine du cœur.*

9.

Vigne, pourquoi fais-tu mon éloge? Ne t'ai-je pas taillée? Je suis cruel, tu saignes — : que veulent tes éloges de ma cruauté ivre?

« Tout ce qui est parfait, tout ce qui est mûr — veut mourir! ainsi parles-tu. Bénie, bénie soit la serpe du vigneron! Mais ce qui n'est pas mûr peut vivre : hélas!

La douleur dit : « Passe! Va-t'en, douleur! » Mais tout ce qui souffre veut vivre, afin d'être mûr et joyeux et plein de désir,

— plein de désir pour ce qui est plus loin, plus haut, plus clair. « Je veux des *héritiers*, dit tout ce qui souffre, je veux des enfants, je ne veux pas *moi.* » —

Mais la joie ne veut ni héritiers, ni enfants — la joie se veut elle-même, veut l'éternité, veut le retour, veut tout — éternellement — immuable.

La douleur dit : « Brise-toi, saigne, cœur! Marche, jambe! Volez, ailes! Avance! Monte! Douleur! » Soit! Allons! O mon vieux cœur : *la douleur dit : « Passe!* »

10.

O hommes supérieurs, que vous en semble? Suis-je un devin? Un rêveur? Un homme ivre? Un interprète des songes? Une cloche de minuit?

Une goutte de rosée? Une buée et une odeur d'éternité? Ne l'entendez-vous pas? Ne le sentez-vous pas? Mon monde vient d'être parfait, minuit est aussi midi, —

La douleur est aussi une joie, la malédiction est aussi une bénédiction, la nuit est aussi un soleil, — allez-vous-en! ou bien vous apprendrez qu'un sage est aussi un fou.

Avez-vous jamais dit oui à une joie? O mes amis, alors vous avez aussi dit oui à toutes les douleurs. Toutes les choses sont enchaînées, enchevêtrées, prises dans les liens de l'amour, —

— si jamais vous avez voulu deux fois au lieu d'une, si jamais vous avez dit : « Tu me plais, bonheur! Instant! Clin d'œil! » c'est que vous vouliez que *tout* revienne!

— Tout de nouveau, tout éternellement, tout enchaîné, enchevêtré, lié par l'amour, oh, c'est ainsi que vous avez *aimé* le monde,

— vous qui êtes éternels, vous l'aimez éternellement et à jamais : et même à la douleur vous dites : passe, mais reviens! *Car toute joie veut l'éternité!*

11.

Toute joie veut l'éternité de toutes choses, veut du miel, du levain, veut un minuit ivre, veut des tombes, veut la consolation des larmes sur les tombes, veut le flamboiement d'un couchant d'or,

— *que* ne veut-elle pas, la joie! elle est plus altérée, plus cordiale, plus affamée, plus terrible, plus intime que toute douleur, elle se veut elle-même, elle se mord elle-même, la volonté de l'anneau lutte en elle, —

— elle veut l'amour, elle veut la haine, elle est trop riche, donne, gaspille, mendie pour que quelqu'un la prenne, remercie celui qui la prend, elle aimerait bien être haïe, —

— elle est si riche, la joie, qu'elle a soif de douleur, d'enfer, de haine, de honte, d'infirmité, soif du monde, — car ce monde, oh vous le connaissez!

Hommes supérieurs, c'est vous qu'elle désire, la joie, l'indomptable, la bienheureuse, — elle désire votre douleur, hommes manqués! Toute joie éternelle languit après les choses manquées.

Car toute joie se veut elle-même, c'est pourquoi elle veut aussi la peine! O bonheur, ô douleur! Oh brise-toi, cœur! ô hommes supérieurs, apprenez-le, toute joie veut l'éternité,

— la joie veut l'éternité de *toutes* choses, *veut la profonde, profonde éternité!*

12.

Avez-vous maintenant appris mon chant? Avez-vous deviné ce qu'il veut dire? Soit! Allons! Hommes supérieurs, chantez maintenant ma ronde!

Chantez maintenant vous-mêmes le chant dont le nom est « Encore une fois », dont le sens est « de toute éternité » — chantez, ô hommes supérieurs, la ronde de Zarathoustra!

O Homme! Prends garde!
Que dit le minuit profond?
« J'ai dormi, j'ai dormi —
« D'un rêve profond je me suis éveillé : —
« Le monde est profond,
« Et plus profond que ne le pensait le jour.
« Profond est son mal —,
« La joie — plus profonde que la peine du cœur :
« La douleur dit : Passe!
« Mais toute joie veut l'éternité —,
« — veut la profonde, profonde éternité! »

Le signe

Mais le matin qui suivit cette nuit, Zarathoustra sauta de sa couche, se ceignit les reins et sortit de sa caverne, ardent et fort comme le soleil du matin au sortir de sombres montagnes.

Grand astre, dit-il comme il avait parlé jadis, œil de bonheur profond, que serait tout ton bonheur si tu n'avais pas *ceux* que tu éclaires!

Et s'ils restaient dans leurs chambres, tandis que déjà tu es éveillé et que tu viens donner et répandre tes richesses : comme ta fière pudeur s'en fâcherait!

Eh bien! ils dorment encore, ces hommes supérieurs, tandis que moi je suis éveillé : *ce* ne sont pas mes vrais compagnons! Ce n'est pas eux que j'attends dans mes montagnes.

Je veux me mettre à mon œuvre, commencer ma journée : mais ils ne comprennent pas ce que sont les signes de mon matin, mon pas n'est point pour eux le signal du réveil.

Ils dorment encore dans ma caverne, leur rêve remâche les heures de ma nuit. L'oreille qui m'écoute, — l'oreille qui *m'obéit* manque encore à leur corps. »

— Zarathoustra avait dit cela à son cœur tandis que le soleil se levait : alors il jeta un regard interrogateur sur la hauteur, car il entendait au-dessus de lui le cri perçant de son aigle. « Bien! lui cria-t-il, c'est là ce qui me plaît et me sied. Mes animaux sont éveillés, car je suis éveillé.

Mon aigle s'est éveillé et il vénère le soleil à ma manière. Il saisit la nouvelle lumière avec des serres d'aigle. Vous êtes mes vrais animaux; je vous aime.

Mais il me manque encore mes vrais hommes! » —

Ainsi parla Zarathoustra; mais alors il arriva qu'il se sentit soudain entouré comme si d'innombrables oiseaux voltigeaient autour de lui — cependant le bruissement de tant d'ailes et la foule autour de sa tête étaient si grands qu'il ferma les yeux. Et en vérité, c'était comme un nuage qui tombait sur lui, comme une nuée de flèches se répandant sur un nouvel ennemi. Mais voici, ici c'était un nuage d'amour qui tombait sur un nouvel ami.

« Que m'arrive-t-il? » pensa Zarathoustra dans son cœur étonné, et il se laissa tomber sur une grosse pierre à côté de l'entrée de sa caverne. Mais tandis qu'il agitait les mains de tous côtés, au-dessus et au-dessous de lui, pour se protéger des tendres oiseaux, voici, il lui arriva chose plus étrange encore : car il plongea les mains sans s'en apercevoir dans une épaisse et chaude toison; et en même temps retentit devant lui un rugissement — un doux et long rugissement de lion.

« *Le signe vient* », dit Zarathoustra et son cœur se transforma. Et en vérité, lorsqu'il fit clair devant lui, il vit à ses pieds une énorme bête jaune qui appuyait la tête contre ses genoux et ne voulait pas le quitter, tant elle l'aimait, et faisait comme un chien qui retrouve son vieux maître. Les colombes cependant n'étaient pas moins empressées que le lion dans leur amour et chaque fois qu'une colombe frôlait de ses ailes le nez du lion, le lion secouait la tête, s'étonnait, et riait.

En voyant tout cela, Zarathoustra ne dit qu'une parole : « *Mes enfants, mes enfants sont proches* » — puis il devint tout à fait muet. Mais son cœur était soulagé et de ses yeux tombaient des larmes qui coulaient sur ses mains. Et il ne fit plus attention à aucune chose et resta là, immobile et sans songer à se protéger de la tendresse des animaux. Alors les colombes se mirent à voleter çà et là et se perchèrent sur son épaule et carressèrent ses cheveux blancs et ne se lassèrent pas de montrer leur tendresse et leur joie. Le lion puissant, cependant, léchait toujours les larmes qui tombaient sur les mains de Zarathoustra, et rugissait et grondait timidement. Ainsi firent ces animaux. —

Tout cela dura longtemps, ou peu de temps : car, à strictement parler, il n'y a *pas de temps* sur la terre pour de telles choses. Mais dans l'intervalle, les hommes supérieurs s'étaient réveillés dans la caverne de Zarathoustra et ils se préparaient ensemble à aller en cortège au-devant de Zarathoustra pour lui présenter leur salut matinal : car en s'éveillant, ils avaient remarqué qu'il n'était plus parmi eux. Mais comme ils arrivaient à la porte de la caverne et que le bruit de leurs pas les précédaient, le lion tressaillit et, se détournant de Zarathoustra, se rua sur la caverne en poussant des rugissements furieux; quand ils l'entendirent rugir, les hommes supérieurs se mirent tous à crier, comme d'une seule voix et firent demi-tour et disparurent en un clin d'œil.

Quant à Zarathoustra, lui-même étourdi et déconcerté, il se leva de son siège, regarda autour de lui, resta debout d'un air étonné, interrogea son cœur, réfléchit et se trouva seul. « Qu'ai-je donc entendu, dit-il enfin lentement, que m'est-il arrivé? »

Et déjà le souvenir lui revenait et il comprit en un instant tout ce qui s'était passé entre hier et aujourd'hui. « Voici la pierre, dit-il en se caressant la barbe, sur laquelle j'étais assis hier matin : et c'est là que le devin s'est approché de moi, et c'est là que j'ai entendu d'abord le cri que je viens d'entendre, le grand cri de détresse.

O hommes supérieurs, c'est *votre* détresse que me prédisait hier matin ce vieux devin, —

— c'est vers cette détresse qu'il a voulu m'entraîner pour me tenter : ô Zarathoustra, m'a-t-il dit, je viens pour t'induire à ton dernier péché.

A mon dernier péché? s'écria Zarathoustra en riant avec colère de sa propre parole : *qu'est-ce* qui m'a donc été réservé comme dernier péché? »

Et une fois de plus Zarathoustra s'abîma en lui-même et se rassit sur la grosse pierre et réfléchit. Soudain il bondit, —

« *Pitié! La pitié pour l'homme supérieur!* s'écria-t-il, et son visage devint d'airain. Bon! *Cela* — a eu son temps!

Ma passion et ma compassion — qu'importe d'elles! Est-ce que j'aspire au *bonheur?* J'aspire à mon *œuvre!*

Allons! Le lion est venu, mes enfants sont proches, Zarathoustra a muri, mon heure est venue : —

Voici *mon* matin, *ma* journée commence : *lève-toi maintenant, lève-toi, grand midi!* » —

Ainsi parla Zarathoustra et il quitta sa caverne ardent et fort comme un soleil du matin au sortir de sombres montagnes.

Collection 10|18

dirigée par
Christian Bourgois

Liste alphabétique des ouvrages disponibles au 31 décembre 1979

abélard et héloïse correspondance 1309*****
● **adorno** art, idéologie et théorie de l'art (jimenez) 759** (s)
● **(présences d'),** revue d'esthétique 1975/1 933*****
● **adotevi** négritude et négrologues 718*** (7)
● **allemand économique et commercial** (14 p.c.b.)
● **althusser (contre)** 906*** (r)
amin l'accumulation à l'échelle mondiale
t. I 1027******
t. II 1028******
● **andréani** antitraité d'harmonie 1263 (esth.)
● **anglais économique et commercial**
anthologie des troubadours (éd. bilingue) 1341****** (b.m.)
● **anthropologie et calcul** 606**** (7)
● **archéologie et calcul** 1215****** (7)
arguments
t. I la bureaucratie 1024*****
t. II marxisme, révisionnisme, méta-marxisme 1036*****
t. III les intellectuels, la pensée anticipatrice 1208******
t. IV révolution, classe, parti 1211******
● **arnaud** (voir vian)
arrabal l'architecte et l'empereur d'assyrie 634***
arrabal le cimetière des voitures 735**
arrabal l'enterrement de la sardine 734**
arrabal fêtes et rites de la confusion 907***
arrabal guernica 920***
● **arrabal** lettre au général franco (éd. bilingue) 703*
arrabal la pierre de la folie 1162***
● **arrabal** la panique 768***
arrabal la tour de babel 1352******
arrabal viva la muerte (baal babylone) 439***
arsan (voir emmanuelle)
● **artaud** (colloque de cerisy) 804***
artaud et le théâtre (virmaux) 1192******
● **aux origines du nationalisme breton** (tanguy) (n.q.)
t. I 1155****** t. II 1169*****
● **avron** l'appareil musical 1292*** (esth.)
axelos marx penseur de la technique t. I 840*** t. II 841***
● **bachelard** (colloque de cerisy) 877****
bachelard l'activité rationaliste de la physique contemporaine 1161*****
● **badinter** les « remontrances » de malesherbes 1771-1775 1268*****
● **bailly/buin/sautreau/velter** de la déception pure, manifeste froid 810***
● **barbéris** aux sources du réalisme : aristocrates et bourgeois 1271******
● **bataille** (colloque de cerisy) 805***
bataille le bleu du ciel 465**
bataille les larmes d'éros 1264**
bataille ma mère 739**
bataille madame edwarda, le mort, histoire de l'œil 781***
● **bauer** un urbanisme pour les maisons 1293*****
bellour le livre des autres : entretiens 1267******
● **bénézet** le roman de la langue 1179*****
● **biermann** la harpe de barbelés (éd. bilingue) 706***
● **« bilan » contre-révolution en espagne** 1311******
bioy casarès l'invention de morel 953**
● **blanchot (wilhem)** maurice blanchot :
la voix narrative 895**** (s)

bonaparte (marie) sexualité de la femme 1160*****

borgès histoire de l'infamie/histoire de l'éternité 184***

● **bory** rectangle multiple, cinéma VII 1177******

● **bory** tout feu tout flamme I 1327******

brassens la tour des miracles 814***

brautigan la pêche à la truite en amérique 1204***

breton arcane 17 250**

● **buin** les alephs, diegopolis suivi de la retraite de russie 979******

w.s. burroughs la machine molle 545***

w.s. burroughs les derniers mots de dutch schultz 921***

w.s. burroughs les garçons sauvages 1142*****

w.s. burroughs exterminateur! 1163*****

w.s. burroughs nova express 662**

w.s. burroughs le ticket qui explosa 700***

● **butor** (colloque de cerisy) 902******

butor la modification 53*****

● **cahiers jussieu université paris 7 :**

● voyages ethnologiques n° 1 1014******

● le mal de voir n° 2 1101******

● l'espace et la lettre n° 3 1180******

● connaissance du tiers monde n° 4 1199******

● les marginaux et les exclus dans l'histoire n° 5 1290******

castaneda l'herbe du diable et la petite fumée 1113******

castel le psychanalysme 1046******

● **castoriadis** la société bureaucratique

t. I les rapports de production en russie 751*****

t. II la révolution contre la bureaucratie 806****

● **castoriadis** l'expérience du mouvement ouvrier

t. I comment lutter 825****

t. II prolétariat et organisation 857******

● **castoriadis** capitalisme moderne et révolution

t. I l'impérialisme et la guerre 1303******

t. II le mouvement révolutionnaire sous le capitalisme moderne 1304******

● **castoriadis** le contenu du socialisme 1331******

● **castoriadis** la société française 1332*****

● **cauquelin** cinévilles 1310****** (esth.)

● **cause commune** le pourrissement des sociétés 1975/1 936***** (c.c.)

● **cause commune** nomades et vagabonds 1975/2 1011***** (c.c.)

● **cause commune** les imaginaires 1976/1 1063****** (c.c.)

● **cause commune** la ruse 1977/1 1143***** (c.c.)

● **cause commune** qui a peur de l'autogestion? 1978/1 1214****** (c.c.)

● **cause commune** les imaginaires t. 2 1979/1 1296******

cavanna cavanna 612****

● **cavanna** je l'ai pas lu, je l'ai pas vu, mais... (chronique d'hara-kiri hebdo)

t. I 1969/1 962****

t. II 1969/2 963****

t. III 1970 1092*****

● **cerisy (colloques de)** voir artaud, bachelard, barthes, bataille, butor, change, chemins actuels de la critique, discours utopique, duchamp, nietzsche, nouveau roman, le naturalisme, paulhan, ponge, robbe-grillet, simon, soljénitsyne, verne, vian, v. woolf.

charbonnier entretiens avec claude lévi-strauss 441***

● **charles** gloses sur john cage 1212***** (esth.)

● **château/jost** nouveau cinéma, nouvelle sémiologie, essai d'analyse des films d'alain robbe-grillet 1295*****

châtelet la naissance de l'histoire t. I 819**** t. II 820****

cheik hamidou kane l'aventure ambiguë 617***

● **les chemins actuels de la criti-**

que (colloque de cerisy) 389****
chessex la confession du pasteur burg 846*
cholodenko le roi des fées 1166***
ciliga au pays du mensonge déconcertant 1158*****
● **cixous/clément** la jeune née 984***** (f.f.)
● **cixoux/gagnon/leclerc** la venue à l'écriture 1121*** (f.f.)
● **clément** miroirs du sujet 1004***** (esth.)
cocteau la difficulté d'être 164***
● **l. cohen** l'énergie des esclaves (éd. bilingue) 835***
l. cohen the favorite game 663***
l. cohen les perdants magnifiques 775***
l. cohen poèmes et chansons (éd. bilingue)
t. I 683***** t. II 1195*****
● **colombel** les murs de l'école 934*****
contes pour rire ? fabliaux des XIIIe et XIVe siècles 1147*****
● **contes wolof du baôl** (copans/couty) 1050*** (v.a.)
copi le bal des folles 1194***
copi théâtre 792**
● **d'ans** le dit des vrais hommes 1198****** (7)
darien bas les cœurs 506***** (f.s.)
darien biribi 469****** (f.s.)
darien la belle france 1235***** (f.s.)
darien l'épaulette 797 (f.s.)
darien les pharisiens 1234***** (f.s.)
darien le voleur 586 (f.s.)
● **décision et pouvoir dans la société** (colloque dirigé par lucien sfez) 1334******
● **de la créativité : art et science** (colloque de cerisy) 697****
deleuze présentation de sacher masoch, suivi de la « vénus à la fourrure » 571***
● **delfeil de ton** les lundis de ddt t. I palomar et zigomar sont au pouvoir (charlie hebdo) 1974/1965******
t. II palomar et zigomar tirent dans le tas (charlie hebdo) 1974/2 966******
● **delfeil de ton** les lundis de ddt
t. I 1973/ 1216******
t. II 1973/2 1217******
delfeil de ton les lundis de DDT charlie hebdo 1972/1 1281******
delfeil de ton les lundis de DDT charlie hebdo 1972/2 1282******
descartes discours de la méthode 1*****
deutscher trotsky le prophète armé t. I 679****** t. II 688******
deutscher trotsky le prophète désarmé
t. III 1312*****
t. IV 1313*****
dickens olivier twist
t. I 1336*****
t. II 1337*****
dickens m. pickwick, les archives posthumes du pickwick club
t. I 1338
t. II 1339
● **le discours utopique** (cerisy) 1200******
djebar les enfants du nouveau monde 771*****
djebar les alouettes naïves 1248******
● **Le XVIIIe siècle en 10/18 1103**
● **dommergues** l'aliénation dans le roman américain contemporain
t. I 1107****** t. II 1108******
● **dorsinville** l'afrique des rois 949** (v.a.)
● **dorsinville** un homme en trois morceaux 950** (v.a.)
● **duchamp** (colloque de cerisy) 1330******
● **duchet/jalley** langue et langages de leibniz à l'encyclopédie 1191******
● **dufrenne** art et politique 889**** (esth.)
● **dufrenne** vers une esthétique sans entrave 931****** (esth.)
duras moderato cantabile 64***
● **eisenstein** la non-indifférente nature t. I
(œuvres t. II) 1018******
● **eisenstein** la non-indifférente nature t. II

lévesque l'étrangeté du texte 1256*****
● **leys** ombres chinoises 900**** (b.a.)
lindenberg le marxisme introuvable 1343*****
london l'amour de la vie 862** (a)
london l'appel de la forêt 827****** (a)
london avant adam 816***** (a)
london le bureau des assassinats 891***** (a)
london le cabaret de la dernière chance 844***** (a)
london les condamnés à vivre 890***** (a)
london construire un feu 1144***** (a)
● **london** le dieu tombé du ciel 957***** (a)
london les enfants du froid 1202***** (a)
● **london** en rire ou en pleurer? 1022***** (a)
london en pays lointain 1285***** (a)
london fille des neiges 1301****** (a)
london le fils du loup 1021****** (a)
london le fils du soleil 1255***** (a)
london histoires de la boxe 1130**** (a)
london histoires des siècles futurs 863***** (a)
london histoires des îles 928***** (a)
london l'île des lépreux suivi de journal de bord du « snark » 1353****** (a)
london le loup des mers 843****** (a)
london martin eden 776****** (a)
london la petite dame de la grande maison 1320***** (a)
london le peuple de l'abîme 927***** (a)
london les pirates de san francisco 828****** (a)
london radieuse aurore 815**** (a)
london souvenirs et aventures du pays de l'or 956***** (a)
london le talon de fer 778****** (a)
london les temps maudits 777***** (a)
london le vagabond des étoiles t. I 1019***** (a) t. II 1020***** (a)
london les vagabonds du rail 779***** (a)
london la vallée de la lune t. I 864*** t. II 865*** (a)
london les yeux de l'asie 1181****** (a)
london yours for the revolution 1167****** (a)
londres dante n'avait rien vu 941***** (a)
londres le juif errant est arrivé 939***** (a)
londres l'homme qui s'évada 938***** (a)
londres pêcheurs de perles 942***** (a)
lourau le gai savoir des sociologues 1117*****
lou sin essais choisis t. I 1093****** t. II 1094******
lovecraft démons et merveilles 72***
lovecraft épouvante et surnaturel en littérature 583**
● **lyotard** dérive à partir de marx et freud 754*** (s)
● **lyotard** des dispositifs pulsionnels 812*** (s)
● **lyotard** rudiments païens 1187***** (s)
malatesta articles politiques 1328*****
● **maldonado** environnement et idéologie 723**
● **maison** les enfants sauvages 157*****
malson histoire du jazz et de la musique afro-américaine 1085*****
mammeri la colline oubliée 1250***
mammeri le sommeil du juste 1251*****
mammeri l'opium et le bâton 1252******
mandel traité d'économie marxiste
t. I 428*****
t. II 430***
t. III 432*****
t. IV 434*****

● **perrier** la chaussée d'antin t. I 1203*****
● **perrier** la chaussée d'antin t. II 1275******
● **pestureau** boris vian les amerlauds et les godons 1253******
● **pleynet** transculture 1335******
poèmes de la mort (éd. bilingue) 1340***** (b.m.)
● **ponge** inventeur et classique (colloque de cerisy) 1127******
georges poulet études sur le temps humain (éd. du rocher) t. I, t. II, t. III, t. IV
● **prétexte : roland barthes** (colloque de cerisy) 1265******
● **psychanalyse et sémiotique** 989*****
rapport de la commission d'étude d'un prélèvement sur les fortunes 1325****
rebell la calineuse 1227****** (f.s.)
rebell les nuits chaudes du cap français/le magasin d'auréoles/femmes châtiées 1226****** (f.s.)
rebell la nichina 1228 (20 f ttc) (f.s.)
rebell la femme qui a connu l'empereur 1317****** (f.s.)
rebell la camorra/la saison à baïa 1318***** (f.s.)
reich la révolution sexuelle 481******
● **réseau : alternative à la psychiatrie,** collectif international 1175******
● **restany** le nouveau réalisme 1254***** (s)
restif de la bretonne le ménage parisien 1257******
restif de la bretonne le paysan perverti
t. I 1258******
t. II 1259*****
restif de la bretonne ingénue saxancour 1260******
● **revault d'allonnes (cl.)** le mal joli 1057***** (f.f.)
● **révo. cul. dans la chine pop.** 901***** (b.a.)
● **revue d'esthétique :**
● l'art de masse n'existe pas 1974/3-4 903******
● présences d'adorno 1975/1 933*****
● il y a des poètes partout 1975/3-4 1001******
● peindre 1976/1 1047******
● lire 1976/2-3 1091******
● voir, entendre 1976/4 1116******
● l'envers du théâtre 1977/1-2 1151******
● la ville n'est pas un lieu 1977/3-4 1193******
● érotiques 1978/1-2 1231******
● collages 1978/3-4 1277******
● rhétoriques, sémiotiques 1979/1-2 1324******
● pour l'objet 1979/3-4 1347******
rezvani les américanoïaques 694**
rezvani coma 958**
rezvani la voie de l'amérique 762****
● **ribeiro** frontières indigènes de la civilisation 1316****** (7)
● **richard** d'une apocalypse à l'autre 1065******
● **robbe-grillet : analyse, théorie** (colloque de cerisy)
t. I cinéma/roman 1079******
t. II roman/cinéma 1080******
robbe-grillet l'immortelle 1010*****
roche (m.) compact 1031***
● **rohmer** l'organisation de l'espace dans le faust de murnau 1145*****
● **rostand** aux frontières du surhumain 8**
● **roudinesco/deluy** la psychanalyse mère et chienne 1307******
rougemont l'amour et l'occident 34******
rousseau du contrat social 89******
roussel (raymond) comment j'ai écrit certains de mes livres 1124***** (f.s.)
de roux maison jaune 1029***
sade les cent vingt journées de sodome t. I 913***** t. II 914*****
sade les crimes de l'amour 584*****
sade historiettes, contes et fabliaux 408***
sade histoire de juliette t. I 1086

t. II 1087, t. III 1088

sade histoire de sainville et de léonore 57******

sade les infortunes de la vertu 399**

sade lettres choisies 443**

sade la nouvelle justine t. I 1241****** t. II 1242******

sade opuscules et lettres politiques 1321*****

• **sade** les prospérités du vice 446***** (tva 33 %)

• **sade** justine ou les malheurs de la vertu 444***** (tva 33 %)

sade la marquise de gange 534*****

sade la philosophie dans le boudoir 696***

● **sadoul** écrits t. I chroniques du cinéma français 1302******

saint-simon (duc de) mémoires (extraits) 912******

● **véra schmidt/annie reich :** pulsions sexuelles et éducation du corps 1322***** (q.c.)

schwarz breton/trotsky 1174***

schwob cœur double/mimes 1298***** (f.s.)

schwob le roi au masque d'or/vies imaginaires/la croisade des enfants 1299***** (f.s.)

schwob le livre de monelle/spicilège/l'étoile de bois/il libri della mia memoria 1300***** (f.s.)

● **seguin** une critique dispersée 1035******

● **sexualité et politique** 1123******

● **simenon** t. I : à la découverte de la france 1052****** (a)

● **simenon** t. II : à la recherche de l'homme nu 1053****** (a)

● **simon (claude)** (colloque de cerisy) 945******

sinclair (upton) la jungle t. I 954****** t. II 955******

soljénitsyne une journée d'ivan denissovitch 488***

soljénitsyne zacharie l'escarcelle 738*

● **soljénitsyne** (colloque de cerisy) 858***

● **souriau** la couronne d'herbes 930****** (esth.)

souvestre/allain le rour 872**** (a.i.)

stevenson aventures de david balfour (a.i.)
t. I enlevé ! 1042*****
t. II catriona 1043******

stevenson le cas étrange du docteur jekyll et de mister hyde et autres nouvelles 1044****** (a.i.)

stevenson le creux de la vague 1172***** (a.i.)

stevenson la france que j'aime 1246***** (a.i.)

stevenson le maître de ballantrae 1120***** (a.i.)

stevenson prince othon 1039***** (a.i.)

stevenson le trafiquant d'épaves t. I 1152***** t. II 1153***** (a.i.)

stevenson nouvelles mille et une nuits
t. I le club du suicide 1040***** (a.i.)
t. II le dynamiteur 1041***** (a.i.)
t. III le pavillon sur les dunes 1141***** (a.i.)

stevenson veillées des îles 1112***** (a.i.)

stevenson voyages avec un âne dans les cévennes 1201***** (a.i.)

stoianova (ivanka) geste, texte, musique 1197***** (esth.)

● **strasser/pannekoek** nation et lutte de classes 1135*** (n.q.)

● **sudreau** rapport sur la réforme de l'entreprise 967****

● **thom** modèles mathématiques de la morphogénèse 887***** (7)

● **tillon** la révolte vient de loin 671******

tolkien les aventures de tom bombadil (éd. bilingue) 1244***

tolkien fäerie 1243*****

topor four roses for lucienne 1213***

trotsky l'appareil policier du stalinisme 1025*****

● **trotsky** la lutte antibureaucratique en urss
t. I. les réformes possibles (1923-1933) 1005*****
t. II. la révolution nécessaire (1933-1940) 1006*****

trotsky staline t. I 1354******
t. II. 1355******

● inédit.

* interdit à la vente aux mineurs et à l'exposition (t.v.a. 33 %).

(cerisy) colloques de cerisy-la-salle.

(esth.) série « esthétique » dirigée par Mikel Dufrenne.

(a) série « l'appel de la vie » dirigée par Francis Lacassin.

(a.i.) série « l'aventure insensée » dirigée par Francis Lacassin.

(b.a.) série « bibliothèque asiatique » dirigée par René Vienet.

(f.f.) série « féminin futur » dirigée par Hélène Cixous et Catherine Clément.

(f.s.) série « fins de siècles » dirigée par Hubert Juin.

(q.c.) série « quel corps » dirigée par Jean-Marie Brohm et Marc Perelman.

(s) série dirigée par Bernard Lamarche-Vadel.

(7) série dirigée par Robert Jaulin.

(r) série « rouge » dirigée par Jean-François Godchau et Alain Brossat.

(n.r.) série « noir et rouge » dirigée par Max Chaleil.

(v.a.) série « la voix des autres » dirigée par Stanislas Adotevl et Robert Jaulin.

(c.c.) série « cause commune » dirigée par Jean Duvignaud.

(n.q.) série « la nation en question » dirigée par Alain Le Guyader et Riwanon Jaffrès.

(j.v.i.) série « Jules Verne inattendu » dirigée par Francis Lacassin.

b.m. série « bibliothèque médiévale » dirigée par Paul Zumthor.

Achevé d'imprimer le 2 janvier 1980
sur les presses de l'Imprimerie Bussière
à Saint-Amand (Cher)

— Nº d'édit. 446. — Nº d'imp. 2277. —
Dépôt légal : 1er trimestre 1980.

Imprimé en France

Nouveau tirage, 1980